동아시아 해양분쟁과
중국의 회색지대 전략

이어도연구회 연구총서 6

동아시아 해양분쟁과
중국의 회색지대 전략

고충석
이서항 · 이지용 · 주민욱 · 정대진
김진호 · 이상현 · 이정우 · 고경민

인간사랑

서문

중국은 시진핑 집권 이후 미국과 신형대국관계를 요구하면서 서태평양의 서쪽 지역을 중국의 국경 또는 영토임을 주장하고 있다. 따라서 동아시아 해역은 중국을 축으로 동남아 각국 및 일본과 해양의 영유권과 관할권을 둘러싸고 전방위적 분쟁에 직면하면서 긴장이 지속되는 바다가 되고 있다.

시진핑 시대의 중국은 태평양을 바라보면서 도련선 전략을, 인도양 쪽에서는 진주목걸이 전략을, 그리고 해양 영향력 확장을 위한 일대일로전략 등을 통해 동아시아 해양에서 해권(海權)을 장악하기 위한 해양팽창전략을 추구하고 있다. 중국의 해양팽창은 남중국해와 동중국해 해권 장악이 핵심이라고 할 수 있다. 그렇다면, 이러한 중국의 전략은 한국의 이해와도 무관하지 않다. 왜냐하면 한국의 황해와 남해는 중국의 제1도련선 내에 위치하고 있고, 특히 이어도 주변 해역이 중국과 해양경계획정을 위한 협상을 진행하고 있기 때문이다. 우리가 이어도에 관심을 가지고 집중해야 하는 이유이다.

최근 중국의 해양팽창전략 차원에서 전방위적 해양공세를 강화하는 경향이 두드러지면서 회색지대(灰色地帶, gray zone)라는 키워드가 중국의 해양전략과 연계하여 심심치 않게 등장하고 있다. 국내외 언론을 통해 알려지기 시작한 회색지대라는 말은 중국이 동아시아 해양, 즉 남중국해와 동중국해에서 자국의 국익을 관철시키기 위한 전략적 또는 전술적 수단으로 사용되면서부터라고 할 수 있다.

미국의 유력한 싱크탱크인 랜드(RAND Corporation)는 중국의 회색지대라는 용어를 중국의 해양전략 분석 차원에서 본격 사용하기 시작했다. 랜드에 따르면, 회색지대 전략이란 중국이 국제적인 분쟁 수역에서 해양 지배력을 강화하기 위해 정규군이 아닌 민병대나 민간을 활용해 도발하는 전술이나 전략을 의미한다고 분석했다. 국제사회의 비난에도 불구하고 중국은 남중국해에서 직접적인 군사적 행동보다 민병대나 어부, 해안 경비대 등을 앞세워 인공섬 건설과정에서 불거진 여러 분쟁 상황들에 대응했다.

본론에서 보다 상세하게 다루겠지만, 랜드는 이러한 중국의 해양전략이 동아시아 해양에서 주변국들을 위협할 뿐만 아니라 미국이 주창하는 '항행의 자유' 원칙을 훼손하고 나아가 미국이 주도하는 동아시아 해양질서의 현상을 변경하고자 하는 것으로 간주하여 적극적으로 대응해 나갈 필요성을 주문한다.

중국이 구사하는 해양에서의 회색지대 전략은 동아시아 해양에서 패권경쟁을 하는 미국뿐만 아니라 해양영토의 영유권이나 관할권을 놓고 이해관계에 있는 동남아 및 동북아 국가들에게는 실존적 위협이다. 한층 강화되고 있는 중국의 파상공세로 남중국해와 동중국해가 분쟁의 바다가 되는 것이 아닌지 우려가 크다.

유엔해양법협약은 바다의 헌장으로서 나름의 근본규범 역할을 하고 있는 것이 사실이지만, 도서영유권이나 배타적 경제수역 및 대륙붕의 관할권 분쟁이 발생할 경우 실천 규범이나 지침 역할을 하지 못하는 경우가 적지 않다. 이런 측면에서 많은 해양영토분쟁 이슈가 중국의 해양회색지대 전략의 제물이 될 수도 있는 것이다.

이 책은 이러한 중국의 회색지대 전략을 충분히 경각하고 대응해 나가야 할 필요성을 주문하는 책이다. 이어도연구회는『이어도 깊이읽기』출간을 시작으로,『이어도, 그것이 알고 싶다』,『이어도 해양과학기지의 역사와 미래』,『영해기점·기선과 해양관할권 바로알기』,『해양경계획정 국제판례와 이어도』등 연례적인 출판사업을 지속해 왔다. 이 책은 이어도연구회가 연구총서로 발간하는 여섯 번째의 성과물이다.

그동안 이어도연구회는 이어도에 대한 대국민 교육과 홍보 활동뿐만 아니라 이어도와 이를 둘러싼 중국과의 해양경계획정 문제에 대해 국제법, 국제관계론, 해양과학, 역사민속학 등 다양한 학술적 시각으로, 그리고 학술적·대중적 눈높이에 맞춰 이어도 관할권 확보를 위한 지적 기반 구축을 위해 노력해 왔다.

이 책은 중국이 이어도에 대해 해양팽창을 위한 회색지대 전략 차원에서 접근할 가능성에 대비하여 회색지대 전략의 실상과 적극적인 관심, 그리고 대응 필요성 등을 국내에 소개하기 위해 기획되었다. 이러한 의도에 공감한 국내 전문가 여덟 분이 집필진으로 참여해 여러 차례 세미나와 토론을 거쳐 비로소 빛을 보게 되었다. 사단법인 이어도연구회는 이 지면을 빌려 집필에 참여한 전문가들께 심심한 사의를 표한다.

2020년 9월
사단법인 이어도연구회
이사장 고충석

차례

제3부 중국 회색지대 전략의 한국적 함의와 일본의 대응

제4부 독도 수비대의 경험과 이어도분쟁 대응

제1장
총론:
왜 중국의 회색지대 전략인가?

고충석

Ⅰ. 들어가며

이 책은 중국의 회색지대 전략의 개념과 이론, 주요 실례들에 대한 분석, 회색지대 전략에 대한 미국과 일본의 인식과 대응, 한국의 대응 필요성, 그리고 이어도 분쟁 시의 회색지대 전략 활용 가능성 등에 대해 논의하고 있다.

이러한 저술의 동기는 중국과 관련된 동아시아 해양 이슈들에서 찾을 수 있다. 첫째, 최근 중국의 전방위적인 해양 공세가 확대, 심화되는 경향이 농후하다. 시진핑(習近平) 시대 중국은 2000년대 초반부터 강력한 군대 건설과 국방비 증액 등을 통해 군사·안보 분야에 대한 투자를 늘리고 있고, 특히 해양력을 강화하는 데 중점을 두는 강국몽을 추진하고 있다. 이러한 경향은 남중국해 인공섬 건설을 전후해 가시적으로 나타나고 있으며, 미·

중 간 해양경쟁으로 확대되면서 동아시아 해양의 긴장이 고조되고 있다.

경제적·군사적 부상과 맥을 같이하여 중국의 해양영토와 해양주권에 단호한 의지를 내보이고 있다. 사안에 따라서는 해상충돌이나 무력동원도 불사하고 있다. 남중국해에서는 '구단선'과 같이 국제적 동의를 얻기 어려운 역사적 근거를 바탕으로 자국의 해양영토임을 강변하고 강점하는 것도 서슴지 않고 있다. 동중국해에서도 일본이 실효적 지배를 하고 있는 센카쿠열도/댜오위다오의 영유권을 놓고 첨예하게 맞서고 있다.

이러한 중국의 해양공세는 동북아를 넘어 동아시아 해양국가들의 긴장을 고조시킬 뿐만 아니라, 공해(公海)에서는 어떤 나라의 군함·선박이든 자유롭게 항행할 수 있는 자유가 있다는 '항행의 자유' 원칙을 침해한다. 특히 이 원칙은 미국이 남중국해에서 중국과의 해양경쟁에서 전면에 내세우는 원칙으로, 구단선(九段線, nine-dash line) 주장을 비롯하여[1] 남중국해에서의 지배권을 확립하고자 하는 중국의 입장과 대척점에 있다. 따라서 중국의 강화된 해양전략으로 동아시아 지역 국가들과 중국 간의 해양분쟁뿐만 아니라 미·중 간 경쟁과 갈등도 심화되는 양상이다.

둘째, 중국의 해양공세 강화 과정에서 회색지대(gray zone) 전략이라는 새로운 해양공세 접근법이 관찰되고 있다. 이 연구의 대주제이기도 한 회색지대 전략을 통해 야금야금 자신의 전략 목표를 달성해가는 방식으로 해양지배력을 높여가고 있다. 한국이 중국과 직접적인 도서영유권 문제가 있는 것은 아니지만, 서해와 동중국해를 사이에 두고 중국과 마주하고 있는 한국의 입장에서는 중국의 회색지대 전략 구사에 긴장하고 충분히 대비해야 한다고 보기 때문이다.

1 구단선 주장에 대해서는 제3장 참조.

화색지대 전략은 지난 2009년 3월 남중국해 해남도 인근 해역에서 중국 민간 어선단이 미국 해군 과학조사선 임페커블호(Impeccable) 항로방해 사건 발생을 전후해 관심이 높아지기 시작했다. 이 사건의 발생 직후 미국 국방부는 2010년 발간된 4년 주기의 국방검토보고서인 'QDR(Quadrennial Defense Review Report) 보고서'에서 미국이 직면한 새로운 안보 도전 영역으로 '회색영역'(gray area)을 처음 언급했다.[2] 화색지대 전략이 향후 20년을 전망하면서 미국의 방위목표와 전략, 이를 수행하기 위한 전력소요를 담아 의회에 보고하는 미국 국방부의 종합 보고서라는 점에서 그 의미가 적지 않았다고 할 수 있다.

실제로, 1950년대 초부터 반세기 이상 지속되어 온 동아시아 해양분쟁은 완전히 해결되지도 않고, 그렇다고 전면전으로 치닫지도 않으면서 주기적으로 반복되는 양상을 보이고 있다. 이러한 동아시아 해양분쟁에서 나타나는 거시적인 특징은 최근 관심을 받는 중국의 회색지대 전략에 주목해야 할 필요성을 방증한다고 할 수 있다.

셋째, 중국과 도서 영유권 분쟁 이슈는 없지만 아직 미해결된, 앞으로의 상황에 따라 얼마든지 분쟁이슈로 진화, 발화할 이어도 주변 해역의 해양경계획정 이슈가 있다는 점에서 중국 회색지대 전략에 대한 이해와 사전 대비가 필요하다. 한중 해양경계획정 협상은 오랫동안 지속되어 왔으나 아직까지 해결 기미가 없는 교착상태에 빠져 있다. 향후 이어도 주변 해역의 해양관할권을 놓고 다툼이 발생한다고 가정하면, 이 전략에 대한 심층적 분석과 효과적인 대응책 마련이 긴요하다.

한국과 중국 간에 도서를 둘러싼 영유권 분쟁은 없지만, 제주 마라도에

---

2 이에 대해서는 제2장을 참조.

서 149km 떨어진 이어도 주변 해역의 미획정된 해양경계 이슈가 있다. 한·중 간 해양경계획정 협상이 난항을 거듭하는 상황에서 이어도 관할권을 놓고 중국이 노골적으로 분쟁화를 시도하여 중국의 이어도 해역 통제나 무력 위협 등 물리적 대응 가능성도 배제할 수 없다. 물론 배타적 경제수역(EEZ)이나 대륙붕의 경계를 획정하는 문제는 섬이라는 물리적 실체가 있는 영유권 이슈와는 다르다. 그렇지만 이어도 문제는 이어도 해양과학기지라는 실체가 있기 때문에 영유권 분쟁과 같은 문제 상황을 가정하여 대응전략을 마련해야 한다. 이런 측면에서 이어도 또는 이어도 해양과학기지를 둘러싸고 해상시위, 해상대치, 해상충돌뿐만 아니라 무단 기지상륙을 통한 점거, 시설물 훼손 등 다양한 가능성을 상정할 때,[3] 회색지대 전략에 대한 심층적인 분석과 효과적인 대응 방안이 마련되어야 할 필요가 있다.

Ⅱ. 중국의 해양전략과 회색지대 전략

지난 2009년 3월 남중국해 해남도 인근 해역에서는 중국 민간 어선단이 미국 해군 과학조사선 임페커블호(Impeccable) 항로방해 사건이 발생한다. 이 사건이 발생한 직후에 미국 국방부가 발간한 2010년판 '4년주기 국방검토보고서'(QDR)는 미국이 직면한 새로운 안보 도전영역 또는 분야로서 '회색지대'(gray zone 또는 gray area) 개념을 처음 언급한다. 그 이후 국내외적으로 안보와 관련된 정책 실무자나 전문가들 사이에서 회색지대에 대한 연구가 활발하게 이루어지기 시작한다.

---

3 이에 대해서는 제9장을 참조.

제2장 '중국의 회색지대 전략과 해상민병대: 한국에 주는 함의'에서 이서항은 중국이 구사하는 '회색지대 전략'의 개념과 이를 실행하는 해상민병대의 주요 임무와 실체를 분석한다. 이서항은 이 글에서 회색지대란 군사행동이 개입된 완전한 전쟁상태도, 무력충돌이 없는 완전한 평화상태도 아닌 중간상태의 영역 또는 전쟁과 평화상태 사이에 존재하는 중간적 현상'을 뜻한다고 지적한다. 회색지대 전략은 곧 완전한 평화도, 그렇다고 완전한 전쟁상태도 아닌 회색지대 상황에서 구사되는 전략이라는 것이다.

회색지대 전략은 자국의 이익을 달성하기 위해 상대방보다 비교 우위적인 수단과 방법을 동원한다. 회색지대 전략의 특징은 수단의 비대칭성(asymmetry), 상대방 대응의 무력화를 위한 애매모호성(ambiguity), 실행의 점진주의(incrementalism), 전략적 목표의 단계적 접근(strategic gradualism) 등을 포함한다. 이러한 특징은 국가 간 분쟁이나 경쟁적 상황에서 자국의 이익을 야금야금 성취하는 '살라미 전술'과 '기정사실화 전략'(fait accompli)의 속성을 그대로 드러낸다는 것이 이서항의 지적이다.

이러한 회색지대 전략은 최근 중국이 남중국해에서 해상민병대를 동원하여 자국의 이익을 달성하는 방식을 통해 잘 나타난다. 중국의 해상민병대는 정규군인 인민해방군 조직과 연계되어 중앙정부 차원의 정치·외교적 목표를 달성하기 위한 수단으로 동원되고 있다. 해상민병대는 중국의 이익이 걸려있는 남중국해 등 해양영역에서 국가차원의 전략목표 달성에 관여하는 일선 병력이자 '조달업자'로 활용되고 있다는 것이다. 이들이 비록 정규군은 아니지만 정국 정부의 군사적 필요 시 동원이 가능한 인민 무력체계의 중요 구성요소로서 '인민무력 해상민병대'(PAFMM)로의 명명도 가능하다는 것이 이서항의 분석이다.

중국은 그동안 자국 해양관할권의 확대·강화를 위해 남중국해를 중심으로 분쟁수역에 해상민병대를 동원하는 행태를 지속적으로 보여 왔다. 이런 점을 감안할 때 중국 해상민병대가 우리 서해에서의 불법조업 현장에는 물론, 자국 관할권을 주장하고 있는 이어도 주변수역에 출현할 가능성도 배제할 수 없다. 이서항은 이런 가능성을 염두에 둘 때, 회색지대 전략에 기초하여 운용되고 있는 중국 해상민병대의 행태에 대해서는 우리의 단호한 차단 의지를 보여주는 것이 매우 중요하다고 주장한다. 이러한 주장과 함께, 그는 그동안 국내에서 충분히 연구가 되지 못한 중국의 회색지대 전략과 해상민병대의 실체에 대해서도 체계적 접근을 통한 깊이 있는 연구를 수행해야 할 필요성이 크다고 지적한다.

한편, 중국은 아시아 대륙과 해양에서의 패권적 지위와 영향력을 구축하고 이른바 '중화질서'로 재편한다는 대전략을 진행 중이다. 이러한 맥락에서 중국은 해양에서의 해권(海權)을 장악하기 위해 서태평양에서 인도양을 아우르는 광범위한 영역에서의 해양팽창전략을 전개하고 있다. 특히 중국의 동아시아 지역과 해양팽창전략 전개에서 한국은 지정학적으로 전략적 거점에 해당한다. 특히 제주도와 이어도는 중국이 해양으로 진출하는 입구에 위치해 있다. 따라서 서해와 남해, 제주도, 그리고 잠재적 분쟁지가 될 수 있는 이어도가 중국의 해양팽창전략에 의해 실질적으로 잠식당할 수 있는 위험이 매우 크다는 것을 의미한다. 한국이 중국의 해양 팽창전략에 각별한 경계와 대비책을 마련해야 하는 이유이다.

중국의 해양팽창 전략에 대한 이해를 위해서 선행되어야 할 것은 중국이 전개하는 전략전술의 특수성에 대한 분석이다. 중국의 대전략과 이를 실행하는 전략전술 개념은 전통적인 군사안보전략 개념과 확연한 차이를 보이기 때문이다. 중국이 전개하는 새로운 개념의 전략전술은 대표적으로 '회색지대 전략,' '하이브리드전(戰),' '초한전(超限戰)' 등을 들 수 있다. 특히 초한전 개념은 지금까지의 전통적인 또는 전형적인 군사안보 전략전술 개념으로는 설명이 안 된다.

이런 맥락에서 이지용은 제3장 '중국의 해양전략과 회색지대 전략: '초한전(超限戰)' 개념을 중심으로'에서 중국의 해양팽창전략의 실체에 접근한다. 그는 이를 위해 중국 해양전략이 변화해 온 과정을 검토하고, 이를 다시 중국 특유의 전략전술 전개 변화 양상에 초점을 맞추어 분석한다. 그리고 이를 실행하는 전략으로서 전통적 군사안보 전략 개념과 차별화되는 새로운 '초한전' 개념과 이론을 중심으로 중국이 전개하는 신(新) 전략전술의 투사행태와 양상을 설명한다. 이를 통해 이지용은 중국이 한국에 영향력을 확대하고 해양으로 팽창해 나가기 위한 기반을 구축하기 위해 중국식 '초한전'을 전개해 오고 있다고 분석한다.

이러한 움직임에 비추어 이지용은 중국과의 교류가 중요하고 증가할수록 중국으로부터 한국 정치와 사회의 독립성과 자율성을 유지하기 위한 경계심 또한 늦추어서는 안 될 것이라고 지적한다. 그에 따라 중앙정부 차원뿐만 아니라 지방정부와 지역사회 차원에서도 '지역의 자치와 안보'를 지키기 위한 움직임이 필요하다는 것이다. 특히 중국과의 교류와 중국인 투자유입이 활발한 제주도는 이를 위한 적극적 대응이 요구된다고 주장한다. 지역경제뿐만 아니라 해양과 이어도와 같이 중국의 전략적 이해가 직접적으로 관여되어 있을 뿐만 아니라 지역사회의 독립과 자율성을 확보하고, 이를 바탕으로 중국(인)과의 교류를 활발히 전개하는 것이 장기적 관점에서 한국과 중국 간 호혜적 관계를 형성하는 데 도움이 되기 때문이다.

Ⅲ. 중국의 회색지대 전략과 국제법

중국의 해상민병대는 정규 해상병력은 아니지만, 이에 준하는 해상 행위를 전개해 나가며 중국 정부가 추구하는 해양주권 수호에 일조하고 있다.

실제 이들은 목표 해역에 대한 경계, 감시, 정보 수집은 물론 준(準)군사행동을 병행하며, 중국의 해양에서의 영향력 확대에 힘을 쏟고 있다. 현재 중국어선들은 중국 정부의 지원 및 보호를 받으며, 어업 자원이 풍부한 남중국해, 특히 남사군도 일대에서 어업활동을 전개하고 있다. 이때 가장 안쪽에서 어선들이 어업활동을 하면, 이들을 어업지도선이 감싸고, 해양감시선이 순시활동을 전개하며 다시 이들을 감싸는데, 최종적으로는 중국 해군이 외곽에서 이들 모두를 감싸는 형태를 보이고 있다. 흡사 양배추와 같은 형태이다.

제4장 '중국의 해상민병대와 양배추전략'에서 주민욱은 중국이 남중국해 등지에서 전술운용 중인 양배추전략에 대해 중국 언론보도 자료를 수집하여 사회관계망분석(SNA, Social Network Analysis) 방법을 활용해 분석한다.

주민욱에 따르면, 2013년 중국해군 장자오종(张召忠) 소장이 필리핀의 남중국해 인애초(仁爱礁) 일대에서 양배추전략(cabbage strategy, 卷心菜战略)의 필요성을 처음 제기했다. 중국의 양배추전략은 중국어선의 안전과 자국의 해양권익 및 주권수호를 위해 제안된 해상보호 전략 중 하나이다. 목표 해역을 겹겹이 에워싸 상대 어선 혹은 해상병력이 힘을 쓰지 못하도록 사전에 차단하기 위해서이다. 중국은 점진적으로 양배추전략을 강화해 나가고 있는데, 이를 활용하여 남중국해에 인공섬을 만들고, 정규 해상병력이 아닌 일반 어선을 활용하여 상대국이 섣불리 군사대응을 하지 못하도록 애매한 포지션을 구축해 나가고 있다.

주민욱에 의하면, 중국 해상민병대는 단순하게 민간 차원에서 자발적으로 모집, 운영되는 것이 아니라 중국 정부의 깊은 관여가 있다. 중국 해상민병대의 주요 거점지역은 지금까지는 남중국해이며, 일본과 도서영유권을 놓고 다투는 센카쿠열도/댜오위다오 주변 해역에서도 등장하고 있다. 이들 중국 해상민병대는 군사조직화되어 있을 뿐만 아니라 양배추전략이 이들이 해상에서 운용하는 주요 전략전술이다. 특히 이와 관련된 중국 내 언론보도 내용을 기반으로 SNA 분석을 진행한 결과, 크게 6개의 담론, 즉 국가주권 프레임, 행동의무 프레임, 부대조직 프레임, 어민군사조직 프레임, 양배추전략 프레임, 그리고 남중국해 분쟁 프레임이 확인되었다는 것이 주민욱의 분석 결과이다.

한편, 중국의 해상민병대는 형식적으로 일반 어민과 민간 상선 승조원이지만 군사 훈련을 받거나 군사적 지휘통제 계통에 있는 사람들을 포함하며, 군의 지시를 받아서 해상시위에 참여하거나 외국 어선 추방에 적극 관여하는 것으로 알려져 있다. 우리나라는 제주도 남방 이어도 인근 및 서해 일대에서 배타적 경제수역 획정 문제로 중국과 갈등의 소지가 다분하다. 경우에 따라서는 중국이 우리나라에 대한 압박적인 정책수단으로 해상민병대를 동원하여 갈등을 격화하고 협상에서 우위를 점하기 위한 다목적의 전략을 구사할 수 있다.

이런 맥락에서 제5장 '국제법으로 본 중국의 해상민병대'에서 정대진은 중국 해상민병대를 국제인도법과 국제해양법의 두 갈래로 나누어 관련 원칙과 쟁점을 검토, 분석한다.

먼저, 국제인도법상으로는 무력충돌로부터 민간 어선을 보호해야 한다는 구별의 원칙을 적용하기 어렵다는 전제에서 중국 해상민병대의 활동이 전시에 준하는 적대행위에 해당하는지 여부가 주요 쟁점이 된다. 적대행위는 행위 주체의 적대성에 대한 인식과 고의뿐만 아니라 적대행위의 객체인 상대방이 인식하는 위협도 고려하여 판별해야 할 것인데, 중국 해상민병대의 활동은 수십 척의 선박이 우발적으로 상대방에 대한 해상활동 차단을 시도할 개연성이 거의 없다는 점을 고려할 때 적대성에 대한 고의가 다분하며 해상활동을 차단당하는 상대방이 인지하는 위협도 상당하므로 적대행위에 대한 주관적·객관적 요건을 충족한다고 보인다는 것이 정대진의 분석이다.

국제해양법상으로는 중국 해상민병대가 정규군 대 정규군의 프레임이 아닌 비전통적 안보영역의 문제를 제기하고 있으므로 이를 어떻게 규율할 것인지가 쟁점이다. 이에 대해 정대진은 중국 해상민병대가 순수한 민간 어선이라고 보기 어려우므로 전통적인 국제인도법이나 전쟁법상의 민간 어선 보호의 원칙이나 구별의 원칙이 적용되기 어려운 점, 중국 해상민병대의 활동이 전시가 아닌 평시에도 계속되는 점 등을 고려하여 중국 해상민병대에 대한 해양 법집행기관들의 대응은 일반적인 무력 사용이 아닌 국제해양법상의 조치를 취하는 법집행으로 간주해야 할 필요성이 있다고 지적한다.

물론 국제인도법상이나 국제해양법상 중국 해상민병대에 대한 무력대응이 가능하다고는 하지만 신중을 기해야 한다는 것이 국제법의 기본정신임은 두말할 나위가 없다. 이런 측면에서 정대진은 무력 사용에 있어서도 필요성과 비례성의 원칙이 지켜져야 하며 전시 적대행위에 준해 중국 해상민병대를 상대하더라도 그 적대행위가 소멸되면 민간 어선과 민간인 지위의 일시적 소멸도 함께 정지된다는 점을 기본 원칙으로 숙지해야 한다고 강조한다.

Ⅳ. 중국 회색지대 전략의 한국적 함의와 일본의 대응

작금의 동아시아는 미국의 아시아(인도·태평양) 전략과 새로 부상하는 중국의 영향력, 북한의 무력에 의존한 대외도발, 다시 국가체제를 정돈한 러시아의 역내 정치, 새로운 영향력 확대를 모색하는 일본의 국내외 정치 그리고 아세안으로 대표되는 새롭게 발전하는 동남아국가들의 영향으로 지역 국제관계가 급변하고 있다. 이는 기존 역내 질서에 새롭게 현상변경을 추구하는 중국의 확장정책으로 나타나고 있는데, 이는 중국이 꾸준하게 추진하던 개혁·개방정책의 경제·사회적 성과가 중국의 대외관계에 영향을 미치며, 안보와 군사력에 변화를 도모하는 형상이라고 할 수 있다. 이러한 최근 동아시아 국제관계의 맥락 속에서 김진호는 제6장에서 '중국 해양 회색지대 전략과 한국의 대응방안'을 모색한다.

중국의 국가경쟁력 변화와 대외정책의 변화는 동아시아에서 미국의 세계(동아시아) 전략과 갈등을 고조시키고 있는데, 이는 서방에 의해 중국의 최종 목표가 미국이 주도하는 질서에 변화를 일으켜 자국의 영향력을 확대하는 것이다. 이러한 중국의 대외전략으로 미·일과 중·러라는 강대국 진영 간 대립으로 나타나기도 하는데, 이는 중국이 미국과 대립적인 세력과 전략적 협력을 하거나 혹은 동맹 흔들기를 통해 미국의 동맹세력에 영향을 미치기 때문이다.

김진호는 이러한 동아시아 세력구도하에서 중국은 '일대일로'라는 전략을 기초로 해양에서 회색지대 전략을 추진하고 있다고 분석한다. 그에 따르면, 중국의 해양 회색지대 전략은 종합 해군력에 포함되는 행위자인 해군과 해양통제 요소들을 통해 더 넓은 해양으로 그 영향력을 확대해가는 것을 말한다. 그리고 최종목적은 이러한 연해에서의 활동으로 그 지역에 해양통제의 기반을 조성하면서 그 영향을 근해와 대양으로 확장 시키는 것이라고 분석한다.

이러한 분석을 위해 김진호는 중국 회색지대 전략에 대한 이해에 기초해 한국과 지정학·지경학적으로 밀접한 관계에 있는 중국의 도발을 효과적으로 방어하는 유비무환의 방법을 고찰한다. 특히 한국의 해양영토인 이어도와 주변 해역의 수호를 위해 한국이 취할 수 있는 전략적 방안도 모색한다.

한편, 2012년 일본의 센카쿠열도 국유화 선언으로 강화된 중국의 해양 공세는 북한의 핵미사일 개발과 더불어 일본의 안보를 심각하게 저해하는 위협요인으로 부상했다. 2020년 들어 전 세계가 코로나19의 확산을 막기 위한 방역 대응에 집중하는 동안에도 중국은 해양공세의 고삐를 늦추지 않고 있다. 중국은 해경과 해상민병을 첨병으로 내세워 무력충돌의 임계점을 넘지 않는 선에서 평시와 전시의 구분이 애매모호한 방식으로 현상변경을 시도하고 이를 통해 자국의 해상 안보이익을 추구하는 해양 회색지대 전략을 추구해 오고 있다.

제7장 '중국의 해양 회색지대 전략에 대한 일본의 대응: 법제도적 논의와 해상보안체제 강화를 중심으로'에서 이상현은 동중국해를 둘러싼 중국의 해양공세와 이에 맞선 일본의 대응을 살펴보고 한국에 대한 함의를 도출한다. 이를 위해 중국의 해양 회색지대 전략에 대한 일본의 대응을 시기적으로는 2010년대를 중심으로 하여 법제도적 논의와 전략적 해상보안체제 구축이라고 하는 두 가지 측면에 초점을 맞추어 고찰한다. 분석을 위한 자료로는 일본 국가안전보장회의와 각료회의가 결정한 다수의 전략문건과 방위백서, 외교청서, 일본 국회의사록, 외교안보 관련 일본 정부기관의 홈페이지 자료 및 일본 신문기사를 활용했다.

2010년대 중반 일본 국회에서는 평화안보법제 제정을 둘러싸고 활발한 논의가 전개되었는데, 당시 아베정부는 회색지대 사태에 대한 법제 마련이 집단적 자위권 도입 여부와 더불어 핵심과제라는 인식을 보였지만 신법 제정은 유보했다. 이러한 배경에는 중국의 해양공세에 대해 영역경비와 관련한 신법을 제정하여 평시에도 자위대가 출동할 수 있도록 군사적 대응을 강화하게 되면 이것이 오히려 센카쿠열도를 포함한 남서제도에서의 군사적 위기를 초래할 수 있다는 인식이 있었기 때문이라고 이상현은 지적한다.

그는 회색지대 관련 법 제정이 유보되고, 해상법집행을 담당하는 해상보안청이 제일선에서 회색지대 사태에 대처한다는 방침이 정해진 이후 일본의 전략적 해상보안체제 구축을 위한 노력은 해상보안청의 역량강화, 해상보안청과 해상자위대의 협력강화, 회색지대 대처를 위한 미일 협력, 아세안 국가들과의 해상보안 협력을 중심으로 추진되어 오고 있다고 분석한다.

이상현은 미·중 신냉전의 첨예한 갈등하에서 선택의 순간에 직면하게 될 한국 정부의 향후 결정에 따라서는 중국과의 대치관계, 또는 중국의 보복을 받는 상황을 염두에 둘 필요가 있다고 언급한다. 이때 동중국해의 이어도 관할권을 둘러싼 한·중 간 갈등이 양국 간 해양분쟁의 씨앗이 될 수도 있다는 점을 인식하고 대처방안을 강구할 필요가 있다는 것이다. 그는 이런 점에서 동중국해에서의 중국의 해양공세에 맞선 일본의 적극적 대응은 전략적 해상보안체제 구축이 시급한 우리에게 시사하는 바가 크다고 지적한다.

V. 독도 수비대의 경험과 이어도분쟁 대응

미·중 패권갈등의 현 국제질서 속에서 다른 부문·지역에서의 분쟁의 불똥이 우리의 독도와 이어도로 튈 가능성을 배제할 수 없다. 영토 이슈는 실제 그 영토의 중요성과는 별도로 해당 국가의 정체성 및 국가목표와 연계되는 경우가 많기 때문에 타협이나 합의 가능성이 낮다. 독도나 이어도의 해양영토 문제 역시 단기간에 해결될 사안이 아니라 실효적 지배의 지속성을 통해 수호해 나가야 할 이슈라고 할 수 있다.

그런데 현대의 다양한 이해관계 속에서 국민들은 '작은' 영토에 대해 큰 관심을 두지 않는 경향이 있다. 오랫동안 지속되는 분쟁이고 또한 내가 관심을 갖는다고 크게 달라지지 않을 것이라는 생각 때문이다. 그러나 미래의 영토분쟁은 과거보다는 더 큰 규모로 이루어질 것이고, 그 피해는 국가와 국민들에게 훨씬 더 크게 이루어질 것이다.

제8장 '한국의 해상민병: 독도의용수비대의 경험'에서 이정우는 독도의용수비대의 지난 활동이 우리에게 주는 현재적 교훈을 통해 아무리 어려운 상황이라도 국토에 대한 소중함과 수호정신을 잃으면 안 되며고, 필요한 경우 희생을 감수하더라도 국토수호를 위해 적극적으로 대응이 필요하다고 주장한다.

이정우는 독도의용수비대의 역사적 경험을 통해 우리 국민 모두가 독도의용수비대 대원이 된다는 마음으로 독도 문제에 대한 관심을 기울이고, 또한 이어도의 현황과 중요성에 대한 사회적 인식을 높이는 것이 중요하다고 지적한다. 역사적으로 국토수호에 소홀한 국가는 그 수명을 다하지 못했고 또한 번영을 이루지도 못했다는 점을 잊지 말아야 한다고 강조한다.

정부가 당연히 알아서 잘 할 것이라는 생각을 넘어, 독도와 이어도 등 국토의 작은 부분에 대해서도 국민들이 소중한 관심을 기울일 때, 국가도 더 많은 예산을 들여 국토수호의 중요성에 자신의 의무를 다할 것이다. 국가가 무엇을 해주기에 앞서 우리 국민들이 스스로 자신이 서 있는 분야에서 국토를 사랑하고 지키려는 마음을 가지는 것이 중요하다.

이정우에 의하면, 해상민병으로서 독도의용수비대의 활약상은 독도와 이어도 및 우리 영해에서 벌어질 이른바 일본과 중국에 의한 회색지대 전략에서 대응 전략의 일환으로서 좋은 본보기가 될 수 있다. 중국의 해상민병과 같이 국가주도의 치밀한 계획 속에 현상변경을 시도하는 것이 아니더라도, 현상을 유지하고 국토를 수호하고 상대의 전술에 대응하는 차원에서 지역 어민들의 유기적인 신고체계를 구축하고 유사시 동원 가능한 조직망을 구축하는 것이 필요할 수 있다. 영토 수호의 대의에는 국민 모두의 노력과 의지가 있어야 할 것이기 때문이다.

마지막으로, 제9장 '중국의 회색지대 전략과 이어도 분쟁 대응방안'에서 고경민은 이어도 관할권을 둘러싸고 발생할 수 있는 중국과의 충돌 가능성들을 회색지대 전략에 기초하여 몇 가지로 유형화하고 그에 따른 대응 방안들을 모색한다.

고경민에 따르면, 회색지대 전략은 상대국의 대응을 혼란스럽게 한다. 즉 그러한 공격이 국가 주도인지 민간 주도인지를 공격 직후 신속하게 식별하기 어렵다. 또 그로 인해 그러한 공격에 대응한 법적·정책적 대처방안도 모호해지며, 처벌도 쉽지 않고 공격에 대한 억지력을 갖추기도 어렵다. 더욱이 회색지대 전략 공격으로 인한 인적·물적 피해에 적극적으로 대응하기 위해 무력을 사용하는 것도 쉽지 않다.

중국이 2012년 남중국해의 스카버러 점거 당시 활용했던 양배추 전략은 비군사 역량과 군사역량을 분리하지 않고 결합하여 운용한다. 따라서 이러한 회색지대 전략은 영유권이나 관할권 분쟁에서 직접적인 군사역량을 사용하지 않고서도 도서 합병이나 관할권 확장이 가능할 수도 있다는 점을 시사하고 있다고 고경민은 강조한다. 그러면서 그는 중국의 회색지대 전략, 특히 해상민병·해경·해군이 겹겹이 에워싸는 양배추 전략에 따라 이어도 분쟁을 세 가지로 유형화한다. 첫째, 해상민병에 의해 분쟁이 발생할 경우로는 해상에서의 집단시위, 이어도해양과학기지의 무단 점거 및 훼손 등의 사례가 있을 수 있다. 둘째, 해경 수준에서 관리 및 대처가 가능한 유형으로 해상 대치와 해상 충돌의 유형이 있을 수 있다. 셋째, 해경의 역할 범위를 넘어서는, 즉 해·공군 간 군사적 충돌 유형으로 무력시위, 무력충돌의 유형을 상정할 수 있다.

고경민은 중국의 회색지대 전략에 따른 이어도 분쟁의 유형화를 통해서 볼 때, 이어도 주변 해역의 관할권을 둘러싼 분쟁은 해상민병 세력의 도발로부터 촉발될 가능성이 높다고 강조한다. 즉 중국 해상민병 세력들이 이어도 주변 해역에 대한 자국 관할권을 주장하면서 이어도해양과학기지 주변에서 해상시위를 진행하고, 더 나아가 과학기지 시설물을 점거, 훼손하는 경우를 상정할 수 있다. 그 다음으로는 해상민병 세력들의 도발에 따른 양국의 공방이 확대될 경우 해상에서의 순시선을 이용한 대치가 발생할 수 있다. 특히 해양과학기지의 안전수역(또는 보호수역)으로 중국 관공선이나 어선이 무단으로 침입할 경우에는 충돌로 발전할 수 있다. 중국 관공선이나 어선의 침입을 막기 위한 경고, 차단, 밀어내기, 나포 등의 충돌이 발생할 수 있다. 그리고 이러한 해경 수준에서의 대치와 충돌이 발생할 경우 원거리에서 중국 해·공군의 무력시위가 벌어지게 되고, 급기야 군사적 충돌의 가능성까지도 예비하지 않을 수 없게 된다.

고경민은 이러한 양배추 전략에 근거한 시나리오가 순서에 따라 순차적으로 진행된다고 확언할 수는 없다고 인정한다. 그러나 이어도 분쟁 유형은 대체로 이러한 시나리오의 틀 속에서 진행될 것으로 예측하면서 다음과 같은 단계별 대응방안을 제시한다.

첫째, 중국 해상민병의 도발이 양국 간 분쟁의 촉발요인으로 작용할 가능성이 크다. 중국의 해상민병에 대응하기 위해서는 다양한 수준의 갈등에 대비할 수 있는 유연반응전략을 수립할 필요가 있다. 즉 갈등의 방식과 양태에 따라 비례적으로 대응할 수 있는 억지 방안을 마련해야 할 것이다. 둘째, 발생 가능성 면에서 보면 해·공군 차원의 무력충돌 가능성보다는 민간차원의 소규모 충돌 가능성이 상대적으로 높을 것이다. 중국 해상민병 세력들의 과학기지 철거 주장이나 점거 및 훼손 등이 촉발요인으로 작용하고, 이를 두고 양국이 민감하게 대응할 경우 해경 간 해상대치와 충돌, 나아가 군사적 무력충돌로 발전할 수 있다. 셋째, 군사적 무력충돌의 가능성은 낮지만 그 파급효과가 지대하기 때문에 상시적인 군사적 대비태세를 확고히 하는 것이 중요하다. 아울러 효과적인 군사적 대응태세 구축을 위한 해경

전력의 증강과 기동함대 건설이 시급한 전략적 과제이다.

Ⅵ. 나가며

이 책은 이상과 같이 총 4부, 8개의 주제로 구성되었으며, 논리적 비약이나 오류의 가능성에도 불구하고 이상의 8편의 연구들을 일별했다. 보다 상세한 논의의 전개는 각 장에서 이루어질 것이다.

해양분쟁, 즉 섬을 놓고 벌이는 도서영유권 분쟁뿐만 아니라 EEZ나 대륙붕 경계획정을 놓고 벌이는 해양관할권 분쟁은 모두 국가 간 이슈이기 때문에 국제법의 원칙을 근거로 판단하고 주장해야 한다. 이를 위해서는 유엔해양법협약(UNCLOS)을 기초로 한 법리적 근거와 역사적 논거의 발굴과 축적이 중요한 대응과제라고 할 수 있다. 그러나 영토주권의 문제는 역사적·법리적 근거와 논리를 통한 합리적 논쟁을 넘어서 종종 국민감정의 대결, 더 나아가서는 해상충돌, 무력분쟁으로 치닫는 경우가 있다. 이는 2010년대 초반 중·일 간 센카쿠열도/댜오위다오 분쟁뿐만 아니라 더 최근에 남중국해 인공섬 건설을 둘러싼 중국과 동남아국가들 사이에서도 극명하게 나타나고 있다.

해양영토 분쟁이 심화될 경우, 정부 간의 성명 논쟁, 일반 국민들의 집회와 시위, 해상 대치, 경제제재, 교류협력 제한 등과 같은 외교관계 전반에서의 악화를 가져왔던 전례들이 있다. 이러한 상황은 역사적 권원이나 법리적 근거, 논리적 토대를 둘러싸고 벌어졌던 쟁론을 무색하게 한다. 더욱이 국가 간 무력동원으로 확대될 경우까지 상정한다면 현재화되지 않은 잠재적인 해양영토분쟁 이슈조차도 철저한 사전 대비가 필요하다. 군사적 열세에 있는 중국과의 분쟁이라면 이에 대한 다각도의 대비 필요성은 아무리 강조해도 지나치다고 할 수 없을 것이다.

이 책은 이러한 문제의식에서 중국의 회색지대 전략에 대한 심층적 분석을 통해 이해와 함께 한국의 대응 방안, 특히 중국의 해양경계획정 협상을 벌이고 있는 이어도 분쟁 가능성과 대응 방안을 모색하고 있다.

제1부
중국의 해양전략과 회색지대 전략

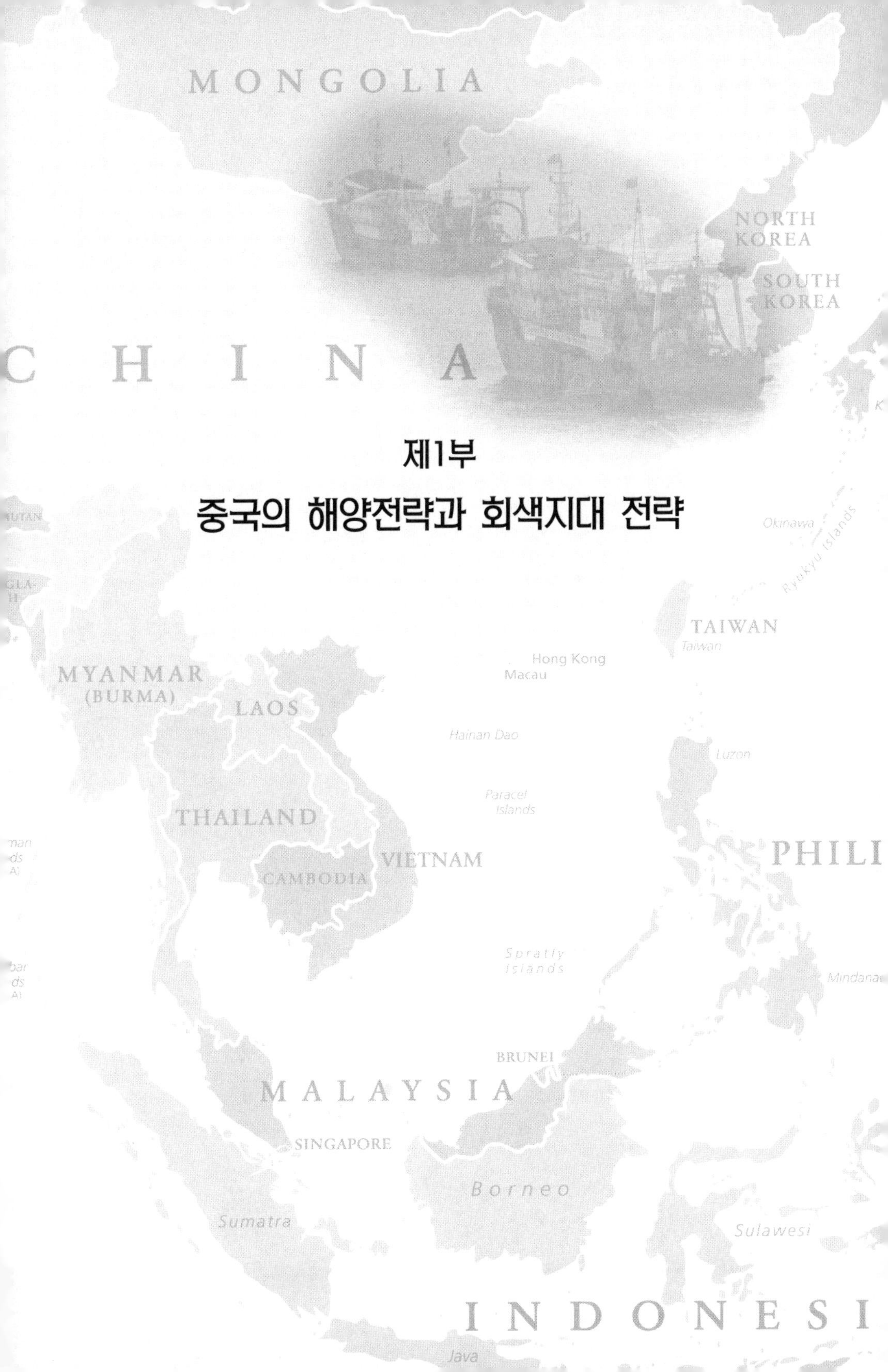

제2장
중국의 '회색지대 전략'과 해상민병대: 한국에 주는 함의

이서항

Ⅰ. 서론: 새로운 안보도전 영역의 부상

지난 2009년 3월 남중국해 해남도 인근 해역에서 일어난 중국 민간 어선단에 의한 미국 해군 과학조사선 *Impeccable*호 항로방해 사건 직후 발간된 미 국방부의 2010년판 '4년주기 국방검토보고서'(QDR: *Quadrennial Defense Review*)[1]에서 새로운 안보도전 발생 영역 또는 분야로서 '회색지대'(gray zone 또는 gray area) 개념이 처음으로 언급된 바 있다. 이후 국내외적으로 최근 안보국 방 관련 정책 실무자 및 전문가들에 의해 이 개념에 대한 활발한 연구와 분석이 이루어지고 있다. 회색지대 개념을 처음 사용한 미 국방부의

1 U.S. Department of Defense, *Quadrennial Defense Review Report* (February 2010), p. 73.

의도는 범세계적 냉전종식 이후 상당 기간 유지되던 미국의 군사력 우위가 최근 세계 곳곳에서 위협받는 안보환경이 조성됨에 따라 '완전한 전쟁도, 완전한 평화도 아닌 애매모호한 영역과 분야'에서 점점 더 많은 새로운 형태의 전략적 도전이 제기되는 현상을 지적하는 것에 목적이 있었다. 당시 상황을 보도한 미국 언론에 따르면 *Impeccable*호는 중국 해남도 연안 배타적 경제수역(EEZ) 내에서 해양과학조사 작업을 시행 중이었는데 5척의 중국 트롤어선이 50피트(약 15m)까지 다가와 진로를 방해하고 해당영역을 조속히 떠날 것을 요구하는 등 심각하게 '괴롭혔다'(harass)는 것이다.[2] 연안국의 배타적 경제수역(EEZ) 안에서 다른 나라의 군함이 항해 또는 관측 및 과학조사 작업을 수행할 수 있느냐에 대해서는 미국과 중국이 유엔해양법협약(UNCLOS)의 해석을 둘러싸고 대립중이지만 정부선박으로 간주되는 군함 또는 해경의 선박이 아닌 민간 어선이 다른 나라 군함의 항로를 조직적으로 방해했다는 사실은 그 배경과 행태에 있어 특별한 관심을 받기에 충분한 것이라고 할 수 있다.

중국의 민간 어선단이 다른 나라에 대해 강압을 동반한 행동—그리하여 완전한 전쟁도, 완전한 평화도 아닌 상황을 유발한—으로 국제적 주목을 받은 비슷한 사례는 지속적으로 발견된다. 지난 2019년 4월 남중국해에서 필리핀이 자국이 실효적으로 지배하고 있는 도서 중의 하나인 티투(Thitu)섬에 대해 해변 진입로 보수공사와 비행장 활주로 개선작업을 개시하자 최소 275척에 이르는 중국의 대규모 어선단이 현장 주위를 에워싸고 군사작전처럼 조직적으로 방해한 것이다. 이 때문에 그동안 잠잠하던 남중국해 도서영유권 갈등도 새로운 조명을 받고 있다. 물론 남중국해에서 인접국가

2 CNN, "Pentagon says Chinese vessels harassed U.S. ship," March 9, 2009.

간 도서영유권 분쟁은 새로운 것이 아니나 필리핀의 두테르테 대통령이 티투섬을 지키기 위해 필리핀 군에게 자살 임무수행 명령을 내리겠다고 보도되자[3] 필리핀의 공사를 군사작전처럼 조직적으로 방해한 중국의 '대규모 어선단' 실체에 대한 국제적 관심도 덩달아 증대되고 있는 것이다. 결론부터 말하자면, 문제가 된 중국의 대규모 어선단은 겉모습은 민간 어선들이지만 중국의 중앙정부—더 구체적으로 말하면 군부와 해경(Coast Guard)의 지휘를 받는 이른바 '해상민병대'(Maritime Militia)인 것으로 지적되고 있다.

위의 두 사건에서 문제가 되는 것은 중국 정부가 민간 어선단을 정부조직처럼 특정한 목적을 갖고 정치적 또는 군사·외교적으로 이용했다는 점이다. 특히 중국은 이들 해상민병대를 분쟁수역에서 자국의 해양관할권 확대나 권익보호의 수단으로 활용하고 있다는 점에서 '어민의 무기화'라는 평가지 받고 있다. 다른 국가에서는 흔히 볼 수 없는 해상민병대의 존재와 임무 때문에 이들의 기원 및 조직과 활동영역, 그리고 '완전한 평화도, 완전한 전쟁도 아닌 상황'에서 이른바 '회색지대 전략'이라고 불리는 그들이 구사하는 전략에 대한 특별한 분석의 필요성이 제기되고 있다.

Ⅱ. '회색지대' 개념의 정의와 '회색지대 전략'의 특징

'회색지대'란 사전적으로 어느 영역에 속하는지가 불분명하고 명확하지 않은 중간지대 또는 현상(phenomenon)을 의미하는 용어이다. 군사안보적 측면에서 회색지대는 〈그림 2-1〉에서 보는 바와 같이 '군사행동이 개입된 완

---

3 *The South China Morning Post*, April 5, 2019.

전한 전쟁상태도, 무력충돌이 없는 완전한 평화상태도 아닌 중간상태의 영역 또는 전쟁과 평화상태 사이에 존재하는 중간적 현상'을 뜻한다.[4] 회색지대의 영역과 현상에서 가장 두드러진 특징은 어느 쪽으로도 단정적으로 말할 수 없는 애매모호성(ambiguity)이다.

〈그림 2-1〉 회색지대

출처: Philip Kapusta, "The Gray Zone," *Special Warfare* 28, No. 4 (October—December 2015), p. 22.

이러한 개념의 이해 속에서 미국의 군사실무자이자 안보학자인 조세프 보텔(Joseph L. Votel)은 공동연구를 통해 회색지대를 '평화 시의 일상적인 상태보다는 위태롭지만 무력충돌이 개입된 완전한 전쟁상태라고 부르기에는 미흡한 상황에서 벌어지는 치열한 정치적·경제적·정보적 그리고 군사적 경쟁 상태'라고 정의한다.[5] 우리는 이러한 상태에서 벌어지는 국가 간 분쟁을 통칭 '회색지대 분쟁'(gray zone conflicts)이라고 부를 수 있으며 회색지대 내의 분쟁은 전쟁과 평화라는 2분법적인 상황의 중간에서 일어나는 분쟁상태

4 Lyle J. Morris, et al., *Gaining Competitive Advatage in the Gray Zone: Response Options for Coercive Aggression Below the Threshold of Major War* (Santa Monica, CA: RAND Corporation, 2019), p. 8.

5 General Joseph Votel, et al., "Unconventional Warfare in the Gray Zone," *Joint Forces Quarterly*, Vol. 80, No. 1 (2016), pp. 101-109.

이나 완전한 무력활동이 동원되는 전쟁의 '문턱'(threshold)은 넘지 않는 상태라고 말할 수 있다.

회색지대 전략은 곧 완전한 평화도, 그렇다고 완전한 전쟁상태도 아닌 회색지대 상황에서 구사되는 전략이다. 이 전략은 대체로 자국의 이익을 성취하기 위해 직접적인 군사력(무력) 또는 물리력을 사용하기 보다는 상대방보다 비교 우위적인 수단과 방법을 동원한다. 한마디로 회색지대 전략은 궁극적으로 군사적 충돌과 같은 상대방의 물리적 보복대응은 회피하면서 자신에게 유리한 수단을 동원하여 자국의 이익을 키우는 전략과 전술을 뜻한다.[6] 2009년 *Impeccable*호 사건 이후 남중국해에서 중국에 의한 도전이 계속되자 미 국무성은 2017년 1월 특별 연구를 통해 '회색지대 전략'을 '흔히 인정된 정규 군사력의 직접적인 사용은 아니나 비대칭적 또는 애매모호한 방식과 수단을 활용하여 관련 상대방 국가의 대응을 무력화 내지 좌절시키면서 한 국가의 목표를 달성하는 기술의 사용'이라고 정의한 바 있다[7]. 간단히 말하면 '직접·가시적인 무력 사용 없이 안보이익을 성취하는 전략'이다.

회색지대 전략은 분쟁과 경쟁이 나타나는 안보 영역에서 과거의 전통적 국가행동과는 뚜렷이 구별되는 몇 가지 특징을 드러낸다. 그것은 첫째, 수단의 비대칭성(asymmetry), 둘째, 상대방 대응의 무력화를 위한 애매모호성(ambiguity), 셋째, 실행의 점진주의(incrementalism), 넷째, 전략적 목표의 단계적 접근(strategic gradualism)을 포함한다.[8] 이들 특징 중 실행의 점진주

---

6 Jeremy A. Oliver, "China's Maritime Militias: A Gray Zone Force, " U.S. Naval Postgraduate School Ph.D. Dissertation, March 2019, Unpublished, p. 35.

7 International Security Advisory Board, U.S. Department of State, *Report on Gray Zone Conflict,* January 2017.

8 Michael Green, et al., *Countering Coercion in Maritime Asia: The Theory and Practice of Gray Zone Deterrence* (Washington, D.C.: CSIS, 2017), pp. 29-34. 또한 더욱 자세

의와 전략적 목표의 단계적 접근은 최근 국가 간 분쟁이나 경쟁적 상황에서 자국의 이익을 야금야금 성취하는 이른바 '살라미 전술'(salami-slicing tactics)과 '기정사실화 전략'(*fait accompli*)의 속성을 그대로 드러낸다. 국제적인 저명한 학자이면서 2005년도에 노벨 경제학상을 수상한 미국의 토마스 셸링(Thomas C. Schelling) 교수는 살라미 전술 및 기정사실화 전략과 연계된 회색지대 전략을 미리 예견한 것은 아니었지만 그의 저서 『무기와 영향』에서[9] 공교롭게도 오늘날 문제가 되는 회색지대 전략의 특성—특히 '살라미 전술'과 너무나 흡사한 사례를 아래와 같이 제시한 바 있어 이를 통해 회색지대 전략의 실체를 이해할 수 있을 것이다.

> 냇가에서 빨래를 하는 한 엄마가 자기 아이에게 깊은 물에 들어가지 말라고 지시한다. 이는 엄마가 아이에게 내리는 일종의 '레드 라인'(red line) 또는 한계 수심(threshold)이다. 이에 아이는 둑에 걸터앉아 있기 때문에 개념적으로 입수한 상태가 아니라고 판단할 수 있다. 엄마도 같은 판단이어서 특별한 지시나 제재를 가하지 않는다. 하지만 아이는 그 자리에서 일어나 서고 조금씩 전진하되 일정거리 이상은 나아가지 않는다. 이번엔 아이는 비록 일어섰지만 물에 젖은 신체의 부위는 전과 동일하기 때문에 아직 입수한 상태가 아니라고 항변할 수 있다. 아이의 안위를 걱정하는 엄마 역시 이번이라 해서 더 위험한 상황이 되지 않았기 때문에 별다른 조치를 취하지 않는다. 이에 아이

한 회색지대 전략의 일반적인 특징은 Morris, et. al., *Gaining Competitive Advantage in the Gray Zone*, pp. 8-12에서 발견된다.

9 Thomas C. Schelling, *Arms and Influence: With a New Introduction by Anne-Marie Slaughter* (New Haven, CT: Yale University Press, 2020), pp. 66-67.

는 점점 깊이를 더해가며 서서히 전진해 가다 일정 수심에서 더 이상 나아가지 않고 본래 위치로 되돌아온다. 이러한 행위를 반복한다. 이를 지켜본 엄마로서는 이전보다 더 아이가 나아간 상황이어서 염려가 되지만 처음 수심과 나중 수심 사이를 왕복하기 때문에 평균적 수심은 최초 수심보다 별 차이가 나지 않아 아직도 안전하다고 인식, 아이의 점진적 입수행위를 제지할 필요를 느끼지 않는다. 하지만 아이의 이러한 반복적 왕복행위는 계속된다. 그러다 엄마의 이 같은 의도하지 않는 방심 속에서 아이는 어느덧 수영이 가능한 목에 찬 수심에 이르게 된다. 그러나 이미 때는 늦은 것—엄마는 현실을 수용할 수밖에 없고, 결국 체념하듯 아이에게 지시한다. "그곳에서 수영은 하되 내 시야 밖으로는 나가지 말아라!"고 현실을 인정한다.[10]

위의 사례에서 보여주는 아이의 행태는 엄마에게 자신이 추구하는 목표를 점진적으로—즉, 야금야금—성취해 나가는 살라미 전술의 실체를 그대로 보여주고 있다. 이것이 바로 실행의 점진주의와 전략적 목표의 단계적 성취를 특징으로 갖는 회색지대 전략의 모습이다. 미국의 많은 안보관련 전문가들과 학자들은 중국이 남중국해에서 보여주는 행태가 바로 회색지대 전략의 단면이라고 지적하고 있다.[11] 즉, 해상민병대는 정규군인 인민해방군

10 정삼만, "신냉전시대의 살라미 전술과 기정사실화 전략", 『KIMS Periscope』, No. 164, 2019.7.11.

11 물론 회색지대 전략은 중국만이 구사하는 전략은 아니다. 2014년 흑해의 크림반도가 러시아에 병합된 것도 회색지대 전략의 실행 사례로 지적되고 있으며 정규군사력 이외에 다른 수단인 사이버 해킹·테러리즘 등을 동원하여 실제 전쟁으로의 비화 또는 임계점 도달은 회피하면서 안보이익을 달성하는 것도 혼용·복합전(hybrid warfare), 비정규전(irregular warfare), 정치선전심리전(political warfare), 비

조직과 연계되어 중앙정부 차원의 정치·외교적 목표를 달성하기 위한 수단으로 동원되고 있다는 것이다.

〈그림 2-2〉 살라미 전술과 회색지대 전략

출처: 이 그림은 2019년 7월 필자가 한국해양전략연구소장으로 재직 시 정삼만 연구실장과 공동으로 토마스 셸링 교수가 『무기와 영향』 저서에서 언급한 살라미 전술을 전문삽화가에게 의뢰하여 작성한 것임.

중국이 사용하는 회색지대 전략은 대체로 필요 시 무력 사용을 시사하

재래전(unconventional warfare) 등의 이름으로 회색지대 전략의 범주에 포함된다.

는 군사적 위협, 민간과 군사적 용도의 구분이 뚜렷하지 않은 준군사적(paramilitary) 기관의 활용, 정부의 통제가 가능한 민간단체와의 협력 등을 포함하고 있는데 해상 민병대는 중국의 이익이 걸려있는 남중국해 등 해양 영역에서 국가차원의 전략목표 달성에 관여하는 일선 병력(force)이자 '조달업자'(purveyors)로 활용되고 있는 것이다.[12] 그러나 이러한 평가에 대해 중국 학자들은 미국이 안보 경쟁자들의 행동을 비난할 때 새로운 수사학적 용어를 만들어 낸다고 비판하면서 해상민병대와 연계된 '회색지대 전략'은 단지 중국을 부정적으로 비난하기 위해서 만들어낸 개념이라고 지적하고 있다. 또한 중국학자들은 미국의 진정한 의도는 해양에서의 전통적인 우위 유지를 위해 새롭게 부상하는 중국을 봉쇄하는 것에 있다고 비판하고 있다.[13]

Ⅲ. 중국 해상민병대의 기원과 조직

중국에서 해상민병대가 출현하기 시작한 것은 1949년 중국 공산당이 집권하기 이전부터이나 해상민병대의 활동은 집권 이후 병력이 부족한 상태에서 연안지역을 통제하기 위해 인민해방군의 보조역할로 민간 선박과 어민을 활용하는 것에서부터 출발했다고 볼 수 있다. 특히 건국 이후 인민해방군은 부족한 해군력 보완수단으로 연안 순찰을 위해 민간 어민과 선박을 활용했으며 1950년대 초기에는 대만으로 패퇴한 국민당군의 본토 연안 침

12 Abhijit Singh, "Deciphering Gray-Zone Operations in Maritime-Asia," ORF Special Report #71, August 2018, p. 2.

13 Chen Yong, "US Maritime Gray Zone Operations against China," Oct. 15, 2019, https://scspi.pku.edu.cn/en/analysis/497878.htm.

투 방지와 순찰 목적으로 어민조직을 운영한 것이 해상민병대의 기원이라고 할 수 있다.[14] 그러나 중국의 긴 해안선을 순찰·방어하기 위해서는 해상활동 경험자가 부족한 상태에서 본격적으로 어민을 훈련할 필요가 있었으며 이것이 중앙정부에서 해상민병대를 운영·지원하게 된 가장 큰 배경이라고 할 수 있다.

이후 해상민병대는 위험요소가 많은 타국과의 분쟁수역과 장거리 및 장기 조업이 요망되는 해역에서의 집단조업을 위해 중앙정부의 필요에 따라 어선단이 조직되고 운영되는 사례가 늘어났다. 이러한 과정에서 해상민병대는 인접나라와 다툼이 있는 남중국해 등 분쟁해역에서 조업과 중국의 해양관할권 확대 및 공고화를 위해 동원되는 준군사조직으로 성장한 것으로 평가되고 있다. 이외에도 해상민병대는 중앙정부의 필요에 따라 서아프리카 해역 및 남미 해역 등에 대한 원양어업에도 동원되고 있는 것으로 알려져 있으며 중국은 이러한 원양어업 성과에 힘입어 세계 1위의 어획고를 자랑하고 있다(유엔식량농업기구–UNFAO 최근 통계에 따르면 중국은 세계 총 어획고의 약 19%를 차지하며 2위인 인도네시아는 큰 차이가 벌어져 약 9.5%를 차지하고 있다).

이렇게 중앙정부의 지원을 받고 성장한 해상민병대가 어느 정도의 규모를 유지하고 있는가에 대해서는 관련 자료의 부족으로 정확히 파악되지 않고 있다. 그러나 2010년에 발간된 '중국 국방백서'에 따르면, 중국 전체의 민병 규모는 약 8백만 명으로 집계되고 있으며 이중 해상민병대는 약 75–100만 명 선으로 추산되고 있다. 이와 함께 이들이 보유한 선박도 약 15만 척

14 Andrew S. Erickson and Conor M. Kennedy, "China's Maritime Militia," in Michael McDevitt, ed., *Becoming a Great Maritime Power: a Chinese Dream* (Washington, D.C.: CNA, 2016), p. 63.

이상으로 추정되고 있다. 이와 관련, 해상민병대의 규모에 대해 1978년 중국 당국의 발간 자료를 입수한 바 있는 미국의 연구자들은 해상민병 인원 규모를 75만 명 이상으로 잡고 보유 선박도 약 14만 척 이상인 것으로 집계하고 있다.[15]

명칭이 해상민병대인 만큼 이들이 주로 활동하는 지역은 두말할 필요도 없이 해상이다. 특히 중국이 거의 절대적인 관할권을 주장하고 있으나 인접국과 도서 영유권 및 해상경계분쟁을 벌이고 있는 남중국해가 이들의 주요 활동무대로 등장하고 있다. 따라서 이들의 주요 근거지도 남중국해와 인접한 연안지역—특히 해남도(海南島)와 남중국해 내의 일부 도서가 전진기지로 활용되고 있으며 해남도의 어촌마을인 산야(Sanya City)·탄먼(Tanmen City)과 남중국해 도서 내의 산샤(Sansha City) 등이 대표적인 근거지로 꼽히고 있다. 해남도의 경우, 중국 정부에서 공식적으로 집계된 자료는 없으나 일부 학계에서 발표한 논문에 의하면 약 30여 개의 단위 조직이 있고 각 조직은 120여 명의 어민과 10여 척의 어선으로 구성되어 있어 이를 종합한다면 해남도에만 약 300여 척 이상의 어선에 4,000여 명이 해상민병 세력으로 조직되어 있는 것으로 추정할 수 있다. 또한 남중국해 및 동중국해와 맞닿은 본토의 연안지역도 여러 곳에 비슷한 규모의 해상민병 조직이 운영되고 있는 것으로 추정되며 남중국해 해상의 서사군도나 남사군도의 경우는 해당 지역의 지원시설 취약 상태를 감안할 때 다른 연안지역 보다는 적은 규모의 해상민병대 조직이 운영되고 있는 것으로 추정된다.

이들 해상민병대는 비록 정규 인민해방군(PLA)과는 구별되는 별개의 세력이지만 거의 군사조직으로 편성되어 있고 사실상의 지휘와 훈련도 중

15 *Ibid.*, p. 63.

앙 군사위원회 통제의 인민 해방군 전구사령관 예하 지역사령관이 맡고 있는 것이 특징이다(〈그림 2–3〉 참조). 따라서 해상민병대의 최고 사령관은 중앙군사위원회 위원장인 당 주석(현재 시진핑 주석)이며 이러한 독특한 지휘 체계 때문에 미국의 해군대학 관련 전문가는 해상민병대의 공식 명칭을 중국의 '인민무력체계'의 중요 구성요소가 되는 '인민무력 해상민병대' (PAFMM: People's Armed Forces Maritime Militia)라고 불러도 무방하다고 주장하고 있다.[16]

〈그림 2–3〉 중국 해상민병대의 지휘 구조

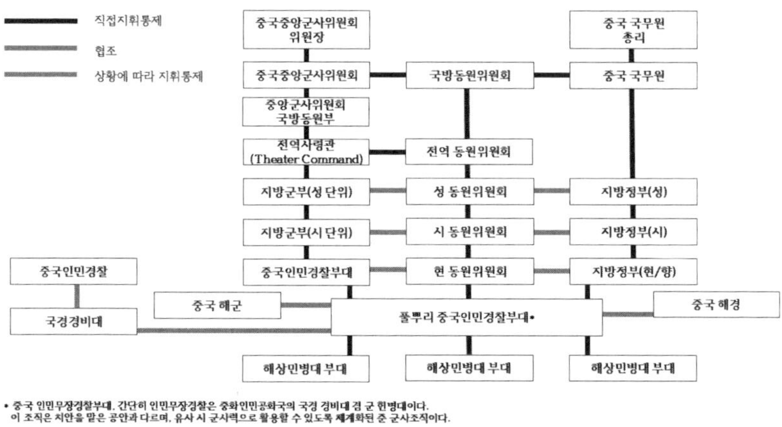

출처: Andrew S. Erickson and Ryan D. Martinson, eds., *China's Maritime Gray Zone Operations* (Annapolis, MD: Naval Institute Press, 2019), p. xxiii.

16 Conor M. Kennedy and Andrew S. Erickson, "China's Third Sea Force, The People's Armed Forces Maritime Militia: Tethered to the PLA," *U.S. Naval War College China Maritime Report* No.1, March 2017.

Ⅳ. 중국 해상민병대의 주요 임무와 군사적 지위

중국의 해상민병대가 지휘체계와 운영상 군사적 조직의 특징을 갖고 있는 것과 함께 대외적으로 다른 나라들의 주목을 끌고 있는 것은 이들이 내세우는 특별한 임무와 그 임무 아래 전개하는 독특한 활동 때문이다. 현재 국내외적으로 중국 해상민병대의 존재는 더 이상의 비밀이 아니며 1984년 제정된 중국의 '군복무법'(Military Service Law, 1998년 개정)은 민병대의 임무가 '전쟁 대비·전선 방어·공공질서 유지'에 있음을 강조하고 언제나 전쟁참여 및 모국 방어를 위해 군병력에의 합류를 준비하고 있으라고 요구하고 있다. 또한 2013년도 국방백서는 해상민병대의 역할을 주권옹호와 군사작전의 지원에까지 확대하고 있다.[17]

오늘날 중국 해상민병대가 수행하는 역할과 임무는 한마디로 중앙정부가 추구하는 '해양강국' 또는 '해양대국' 건설의 목표와 맥을 같이한다. 시진핑 주석은 2012년 11월 제18차 당대회에서 해양력(maritime power)을 강대국 달성을 위한 필수요소로 간주하고 중국의 미래는 위대한 '해양강국'이 되는 것임을 선언한 바 있다. 시 주석은 특히 해양자원 개발과 해양경제 발전을 강조하는 것과 함께 중국의 해양권리 및 이익보호를 통한 해양강국 건설을 앞으로의 국가목표로 공포했는데 해상민병대도 이러한 목표달성을 주요 임무로 삼고 활동을 벌이고 있다는 점이다. 시 주석은 이러한 선언 이후 2013년 4월 해상민병대의 본거지 중 하나인 해남도 충하이(Qionghai)시 탄먼(Tanmen) 어촌 방문 시 "해상민병은 어업종사뿐만 아니라 해양정보수집 및 인공도서 건설과 산호초 매립을 지원해야 한다"고 지적함으로써 어민

17 Gregory Poling, "China's Hidden Navy," *Foreign Policy* (June 25, 2019), p. 2.

들에 의한 남중국해 분쟁수역에서의 중국 해양이익 보호를 강조한 바 있는데 이것이 바로 1998년 개정된 군복무법의 규정과 함께 해상민병대의 역할과 임무를 요약하는 것이라고 볼 수 있다.

한편 중국 광동지역 군사동원 책임자인 하지상(何志祥)도 2013년 해상민병대의 3가지 중요한 역할을 제시했는데 이러한 역할도 국가차원의 해양이익을 강조하는 시 주석의 언급과 큰 차이가 없다. 그가 제시한 3가지 역할은 첫째, 해양 행정통제 시 국가의지의 실현, 둘째, 모범 어민으로서 분쟁지역의 중국소유 도서 및 산호초 보호의욕 고취, 셋째, 해상업무 경험자로서 해상안전 보호 등을 포함한다.[18] 해상민병대는 한마디로 어민들로 하여금 정치·외교·군사적 기능을 수행하도록 요구하고 있으며 이러한 역할 설정은 분쟁수역에서 다른 일반 어민들의 업무와 차이점이 두드러지게 나타난다. 앞의 설명에서도 해상민병대의 활동을 소개했지만 그동안 이들이 수행한 사례들을 몇 가지 더 소개하면 중국 해상민병대의 특별한 역할이 분명히 드러난다.

첫 번째 사례는 2012년 4월 필리핀 군함이 중국과 분쟁중인 남중국해상의 스카보로우 사주(Scarborough Shoal) 인근에서 불법조업중인 중국 어민을 구인하고 어획물을 압류하자 인근 해역에 있던 90여 척의 중국선박들이 필리핀 군함을 에워싸고 진로를 방해한 사건이다. 양측이 대치하자 결국 필리핀 군함은 구인된 중국 어민들과 압류한 어획물을 모두 풀어 주었는데 중국어선들의 행동은 인민해방군과 연계된 해상민병대의 지휘에 따라 이뤄진 것으로 추정되고 있다.[19] 두 번째 사례는 2014년 5월 서사군도(Paracel Is-

18 Erickson and Kennedy, "China's Maritime Militia," p. 66.

19 이 사건의 자세한 전개상황은 Green, et al., *Countering Coercion in Maritime Asia*, pp. 95-123 참조.

lands) 인근 해역에서 해저 석유탐사를 두고 경계선 분쟁을 벌이고 있는 베트남과 대치를 벌인 사건이다. 중국은 자신들이 점유하고 있는 트린턴섬(Trinton Island) 인근에 해저석유 시추선(HYSY 981)을 설치했는데 중간선을 근거로 이미 이 지역에 대한 관할권을 주장하고 있는 베트남이 방해하자 두 나라가 약 980척의 어선을 파견하여 2개월 이상 대치했는데 양측 모두 해상민병대가 개입한 것으로 평가되고 있다. 세 번째 사례는 2010년 9월 동중국해에서 일어난 중국 트롤어선과 일본 해상보안청(Japan Coast Guard) 순시선과의 충돌사건이다. 양측은 동중국해상의 센카쿠섬(중국명 釣魚島, 댜오위다오)에 대해 영유권을 주장하고 있는데 이 섬의 인근에서 중국의 트롤어선이 운항중인 일본 순시선을 고의로 충돌하자 일본 당국이 중국선장과 선원을 구인하면서 약 2주간의 외교적 갈등이 제기된 것이다. 양측의 충돌은 물론 그 밑바탕에 도서 영유권 갈등이 깔려 있지만 충돌을 유발한 중국 선장의 행동은 해상민병대의 지시와 연계되어 있는 것으로 의심되고 있는 것이다.

이들 사례에서 공통적으로 나타나는 것은 어민들의 행동이 중국의 정치적 및 전략적 이해와 밀접히 연계되어 있으며 특히 분쟁수역에서 중국의 해양이익 제고와 해양관할권 공고화 시도와 관련 있다는 점이다. 이에 따라 미 국무성도 중국이 "민간 어선단을 해양관할권 강화 및 확대수단으로 활용하고 있다"라고 비판하고 있다. 이에 더하여 문제가 되는 것은 이들 조직이 군부와 불가분의 관련을 맺고 있으며 인민해방군의 지휘·통제를 받는다는 점이다. 이러한 맥락에서 다수의 서방 군사·안보 전문가들은 중국 해상민병대의 군사적 지위에 대해 깊은 관심을 갖고 있다.

요약하건대, 중국 해상민병은 정규해군(PLAN)·해경(CCG)과 함께 중국의 '3대 해군'(three Navies) 중의 하나로 인식되고 있다. 2018년 6월 중국 해경이 국무원 산하에서 중앙 군사위원회 산하로 흡수되는 지위 변경이 이루어짐에 따라 해상민병은 결국 중국 군부—즉, 중앙군사위원회의 직접적인 지휘와 통제를 받는 조직으로 변모했다고 볼 수 있다. 이에 따라 중국 해상민병은 이미 언급된 바와 같이 비록 정규군은 아니나 군사적 필요 시 동원이 가능한 인민무력체계(People's Armed Forces)의 중요 구성요소로서 '인민무력 해상민병대'(PAFMM)로의 명명(命名)도 가능한 것이다. 지난 2018년 발간된 미 국방부의 연례보고서도 중국 해상민병을 국가의 지휘 및 후원에 따른 정책을 집행하기 위한 공식 병력으로 평가했으며 이들 조직이 동·남중국해상에서 대외적으로 '저강도 강압행위'(low-intensity)를 시행하거나 개입하는데 직접 관련되어 있다고 서술하고 있다.[20]

Ⅴ. 맺음말: 한국에 대한 함의

중국의 해상민병대 존재와 중국당국이 이들 세력을 동원하여 구사하는 회색지대 전략이 우리나라에 던져주는 함의는 매우 크다. 우리는 중국과 해양을 두고 인접하여 경계획정 협상 및 특정수역에 대한 관할권 논쟁을 벌이고 있을 뿐 아니라 불법조업 등의 피해자가 되고 있기 때문이다. 중국이 그동안 자국의 해양관할권 강화를 위해 남중국해를 중심으로 분쟁수역에 해상민병대를 동원하는 행태를 보여 왔음을 감안할 때 이들이 현재에도 끊이지 않는 서해에서의 불법조업 현장에는 물론 자신들의 관할권을 주장하

---

20 U.S. Department of Defense, *Annual Report to Congress : Military and Security Developments Involving the PRC* (2018), p. 72. 또한 중국 해상민병대는 정규해군과 해경의 보유 함정 색깔이 각각 회색·흰색인 것에 대비하여 푸른색이 많아 별칭 'little blue men'으로 불리고 있다.

는 이어도 수역에서 출현할 가능성이 제기되고 있는 것이다.[21] 이와 관련, 2016년 10월 서해에서 불법조업을 단속하던 우리나라 해경 고속단정이 중국어선에 의해 침몰된 사건이 발생한 바 있었는데 일부 국제 언론은 이 사건이 중국 해양이익 강화의 일선 첨병으로 활동하는 해상민병대 행태의 전조(前兆)라고까지 지적하고 있다.[22] 또한 중국은 지난 2016–18년 3년간 이어도 수역 및 인근 한·중 경계 미획정 지역에 해경정 및 군함 등 관공선을 100여회 출동시킨 바 있으며 이와 함께 이어도 인근 수역과 한·중 간 잠정수역 내측 및 외측에서는 중국 측이 설치한 약 10개의 해상기상 정보수집 목적의 부이도 발견되고 있다.[23]

이외에도 2019년 6월 남중국해 필리핀 인근 Reed 사주(砂洲) 해역에서 필리핀 선박을 충돌하고 침몰시킨 뒤 도주했던 해상민병대 소속 의혹이 제기되고 있는 중국의 가해 선박 Yuemaobinyu(粵茂濱漁) 42212호가 사고 3개월 후 우리나라 영해(홍도 해역)를 통과하고 한 달 뒤에는 (10월 12일–15일) 서해 산둥반도 Shidao(石島)항에 정박했던 것으로 미국 선진 국방연구센터(C4ADS) 및 전략국제문제연구소(CSIS)에 의해 위성 추적됨에 따라[24] 서해도 해상민병대 선박의 정박지는 물론 활동영역이 될 수 있음을 시사하고 있다.

중국 어민들에 의한 우리나라 해역에서의 불법조업 지속과 이어도 인근수역에서 관공선의 출현과 함께 중국 해상민병의 동원 및 회색지대 전략

---

21 이서항, "중국의 새 어민세력 '해상민병'을 경계하자: 불법조업 형태의 새로운 변수," 『KIMS Periscope』 No. 76, 2017.3.21.

22 *The Financial Times,* November 3, 2016, p. 5.

23 KBS, 2018.10.28. 보도 참조.

24 Asia Maritime Transparency Initiative, "Seeking Clues in the Case of the Yuemaobinyu 42212," CSIS, October 15, 2019.

구사 가능성이 제기되고 있는 상황에서 우리가 취해야 할 바람직한 대응책은 무엇인가? 먼저 두말할 필요도 없이 불법과 연계된 해상민병대의 행태와 회색지대 전략에 대해서는 우리의 단호한 차단 의지를 보여주는 것이 중요하다. 최근 미국 해군은 남중국해에서 중국의 공격적 행동을 억제하기 위해 해상민병대로 간주되는 중국어선 및 해경에 대해 향후 정규 해군에 대응하는 것과 같은 방식으로 강력히 대처하겠다고 경고한 바 있다.[25] 물론 불필요한 긴장과 상대방으로부터 '높은 수준'의 보복을 초래할 수 있는 과잉 대응은 자제해야 하겠으나 적법한 범위 내에서 우리의 단호한 차단 의지를 보여주는 것만이 '애매모호하고 점진적으로 자신의 안보이익을 성취하는 것을 본질로 삼는' 회색지대 전략의 계략을 막는 최선의 방법이 될 것이다. 이와 함께 그동안 우리나라에서 연구가 충분하지 않았던 중국 해상민병대의 실체와 회색지대 전략에 대한 명확한 이해도 필요하다. 국제정치 현장에서 해상민병대와 회색지대 전략이 비교적 새로운 개념이며 현상인 만큼 보다 효율적이고 적절한 대책 수립을 위해서는 이에 대한 완벽한 실체 파악과 분석이 이루어져야 할 것이다.

25 *The Financial Times*, April 29, 2019, p. 2 및 《문화일보》 2019.4.29, p. 2.

참고문헌

김예슬. "남중국해 해양분쟁과 회색지대 전략: 중국 해상민병대 사례 연구." 숙명여자대학교 박사학위 논문, 2020.6.

이서항. "중국의 새 어민세력 '해상민병'을 경계하자: 불법조업 형태의 새로운 변수." 『KIMS Periscope』 No. 76, 2017.3.21.

정구연. "미중 세력전이와 미국 해양전략의 변화: 회색지대 갈등을 중심으로." 『국가전략』 Vol. 34 No. 3 (2018), pp. 87–112.

정삼만. "신냉전시대의 살라미 전술과 기정사실화 전략." 『KIMS Periscope』 No. 164, 2019.7.11.

Chen, Yong. "US Maritime Gray Zone Operations against China." Oct. 15, 2019. https://scspi.pku.edu.cn/en/analysis/497878.htm.

Erickson, Andrew S. and Ryan D. Martinson, eds. *China's Maritime Gray Zone Operations* (Annapolis, MD: Naval Institute Press, 2019).

Green, Michael, et al. *Countering Coercion in Maritime Asia: The Theory and Practice of Gray Zone Deterrence* (Washington, D.C.: CSIS, 2017).

International Security Advisory Board, U.S. Department of State. *Report on Gray Zone Conflict*, January 2017.

Kennedy, Conor M. and Andrew S. Erickson. "China's Third Sea Force, The People's Armed Forces Maritime Militia: Tethered to the PLA." *U.S. Naval War College China Maritime Report* No. 1, March 2017.

McDevitt, Michael, ed. *Becoming a Great Maritime Power: a Chinese Dream* (Washington, D.C.: CNA, 2016).

Morris, Lyle J., et al. *Gaining Competitive Advatage in the Gray Zone: Response Options for Coercive Aggression Below the Threshold of Major War* (Santa Monica, CA: RAND Corporation, 2019).

Kapusta, Philip. "The Gray Zone." *Special Warfare* 28 No. 4, October–December 2015.

Oliver, Jeremy A. "China's Maritime Militias: A Gray Zone Force." U.S. Naval Postgraduate School Ph.D. Dissertation, March 2019. Unpublished.

Poling, Gregory. "China's Hidden Navy." *Foreign Policy*, June 25, 2019, pp. 1–7.

Singh, Abhijit. "Deciphering Gray–Zone Operations in Maritime–Asia." ORF Special Report #71, August 2018.

Votel, Joseph, et al. "Unconventional Warfare in the Gray Zone." *Joint Forces Quarterly* Vol. 80 No. 1(2016), pp. 101–109.

제3장
중국의 해양전략과 회색지대 전략: ‘초한전(超限戰)’ 개념을 중심으로

이지용

Ⅰ. 서론

중국은 아시아 대륙과 해양에서의 패권적 지위와 영향력을 구축하고 이른바 ‘중화질서’로 재편한다는 대전략을 진행 중이다. 이는 중국의 대전략이 이미 자국의 영토방어와 공산당 생존을 확고히 한다는 목표를 넘어선 것을 의미한다. 중국의 야심을 보여주는 대표적인 예 중 하나가 시진핑 집권 후 중국이 미국에 요구하는 이른바 ‘신형대국관계(新型大國關係)’이다. ‘신형대국관계’의 핵심은 서태평양 이서(以西) 지역을 중국의 강역(疆域)으로 인정하라는 것이다. 물론 미국은 중국의 요구를 수용하지 않고 있지만 중국은 서태평양에서 인도양을 아우르는 광범위한 영역에서의 해양팽창전략을 전개하고 있다.

중국이 해양에서의 해권(海權)을 장악하기 위한 전략이 이른바 ‘도련선

(島鍊線)' 전략이다. 현재 태평양 방면에서'제1도련선,' '제2도련선' 전략을 수립하고, 2020년까지 '제1도련선'에 대한 '반접근 지역거부 전략(A2/AD: Anti-Access/Area Denial)'을 완수한다는 목표를 설정하고 있는 것으로 알려져 있다. 동시에 괌과 남태평양 도서지역을 포함하는 '제2도련선'을 설정하고 2049년경까지 동 영역에서의 해권을 장악한다는 전략을 추진하고 있다(〈그림 3-1〉 참조). 중국의 해권 설정범위는 더 나아가 '제3도련선,' '제4도련선' 등으로 확장되고 있는 것으로 알려지고 있다.[1]

이를 보다 세부적으로 살펴보면, 우선 인도양 방면에서는 '진주목걸이' 전략으로 알려진 전략 거점 항구 확보 전략을 추진해오고 있다. 아프리카 지부티, 파키스탄 과다르, 스리랑카 함반토타 항구는 이미 장악했고, 방글라데시 치타공, 미얀마 짜약푸 항구를 확보하는 전략을 진행하고 있다. 동 전략은 시진핑 집권 이후 이른바 '일대일로 전략'으로 보다 구체화되고 있다. 일대일로 전략의 한 축인 해양실크로드 구축전략은 해양영향력을 확장하기 위해 군사적 진출뿐만 아니라 정치경제적 기반을 공고히 한다는 전략이다. 그런데 태평양에서 인도양에 걸쳐 전개되는 해양 팽창전략의 핵심은 현단계에서는 여전히 동중국해와 남중국해이다. 중국의 해안선이 맞대어있는 해양에서의 영향력 공고화가 해양팽창정책의 출발점이자 교두보이기 때문이다. 남중국해에서는 이미 '구단선(九段線)' 해양영유권을 주장하면서 인공섬을 조성하고 군사기지화 하고 있는 중이다.

1 제3도련선, 제4도련선 등 확장되고 있는 중국의 해권 장악 전략 범위에 대한 논의와 관련해서는 Wilson VornDick, China's Reach Has Grown; So Should the Island Chains, https://amti.csis.org/chinas-reach-grown-island-chains/ 참조.

〈그림 3-1〉 중국의 해양패권 장악 전략: 제1도련선, 제2도련선 전략

출처: 海军司令部. 中国海军军人手册. 北京: 海潮出版社, p. 95.

중국의 해양팽창전략은 한국의 이해와 직결된 문제이기도 하다. 중국의 해양전략 지형도를 놓고 봤을 때, 한국의 서해와 남해는 중국이 추진하는 해양전략 중 제1도련선 내에 위치하는 '길목'에 해당한다. 이러한 사실은

해양주권과 권익을 지켜야 하는 한국의 입장에서 볼 때, 서해와 남해, 제주도, 그리고 잠재적 분쟁지가 될 수 있는 이어도가 중국에 실질적으로 잠식당할 수 있는 위험이 매우 크다는 것을 의미한다. 한국이 중국의 해양 팽창 전략에 각별한 경계와 대비책을 마련해야 하는 이유이다.

그러데, 중국의 해양팽창 전략에 대한 분석에 앞서 중국이 전개하는 전략전술의 특수성에 대해 이해할 필요가 있다. 왜냐하면 중국의 대전략과 이를 실행하는 전략전술 개념은 전통적인 군사안보전략 개념과 확연히 차이를 보이기 때문이다. 중국공산당은 전통적인 전략전술과 함께 중국 특유의 새로운 개념의 전략전술을 전개하고 있다. 새로운 전략전술 개념으로는 대표적으로 '회색지대 전략,' '하이브리드전(戰),' '초한전(超限戰)' 등을 들 수 있다. 특히 초한전 개념은 지금까지의 전통적인 또는 전형적인 군사안보 전략전술 개념으로는 설명이 안 된다. 전통적인 안보개념과 전략으로 중국의 해양팽창전략을 분석 및 이해할 경우 대응전략 마련에 실패할 가능성이 높은 이유가 여기에 있다. 따라서 중국의 대전략과 실행전략전술의 이론 및 개념을 반드시 살펴봐야 한다.

본고에서는 중국의 해양팽창전략을 살펴보는 데 있어, 전통적인 전략 개념이 아닌 중국 특유의 '초한전' 개념을 중심으로 소개하고자 한다. 이를 위해 우선 중국의 해양전략이 변화해 온 과정을 검토한다. 그리고 이를 다시 중국 특유의 전략전술 변화 양상에 초점을 맞추어 분석할 것이다. 끝으로 이를 실행하는 전략으로서 전통적 군사안보 전략 개념보다는 새로운 '초한전'의 이론과 개념을 중심으로, 중국이 전개하는 신(新)전략전술의 투사 행태와 양상을 소개할 것이다.

Ⅱ. 해양대국화를 위한 중국의 해양전략 변화

1. 중화인민공화국 수립 이후의 해양에 대한 인식과 전략[2]

중화인민공화국 수립 이후 중국 지도부의 해양안보에 대한 인식은 여전히 방어적 수준에 머물러 있었다. 특히 마오쩌둥(毛澤東) 시기 중국은 소련의 해양전략을 따른 것으로 알려지고 있는데 당시 소련은 체계적이고 전략적인 해양전략을 가지고 있지 않았다. 따라서 소련의 군사 방어개념을 모방했던 중국은 명확한 해양전략 목표와 계획이 부재한 상황이었다고 평가할 수 있다.[3]

1950년대에서 1970년대까지 중국은 해양에 대한 경제적, 안보적 인식과 이해, 그리고 무엇보다도 능력이 결핍되어 있었다고 볼 수 있다. 그 대표적인 사례가 1971년 중화민국(대만)과 일본 간 센카쿠/댜오위다오 열도를 둘러싸고 벌이던 영유권 분쟁 사례이다. 당시만 하더라도 유엔 상임이사국 지위를 보유하고 있었던 중화민국과 일본이 분쟁의 양상을 보이자 미국의 중앙정보국(CIA)은 일본이 실효점유하고 있는 센카쿠 열도에 대한 다각적 조사를 단행한다. 조사결과 보고서는 센카쿠 열도를 둘러싼 중화민국, 일본, 그리고 중국의 입장을 세밀히 분석해 보고하고 있는데, 동 보고서는 당시 해양에 대한 중국의 인식수준을 단적으로 보여준다. 보고서에 따르면 영

---

2 본 원고 중 중국의 해양전략의 역사적 고찰은 기(旣) 출간논문 내용 중 중국의 해양전략 진화 내용을 부분 발췌한 것임. 보다 자세한 내용은 이지용, "중국의 국가정체성 진화와 동아시아 해양안보환경 변화." 『국제관계연구』 제19권, 제1호 (2014), pp. 77-114 참조.

3 張序三 主编, 『海军大辞典』 (上海: 上海辞书出版社, 1993), p. 4.

유권 분쟁에 대한 각국 입장 분석에서 중국도 해당 열도에 대한 영유권은 주장하고 있으나 분쟁에 침묵을 지키고 있다고 보고하면서 중국은 소극적 입장을 견지할 것으로 전망하고 있다.[4]

중국이 해양방어를 위한 전략적 개념을 체계적으로 수립해야할 필요성을 인식한 것은 1980년대에 이르러서이다. 해양의 중요성에 대한 중국의 전략적 인식은 구(舊) 소련의 군사전략에 대한 학습에서 비롯된 것이었다. 소련은 1960년대 작성된 고르쉬코프(Gorshkov)의 적극적 해양방어 전략을 수용한다. 그리고 고르쉬코프의 해양전략에 의거해 해군력 증강에 박차를 가함에 따라 1970년대 말에 이르면 대양해군(blue water navy status)으로 전환하게 되었다. 이러한 소련의 해양전략 개념을 도입한 것이 중국의 해군제독 류화칭(劉華淸)이다. 소련해군에서 유학을 한 류화칭은 해양방어를 위한 '도련선' 개념과 전략을 구상했는데, 그의 전략 개념은 소련의 고르쉬코프의 전략과 개념을 기반으로 한 것이다.[5] 류화칭은 1980년대 초, 현재 중국의 해양방어 전략인 "제1도련선"과 "제2도련선"에서 '반접근 지역거부 전략(A2/AD: Anti–Access/Area Denial)'을 각각 2020년과 2050년까지 완수한다는 전략계획을 세운 바 있다.[6]

---

4 Central Intelligence Agency, "Intelligence Report: The Senkaku Islands Dispute: Oil Under Troubled Waters?" (Secret: CIA/BGI GR 71-9, May 1971), pp. 13-16.

5 James R. Holmes, Toshi Yoshihara, *Chinese Naval Strategy in the 21st Century: The Turn to Mahan* (Oxon: Routledge, 2008), p. 43-45.

6 Phillip C. Saunders, Christopher Yung, Michael Swaine, and Andrew Nien-Dzu Yang (eds.), *The Chinese Navy: Expanding Capabilities, Evolving Roles* (Washington, D.C.: National Defense University Press, 2011), pp. 201-204.; You Ji, "The Evolution of China's Maritime Combat Doctrines and Models: 1949-2001," *Institute of Defense and Strategic Studies* (May 2001), pp. 6-11.

하지만 류화칭이 해양방어 전략을 구상해 인민해방군 해군전략으로 제기할 당시, 이 전략은 장기적 전략 구상 수준이었다. 당시 중국은 이를 구체적으로 실행할 적극적 의지가 부족했을 뿐만 아니라 실제로 계획을 실현하기 위한 능력도 결핍되어 있었기 때문이었다. 80년대 중국은 해군력을 강화하기 위한 기술과 경제력이 부족했다. 또한 대만과의 첨예한 대치상황은 중국 해군이 대양해군으로 나가는 것보다는 근해방어에 집중하도록 하는 제약요인으로 작용하기도 했다. 끝으로 중국 인민해방군 내의 군사전략은 여전히 내륙 국경선과 국내 안보에 집중되어 있었고, 이는 해군의 발전계획을 2순위 과제로 남겨두었다.[7]

그리고 이와 관련해서 중요하게 고려해야만 하는 또 다른 사안은 류화칭의 해양방어 전략구상은 그 의미 그대로 방어 전략이었지 해양대국화를 위한 비전을 담은 것이 아니었다는 것이다. 요약하면, 1990년대까지만 하더라도 중국에서는 자국의 해군을 연안해군을 넘어 대양과 세계 해군으로 발전시킬 정치경제적 이해와 능력이 결여되어 있었다. 그리고 세계적 강대국의 실질적 위상으로 갖추기 위한 조건으로의 '해권(海權)' 장악의 필요성이라고 하는 상관관계에 대한 인식이 여전히 형성되지 않았던 것으로 평가할 수 있다.

2. 2000년대 이후 해양에 대한 이해와 인식의 변화

개혁개방 이후 2000년대 들어서면서 중국의 정치경제적 조건은 그 이전과 비교할 때 획기적으로 변화하기 시작했다. 경제적으로 중국이 경제규

7 You Ji (2001), p. 2.

모에 있어 세계적 경제대국으로 부상한 것은 주지의 사실이다. 중국은 국내총생산(GDP) 기준으로 2007년 독일에 이어 세계 4위에서 2008년에는 일본에 이어 3위로, 2010년에는 미국에 이어 2위로 가파르게 상승했다. 특히 수출액에 있어 2009년에 세계 최대 수출국으로, 그리고 2012년에는 세계 최대 교역국이 되었다. 국제통화기금(IMF)은 2011년 세계 경제전망을 통해 2016년에 중국이 구매력지수(PPP)로 미국을 제치고 세계 최대 경제대국이 된다고 전망하기도 했다.[8]

중국의 대외교역과 경제총량의 급상승은 전 세계 지역과 국가에 걸쳐 있는 시장과 자원에 대한 이해가 증가함을 의미한다. 또한 상품과 서비스의 주된 수송로인 해양안보의 중요성이 부각되기 시작한다. 이는 동시에 자국의 해양안보를 지키기 위한 국방력을 증강시킬 수 있는 국력의 상승을 의미하기도 한다. 이를 반영하듯이 2000년대 들어 국력이 급속도로 상승함에 따라 중국에서는 이른바 '화평굴기(和平崛起)'론이 등장하고, 중화민족주의가 사회적으로 확산되면서 세계적 강대국 건설을 위한 논의가 활발히 전개되기 시작했다. 그리고 이러한 변화를 국가적 차원에서 반영한 것이 시진핑의 '중국몽(中國夢)' 선언이었다. 중국공산당 총서기로 권력을 장악한 이후 개최된 2013년 제12기 전국인민대표자대회(全人大) 폐막식에서 시진핑은 '중국의 꿈(中國夢)'[9]을 거론하면서 강대국 중국에 대한 강한 자신감을

---

8 Mark Weisbrot, "2016: when China overtakes the US," http://www.theguardian.com/commentisfree/cifamerica/2011/apr/27/china-imf-economy-2016(검색일: 2013년 2월 13일); World Economic Outlook Reports, http://www.imf.org/external/ns/cs.aspx?id=29(검색일: 2013년 2월 16일).

9 習近平, "习近平在十二届全国人大一次会议闭幕会上发表重要讲话"(2013년 3월 17일), http://news.xinhuanet.com/2013lh/2013-03/17/c_115052635.htm (검색일: 2013년 3월 26일).

드러냈다.

특히 시진핑 집권 이후 중국은 이른바 '중국몽,' '일대일로 전략' 등을 전개하면서 대외 팽창정책을 본격화하기 시작했다. 시진핑은 또한 덩샤오핑(鄧小平)이 강조한 '도광양회' 대외정책 기조를 실질적으로 폐기하고, '주동작위(主動作爲)'로 대체하기도 했다. 시진핑 집권 이후 중국은 주동작위 또는 적극주동작위(積極主動作爲) 기조를 바탕으로 공세적 대외팽창정책을 가속화하고 있다. 그런데 중국의 대외적 팽창정책과 패권국가로의 위상 확립은 해양에서의 해권 장악을 필수조건으로 요구한다. 해권을 장악하지 않고 국제정치경제적 영향력을 공고히 할 수 없기 때문이다. 중국과 같은 대륙국가가 세계 패권을 지향할 때 해권장악을 불가분의 전략적 목표로 설정할 수밖에 없었던 것은 바로 이러한 이유 때문이었다.

예를 들어, 18세기 프랑스, 19세기 러시아, 20세기 독일과 일본 등이 대표적 사례이다. 그런데 해양국가인 일본을 예외로 하면, 대륙국가는 지정학적 조건으로 대륙과 동시에 해양패권을 장악하는데 매우 큰 제약을 받을 수밖에 없다. 그리고 패권국가를 지향했던 대륙국가의 지정학적 제약은 위의 사례들이 실패로 끝난 주원인으로 작용하기도 했다. 이러한 역사적 사례에서 중국도 예외일 수는 없다. 지정학적 제약요인과 패권 추구 국가들의 역사적 사례는 중국이 해양대국화로 나서는 것은 매우 위험하다는 것을 말해주고 있다. 그럼에도 불구하고 현재 중국공산당은 해양패권을 장악하기 위한 해양대국화 정책을 추진하고 있는데, 그 배경으로 '중화민족주의' 요인이 거론되기도 한다. 제정 러시아와 독일이 그러했듯이 중화민족의 영광 또는 재건을 바라는 민족주의의 준동이 강한 추동력으로 작용하고 있는 것이다.[10]

3. 2000년대 이후 전략전술 변화과정과 특징

2000년대 이후 중국은 해양강국, 해양대국화의 전략을 구체화 시키면서 전통적인 해군전력 현대화와 전력증강에 박차를 가하고 있다. 2004년 후진타오 당시 공산당 총서기는 중국의 이익을 확보 및 확장하는 데 있어 정치적, 경제적 수단을 동원할 뿐만 아니라 가용한 군사적 수단을 발전시킬 것을 지시한 바 있다. 이와 같은 맥락에서 인민해방군, 특히 해군의 경우 통합적이고 포괄적인 전쟁 수행능력을 증강할 것을 선언했다.[10] 여기서 시선을 끄는 것이 전통적 군사력 외에 비전통적 군사전략과 전술을 발전시키는 것이다. 중국은 특히 비군사적 전략 수행 및 투사 능력을 발전시켜 오고 있는데, 여기에는 사이버 공간을 이용한 사이버전을 통해 정보전, 여론전, 심리전 등과 함께, 비정규 민병대의 동원체제를 구축하는 것 등을 포함한다. 이는 중국특색의 새로운 전쟁개념과 전략으로서 본장에서 살펴볼 '회색지대 전략' '하이브리드전' 그리고 '초한전(超限戰)' 등의 개념에 기반한다.

이 중에서 '초한전'은 하이브리드전과 회색지대 전략을 포괄하는 광의의 전략전술 개념이다. '초한전'은 전통과 비전통 군사의 영역을 없애고 비대칭 전쟁을 수행을 포함하는 것을 특징으로 한다. 초한전 전략구성 요인은 첫째, 전통적인 군사전략 영역으로 군사력, 핵전력, 생화학전, 환경, 우주공간, 전자정보전, 게릴라전 등으로 구성된다. 둘째는 준군사전략 영역으로 외교, 네트워크전, 정보전, 심리전, 산업(군수와 민수), 밀수와 마약전 등을 포함한다. 셋째는 비군사 전략 영역으로 금융, 무역, 자원, 경제, 규제, 제재,

---

10 中华人民共和国国务院新闻办公室, 2004年中国的国防, 2004.

11 Robert S. Ross, "China's Naval Nationalism," *International Security*, Vol. 34, No. 2(Fall 2009), pp. 60-72.

각종 매체를 이용한 심리 및 여론전, 이념전 등을 포괄하는 영역이다.

Ⅲ. '초한전': 중국공산당 전략전술의 신개념

1. '초한전(超限戰)' 이론과 내용

중국에서 '초한전'의 개념이 도입된 것은 1998년 차오량(喬良)과 왕샹수이(王湘穗)가 『초한전(超限戰)』[12]을 발표한 시점으로 거슬러 올라갈 수 있다. 여기서 초한전이란 새로운 개념의 전쟁으로서 군사적 수단과 민간 영역의 구분을 없애는 것이다. 즉 한계와 제한이 없는 전쟁 개념이다. 즉, 전통적인 군사안보 영역을 벗어나 민간 영역을 총동원하고, 특히 IT기술을 이용한 컴퓨터 해킹, 정보 탈취, 무역전쟁, 금융전쟁 등 가용한 모든 수단과 방법을 가리지 않고 총동원해 전쟁을 전개하는 전략전술 개념인 것이다. 또한 전쟁 또한 특별한 경계와 구분이 없다. 평시도 전쟁의 연속인 것이다. 초한전에서 저자들은 중국공산당이 초한전의 실행을 위해 군부와 민간, 정부 각 부처 간 장벽 등을 제거하고 상호 유기적인 협조체제를 구축해야 한다고 건의하고 있다.

차오량과 왕샹수이는 초한전에서 전통적인 군사적 수단에 제한하는 전쟁과 전략의 시대는 끝났으며, 앞으로는 안보영역이 별도로 구분되지 않고, 오히려 전 사회, 전 영역이 안보영역이라고 주장한다. 따라서 초한전 개념을 실행하기 위해서는 정치, 군사안보, 금융, 통상, 민간조직, 타국 민간영역에

---

12 乔良·王湘穗, 『超限戰』, 北京: 解放军文艺出版社, 1999.

대한 중국식 공공외교, IT 정보화 기술과 사이버 공간, 기업, 그리고 여기에 더 나아가서 해외에 체류중인 중국인 교포, 유학생, 현지 중국인, 현지 언론, 정치, 교육, 기업, 시민단체, 금융 등 전 영역이 전쟁 대상에 포함된다. 특히 군사무기체계와 관련해서는 전통적인 군사무기 체계와 함께 디지털 정보전에 주목해 군부와 민간이 합동으로 상대국 무기체계와 기술에 대한 해킹, 정보기술 탈취, 군사와 사회기간산업에 대한 사이버공격을 통한 무력화와 통제권 확보 등의 전략을 전개해야 한다고 본다.[13]

초한전 개념에 의하면 무기체계와 관련해서는 전 사회적인 모든 영역과 수단을 전쟁수단에 포함시킨다. 즉, 전통적인 군사무기는 물론 상대국의 금융시스템, 주식시장, 환율 조작, 계획적인 주식시장 또는 금융의 교란, 상대국의 언론매체에 대한 영향력을 확보하고 인터넷 포털을 포함한 뉴미디어를 통한 소문, 비방, 조직적 여론조작 등을 대량 살포함으로써 상대국 사회여론에 대한 장악력과 통제력을 확보해야 한다는 것이다. 여기에는 자유민주주의 체제의 약점을 최대한 역공략하기 위해서, 상대국의 인권, 환경, 보건, 노동 등 시민단체, 정당, 지방자치단체, 그리고 의회 등을 대상으로 한 통제력을 확보하기 위해, 포섭, 잠입, 통일전선전략을 활용한 연대체제를 구축하여 중국공산당의 의도에 부합하는 방향으로 정세를 유도하는 것 등도 포함된다.

그리고 이를 위해서 중국공산당은 상대국의 시민단체와 정당, 그리고 학계 전문가 집단, 언론 등에 대한 공작뿐만 아니라 현지에 거주하는 중국교포, 유학생, 사업과 투자 및 여행 방문자 등을 이용해야 한다. 더 나아가 조직적으로 상대국에 이민을 가장한 공작원을 잠입시키는 것까지 포함된

13 乔良 · 王湘穗, 『超限戰』, 北京: 解放军文艺出版社, 1999.

다. 즉, 군과 민간, 군사무기와 민간기술, 군사안보와 공공외교, 자국민과 외국인, 전통적 무기체계에서 사이버 공간, 정치에서 경제사회 및 문화 등 전 사회 전 영역을 제한을 두지 않고 중국공산당 중심으로 총동원체제를 구축해 미국과 서방세계를 잠입, 침투, 교란, 분열 및 파괴함으로써 중국의 궁극적 패권장악과 승리를 이끌어내야 한다는 것이다.

초한전의 개념에서는 전시와 평시 또한 구분되지 않는다. 중국공산당이 국내외 안보를 확고히 하고 서방세계와의 경쟁에서 승리하기 위해서는 평시 또한 전쟁이며, 오히려 평시전쟁 전략으로서 초한전을 전개해야 하는 것이다. 이러한 전쟁의 개념은 마오쩌둥의 고전적 '인민전쟁' 개념과도 차이가 난다. '인민전쟁' 개념이 게릴라전(戰)을 전개하면서 공산당과 민간 간의 '물과 물고기' 관계를 형성하고 민간을 전쟁에 동원하는 개념이라면, 초한전 개념에 기반한 현재의 '인민전쟁'은 군과 민간 구분 없이 공산당 중심으로 전 사회를 총동원하는 체제를 의미한다.

초한전을 전개하는 방식과 중국 특유의 사고개념에서 상대국에 대한 공략방식은 전장과 비전장, 주전장과 전장 또한 구분하지 않는다. 중국의 당·군·정·민·학 및 해외, 그리고 상대국 정·관·학·군·민 등을 대상으로 평시에도 전쟁 개념과 전방위적 전장 개념을 동원해 잠입, 매수, 통일전선 구축, 심리전 전개, 여론조작, 사회분열, 타격, 훼손, 교란 등의 전술을 전개하는 것이다. 이 과정에서 중국공산당이 전체적인 상황과 조건을 파악하고 판단하는 방식은 바둑에서 '대국적(大局的)' 접근방식으로 특징지을 수 있다. 즉, 중국과 상대국의 상황, 조건 등을 판단하는 '형세'를 바둑판 게임을 하듯이[14] 면밀히 형세를 관찰하면서 평상시에 미리 '포석'을 깔아 놓고 판세

14 서양식 사고를 포커게임 또는 체스게임으로 본다면, 중국식 사고, 특히 초한전 전략과 관련한 사고와 접근방식을 바둑판 게임으로 특징지을 수 있겠다. 이에 대해

의 통제권을 장악한 다음, 상대방의 약한 고리를 집중 공략하고, 판국에 따라서 총공세를 전개해 최종적인 승리를 쟁취하는 방식이라고 정리할 수 있다.

2. '초한전(超限戰)' 전개 사례[15]

미국, 호주, 일본 등을 중심으로 중국공산당이 전개하는 '초한전'의 실상을 보여주는 분석보고서가 발표되고 있는 중이다. 중국이 해외에서 초한전을 전개하는 방식은 중국공산당을 중심으로 통일전선부, 정협, 대외연락부, 인민해방군, 국가안전부, 외교부, 선전부, 교육부 등 당정군을 망라하고 있는 것으로 알려지고 있다. 최근 발표되고 있는 보고서는 중국공산당의 해외 통일전선전략(이하 해외통전) 전개의 양상과 실상에 대한 분석에 집중되고 있다. 그 대표적인 보고서는 미중경제안보검토위원회(the U.S.–China Economic and Security Review Commission)가 발표한 "중국의 해외 통전 공작" 보고서(이하 보고서)[16]이다. 보고서는 중국공산당이 미국, 호주, 뉴질랜드, 그리고 대만에서 전개해 온 통전공작 실태를 추적하면서 그 일면을 보여주고

서는 Peter Navarro, *Crouching Tiger: What China's Militarism Means for the World* (Amherst: Prometheus Books, 2015) 참조.

15 본 장은 중국의 해외통일전선 공작 현황 분석보고서로 기존에 발표된 저자의 글, 이지용, 중국공산당의 해외 통전공작 보고서와 시사점, 중국전문가포럼 전문가오피니언(2019년 2월 28일)을 부분 발췌한 내용임. 이와 관련한 보다 자세안 내용은 https://csf.kiep.go.kr/issueInfoView.es?article_id=33446&mid=a20200000000&board_id=4 참조.

16 https://www.uscc.gov/Research/china%E2%80%99s-overseas-united-front- work-background-and-implications-united-states (검색일: 2018년 12월 8일).

있다.

보고서는 특히 시진핑 집권 이후 중국공산당이 중공중앙 차원에서 조직과 인원, 그리고 기능과 역할을 대폭 강화했음을 밝히고 있다. 이는 미국과 서방세계에 대한 중국공산당의 공세가 더 이상 묵과하기 힘든 단계에 도달해 있음을 의미하기도 한다. 해외통전을 조직적 차원에서 살펴보면 중국공산당과 인민해방군, 국가안전부 등을 중심으로 정부기구인 국무원 산하 수많은 조직들이 통전공작에 연계되어 있다. 해외통전공작의 핵심은 중국공산당 중앙위원회(중공중앙) 통일전선부와 중앙통일전선공작영도소조이다. 이 조직을 중심으로 중국인민정치협상회의(이하 정협)와 중공중앙 대외연락부가 협력해 추진하는 구조이다. 실행공작을 수행하는 주요 조직으로는 인민해방군 정치공작부과 인민해방군 산하 중국국제우호연락회, 외교부와 외교부 산하 대사관 및 영사관, 그리고 대사관과 연계된 해외 중국학생학자연합회(中国学生学者联合(谊)会; The Chinese Students and Scholars Association:CSSA), 교육부와 한반(国家汉办) 및 한반 산하 공자학원 등이다. 이 외에 선전부, 국가안전부 등 정보와 언론매체 등을 관할하는 부서들이 상호 연계되어 당, 정부, 군과 중국의 관변 민간조직 등이 총동원되는 체제를 갖추고 통전공작을 진행하고 있는 것으로 알려지고 있다.

미국, 캐나다, 호주, 뉴질랜드, 일본, 대만 등지(한국 포함)에서 이 조직들이 수행하는 통전공작을 우선 현지 중국교포단체와 화교단체에 침투해서 중국공산당 체제에 부정적인 여론 등을 잠재우고 우호적인 목소리를 낼 수 있도록 유도한다. 여기에는 현지에 있는 중국인들이 중국공산당에 반대하는 입장에 있는지를 감시하고 대만 또는 소수민족 분리독립 여론을 차단시키는 것도 포함된다. 특히, 현지의 각 대학별로 조직되어 있는 중국학생학자연합회를 이용해서 중국인 유학생과 학자들을 감시하고, 더 나아가 이들이 중국공산당의 입장을 대변하는 활동에 나서도록 조직하고 지시하는 체제를 갖추고 있다. 또한, 현지 중국교포 또는 교포를 가장해 현지에서 중국어 언론매체를 인수하거나 설립해 중국에 우호적인 여론을 주도하기도 한다.

통전공작은 이와 같이 현지 중국인 교포사회와 대학을 중심으로 중국 공산당의 선전활동을 전개하는데, 여기에는 공자학원도 포함된다. 다른 한편으로는 유학생과 중국인 학자들을 동원해 연구기술 결과를 유출하는 산업연구기술 스파이 활동 또한 전개한다. 그리고 현지 대학뿐만 아니라 정부 정책에도 중국에 대한 인식과 정책에 영향을 끼치기 위한 공작이 진행되는데, 이를 위해 대학 및 민간 씽크탱크(think tank) 연구소 등에[17] 수십만 달러의 기부를 통해 해당 연구소에서 진행되는 연구 및 연구결과가 중국입장에 반하지 않고 우호적인 입장을 개진하도록 간접적인 영향력을 행사하기도 한다. 여론과 정책의 아젠다와 내용에 많은 영향을 주는 대학과 연구소에 연구기금 등으로 영향력을 행사함으로써 해당 국가의 여론주도층을 통해 중국공산당의 의도가 간접적으로 관철되도록 하는 고도의 전술을 구사하고 있는 것이다.

즉, 해당 국가의 정책입안자들과 시민들이 중국에 대한 논의와 인식을 하는 과정에서 자각하지 못하는 사이에 중국공산당이 설정한 틀 내에서 사유 또는 논의되도록 유도하는 것이다. 더 나아가 중국인이 현지에 이민을 가서 시민권을 받고 사회단체와 지방정부에 정치인으로 당선되도록 지원하고 이를 통해 해당국가 정책에 영향을 끼치는 공작도 전개해오고 있다.

현재까지 중국의 해외통전전략과 공작이 성공적으로 진행되어 온 국가들로 미국, 호주와 뉴질랜드, 그리고 대만이 대표적으로 거론되고 있다. 특

---

17 중국의 자금지원을 받은 대학 및 민간 씽크탱크 연구소의 경우 Brookings, CSIS, 존스홉킨스대학 SAIS, 카네기연구소 등 미국의 대표적 연구소 등이 망라되어 있다.

히 호주와 뉴질랜드의 경우, 통전부와 인민해방군 정치공작부를 중심으로 현지에서는 대사관과 영사관을 이용해서 해당국가의 정책에 영향을 끼치기 위해 현지 교포사회, 유학생 및 학자, 언론미디어, 지방과 중앙정부 등 전 방위적으로 침투한 성공사례로 알려지고 있다.

호주에서는 2000년대부터 현지 언론매체 인수와 신설 등을 통해 정보와 여론을 장악하고, 정부정책의 주요 직책에 있는 정치인들 주 타깃으로 설정해 정치자금을 후원해 매수하는 방식이 대표적이다. 호주정보국에 따르면 호주의 중국어 신문방송매체의 95% 이상이 중국의 통전공작으로 장악되어 있으며, 최근에만 해도 최소 10명 이상의 정치인들이 중국 통전전략에 매수된 것으로 파악되고 있다. 뉴질랜드의 경우는 상황이 보다 심각한데, 중국 인민해방군 정치공작부 출신을 뉴질랜드에 이민 보내 현지 사회단체를 장악하고 최종적으로는 하원의원으로 당선시켰다. 특히 뉴질랜드의 경우 중국이 자유민주주의 국가들에 대해 통전전략과 공작을 수행하기 위한 경험을 축적하는 일종의 '시험무대'로서 성공적 사례에 해당한다고 보고 있다.

대만의 경우에는 대만의 분리독립 여론과 운동을 사전에 차단하고 중국과의 통합에 우호적인 여론을 형성하는 작업에서 더 나아가, 대만의 정치현실의 부정적인 측면을 부각해 선전선동하면서 대만인들이 대만의 자유민주주의 체제에 대해 반감을 갖고 스스로 부정하도록 유도하는 데 주력하고 있다. 이를 위해 대만 내에 반(反)대만독립 운동을 조직하고 대륙(중국)과의 통일운동을 주도하는 인사들과 조직들을 지원하는 것으로 파악되었다.

이상은 중국공산당이 초한전을 전개하는 양상의 일면을 보여주는 사례에 해당한다. 전 세계 국가들, 특히 서방 자유민주주의 국가들에서 중국이 전개하는 초한전은 차오량이 설명하듯이 평시에 중국은 새로운 개념의 전쟁을 수행하고 있음을 보여주고 있다. 중국이 전개하는 초한전은 중국공산당이 영도하는 중화민족이 세계 패권을 장악한다는 목표를 달성하기 위해 모든 방면에서 적용하고 있다고 판단할 수 있다. 중국이 인도-태평양 해권을 장악한다는 전략적 목표를 달성하기 위해 전개하는 해양전략 역시 여기에 포함된다.

3. 해양패권 장악을 위한 중국의 '초한전(超限戰)' 전개

중국은 해양에서의 자국 주장 영유권과 영향력 확보를 위해 초한전 전략 구사를 본격화해오고 있다. 해양에서 전개하는 중국의 초한전은 '회색지대' 전략과 '하이브리드전(戰)(hybrid warfare),' '3전(三戰),' 그리고 비전략적 영역까지 전략전술 수단으로 총동원한다.

1) 회색지대 전략, 하이브리드전, 3전

회색지대, 하이브리드전, 초한전이 각각 의미하는 개념적 차이를 살펴보면, 우선 전시와 평시의 중간 상태를 의미하는 '회색지대' 전략은 '전략적 모호성(strategic ambiguity)'을 강조하는 개념이라 할 수 있다. 자국의 도발에 대해 상대국이 군사적으로 전면적인 대응을 하지 못하도록 주로 비대칭전력을 이용하면서 군사적 충돌을 넘지 않는 선을 지키면서, 이러한 과정을 통해 실질적으로는 군사적 침탈을 감행하고, 결과적으로는 자국의 전략적 목적을 달성해 나가는 전술이다. 이와 비교할 때, '하이브리드전'은 전통적인 군사력과 비전통적인 또는 비정규군 수단, 그리고 물리적 공간과 사이버 공간 등을 복합적으로 동원하는 것을 의미한다. 이러한 점에서 회색지대 전략과 하이브리드전은 개념상 각각 강조하는 측면이 다르기는 하지만 같은 전술로 혼용되어 설명하기도 한다. 양자의 공통점은 비대칭전략과 전술의 영역을 강조한다는 것이다. 여기에 추가적으로 전통과 비전통 군사적 수단이라고 하는 비대칭전략전술 영역에도 포함되지 않는 비전략적 영역까지 모두 포괄하는 것이 초한전의 개념이자 전술이다.

중국이 전개하는 초한전은 이처럼 회색지대 전략과 비대칭전력인 비군사 수단을 적극적으로 동원하는 하이브리드전에 한정되지 않는다. 회색지대 전략과 수단으로서의 하이브리드전이 전략의 영역이라면 이를 포괄하는 초한전의 영역에서는 비전략적 영역과 수단에 주목 한다. 비전략적 영역과 수단은 중국공산당이 마오쩌둥 시기부터 발전시켜온 또 다른 전략인 '3전(三戰)' 전략의 수행을 강화하기 위한 기반이기도 하다. '3전'은 심리전, 여론전, 법률전으로서 비동적(non-kinetic) 전쟁방식이다.[18] '3전' 전략이란 이른바 여론전, 심리전, 법률전을 동원해 상대국의 조직적 기반과 정신적 기반을 무너뜨림으로써 전통적 군사수단을 동원해 직접적으로 싸우지 않고도 이기기 위한 전략이다. 일반적으로 '3전'은 군조직인 인민해방군과 무경(武警)이 채택한 전술적 특징으로 한정해서 이해하고 있다. 하지만 현실은 군사조직과 민간을 구분하지 않는다. 중국공산당은 중공중앙(중국공산당 중앙위원회)을 핵심으로 당, 군, 정, 기업, 사회영역까지 포괄적으로 통제하고 있으며, 여기에는 정치, 외교안보, 군부, 통일전선, 재정, 상무, 공안 등 가용할 수 있는 모든 부분에 대한 유기적 통일지휘체계를 갖추고 있다. 즉, 국가와 사회 전체를 동원하고 있는 것이다.

중국공산당 인민해방군은 2003년 "인민해방군 정치공작 조례"를 발표

18 乔良·王湘穗, 『超限戰』, 北京: 解放军文艺出版社, 1999; Tony Corn, "Peaceful Rise through Unrestricted Warfare: Grand Strategy with Chinese Characteristics." 국내 문헌으로는 권태영, 김푸름(2019). 중국의 3전과 한국의 대응 방향. 전략연구, 26(1), 261-317 참조.

했는데, 조례에 3전에 대해 명시하고 있다.[19] 2000년 초반 중국공산당 인민해방군은 이미 3전전략을 전개하기 위한 조직과 전술 체제를 구축하고 공작을 본격화하고 있다. 3전은 사실 새로운 전략전술 개념은 아니다. 중국공산당이 창당 이후 국공내전을 거치면서 국민당에게 승리하고 대륙의 정권을 장악하는 과정에서 전개해온 전형적인 공산당 전략전술의 내용이기도 하다. 다만, 현재는 공산당과 인민해방군을 중심으로 보다 체계적으로 조직화해 공작을 전개할 체제를 갖추고, 정보화시대의 기술혁명을 활용하면서, 대만과 홍콩뿐만 아니라 타국과의 전쟁수행 개념으로 전개하고 있다는 특징이 있을 뿐이다.

3전의 내용 중 심리전은 상대국의 정신적 기반과 심리를 교란하여 의사결정에 치명타를 가하기 위해 각종 선전전, 위협, 공갈, 협박 등의 교란전술을 전개하는 것을 주 내용으로 한다. 여론전은 상대국의 국내여론에 영향을 끼치기 위해, 역시 선전, 위협, 공갈과 협박을 동원하면서, 동시에 사이버 공간에서 가짜뉴스와 정보를 확산시킨다. 이와 함께 상대국의 좌파 시민단체들과의 해외통전 공작을 통해 이들 단체를 동원해 상대국 시민을 선동하여 스스로 중국의 이익에 맞는 행동을 하도록 유도하는 공작 또한 포함하고 있다. 중국이 상대하는 국가들은 주로 자유민주주의 국가들이다. 자유민주주주의 체제에서 정부가 국민여론에 취약한 점을 최대한 공략하는 전술인 것이다.

법률전은 국내법과 함께 주로 국제법과 국제규범의 허점을 역이용하는 전술이다. 이 역시 법치를 기본으로 하는 자유민주주의 국가와 국제질서의 취약한 지점을 공략하는 전술이다. 법률조항, 판결, 절차과정 등에 가용한

19 中共中央´中央军委, 新修订的《中国人民解放军政治工作条例》颁布, http://www.gov.cn/jrzg/2010-09/13/content_1701725.htm.

수단을 동원해 영향력을 행사하고, 이를 통해 법, 규칙, 규범을 따르지 않는 중국에 대한 맞대응을 지연시키거나, 법 조항과 절차에 결박시키고, 자국의 정당성을 선전하는 등의 방법을 동원한다. 이를 통해 법치를 원칙으로 하는 자유민주주의 국가와 달리 법치의 구속 받지 않는 중국공산당 일당독재체제의 상대적 강점을 최대한 악용하는 것이다. 중국이 해양에서 전개하는 대표적인 사례는 국제법적으로 인정되는 배타적 경제수역(EEZ)을 이용하는 것이다. 자국에 유리하게 배타적 경제수역을 설정하고 과학, 개발, 어로 등 명목상 순수한 목적을 표방하면서 진출해 실질적으로 점유하는 목적을 달성하는 것이다. 참고로 우리나라와 관련해서 중국은 서해에서부터 남해를 거쳐 동중국해와 남중국해에서 이러한 전술을 전개해오고 있으며 한중 간에도 여전히 EEZ 협상이 타결되지 않고 있다.

2) 초한전

중국공산당이 전개하고 있는 해양팽창 전략과 '회색지대 전략' '하이브리드전' '3전' 전략전술을 정확히 이해하기 위해서는 전통적 군사안보 전략에 기반한 사고의 틀을 넘어서야 한다. 바로 '초한전' 개념의 틀에서 전통과 비전통, 그리고 그 한 부분으로서의 각각의 전략 개념을 분석할 필요가 있는 것이다. 왜냐하면 중국공산당이 전개하는 전략전술은 전통과 비전통으로서의 '회색지대'를 뛰어넘는, 차오량의 주장을 빌면, "완전히 다른 개념의 전쟁" 방식[20]으로 이해할 필요가 있기 때문이다.

중국의 해양팽창 전략을 기존의 전쟁과 전략 개념과 다른 중국 특유의 신개념 전쟁전략으로 볼 경우, 해양팽창전략은 중국공산당의 대전략의 한

20 乔良 · 王湘穗, 『超限戰』, pp. 92-102.

부분에 위치시켜야 한다. 그리고 여기서 대전략은 전쟁과 평시를 구분하지 않는 '전쟁상태인 평시'로 '전쟁하듯이' 상대국에 대한(또는 지역에 대한) 평시 '포석'을 까는 것이다. 따라서 해양팽창 전략은 단순히 군사력 증강과 남동중국해 인공섬 군사기지화, 전략 거점 항구 확보, 이 권역에서의 'A2/AD' 전개에 한정되지 않는 것이다. 즉, 군사적 영역(정규군, 전통적 무기체계)에 민간 영역이 혼합되는 '군민융합(軍民融合)' 체제를 구축하는 것이다. 해군의 영역에서 군인의 범주를 예로 들면, 정규 해군과 해경에 민병 조직이 포함되며, 민병에 포함되지 않은 일반 어부 또한 총동원할 수 있는 체제를 구축하고 있다. 무기체계도 전통적인 군사무기에 일반 상선, 상업용 컨테이너까지 가용할 수 있는 모든 수단을 무기화 할 수 있다. 일반상선도 군사적 용도로 이용되며, 유사시 전함의 역할을 담당하도록 할 수도 있다. 그리고 예를 들어, 상업용 컨테이너에서 발사할 수 있는 미사일 체계(Club-K)를 탑재하거나, 또는 해외 전략거점 항구를 민간용으로 위장해 확보하고, 항구 내 민간 상업용 컨테이너에 'Club-K'와 같은 미사일을 배치해 사용하는 것을 포함할 수도 있는 것이다. 즉, 중국 국내외를 막론하고 민간, 상업, 군사의 구분이 사라지는 것이다.

전통적 군사영역을 벗어나면 중국이 추진하는 해외투자개발 사업 또한 초한전에 동원될 수 있다. 예를 들어 일대일로 사업을 추진하면서 전략 거점 항구를 개발 확보한 후, 군사 또는 민간 항구의 구분을 없애는 것이다. 초한전 전쟁의 공략 대상 또한 무제한이다. 전략거점 지역 또는 국가의 정, 관, 학, 언론 등을 원조와 차관으로 또는 매수를 통해 친중화하는 것 또한 여기에 포함된다. 경제의 전쟁수단화가 초한전에서는 필수적으로 전개해야 할 수단에 해당되는 것이다. 여기에는 당연히 사회문화 교류영역 또한 수단으로 포함된다. 뿐만 아니라, 상대국 정권과 시민단체, 기업, 학계, 미디어만이 아니라 해당 국가에 있는 중국교포, 유학생, 중국인 취업자 등도 총동원

대상으로 이용될 수 있다.

기술적으로 특히 강조되는 분야는 IT 정보기술과 사이버 공간이다. 중국공산당을 중심으로 인민해방군, 국가안전부, 통전부, 선전부, 외교부 등을 포함해 통일적 지휘체계를 구축하고 있는 IT와 사이버 공간 이용은 최첨단 기술력을 바탕으로 상대국 기술 탈취, 해킹, 사이버공격에 더 나아가서 상대국의 국가정보 신경망을 장악하는 전략을 추진해오고 있다. 최근 문제가 되고 있는 화웨이는 그 대표적인 예이다. 기업 형식은 민간이지만 실질적으로 중국공산당 기업에 해당하는 화웨이가 스파이 칩 생산판매에 더 나아가 4G와 5G 기술을 이용해 타국의 국가정보 신경망을 장악하는 전략을 전개해 온 초한전 전쟁의 수단으로 이용되고 있다.

Ⅳ. 남중국해와 한국의 해양에서의 초한전과 회색지대 전개 양상

1. 남중국해에서의 초한전

중국이 초한전을 전개하는 기반은 전통적인 군사력이라는 점을 빼놓아서는 안 된다. 전형적인 군사력과 군사적 수단을 기반으로 비전통적인 전략 전술과 수단을 동원하는 체제인 것이다. 중국은 동중국해와 남중국해의 해양영유권과 해권을 장악하기 위한 전략을 전개하는 과정에서 해공군과 같은 전통적인 군사력을 대폭 증강해오고 있다. 하지만 동, 남 중국해를 포함한 해양 공역은 미국을 중심으로 자유주의 해양질서를 유지하고 있다. 이는 중국의 해양패권 장악 야욕과 미국을 중심으로 자유주의 해양질서를 유지하는 국가들 간에 이해충돌이 발생할 수밖에 없다는 것을 의미한다. 해양중국은 자국의 정규 해군력 증강에 박차를 가하더라고 미국의 해군력을 압도할 수 없다는 사실을 매우 잘 인식하고 있다. 이와 같은 조건에서 중국이 도입한 전략이 비대칭전력을 활용한 '회색지대' 전략과 '하이브리드전' 전술이다. 중국은 특히 2012년 필리핀 스카보로 쇼울(Scarborough Shoal)을 해상민병대를 동원해 점령한 이후, 회색지대 전략에 비정규 전력을 동원하는 전술을 발전시켜 오고 있다.

중국이 해양에서 구사하는 회색지대 전략은 비대칭 소모전을 특징으로 한다. 즉, 정규 군사력 증강과 조직을 바탕으로, 자국이 침탈하고자 하는 영역에서는 정규군이 직접 마찰과 충돌을 일으킬 수 있는 민감한 부분에서는 해경을 동원하고, 직접적 충돌의 최전선에는 해상민병과 민간 어선 등을 앞세우는 것이다. 형식적으로는 민간인들을 상대국의 해군과 해경과 직접 충돌하도록 유도함으로써 상대방이 강력한 대응에 무력해질 수밖에 없는 전술이다. 이 과정에서 만약 상대방해군 또는 해경이 원칙적 대응을 하면 중국은 이를 바로 대대적인 선전전에 이용한다. 상대국의 군대와 경찰이 무고하고 불쌍한 중국의 어민을 난폭한 물리적 폭력으로 탄압한다고 항의하는 것이다. 이 선전전을 이용해 국내뿐만 아니라 국제적 규범에도 호소하면서 국제적으로 동정적 여론을 형성하고 상대국의 도덕성에 치명타를 주는 것을 시도하기도 한다. 이 과정에서 상대국 정규군과 경찰 등 공권력은 매우 신중하고 조심스런 대응을 할 수밖에 없는데, 중국은 바로 이 틈새를 공략해 들어가는 것이다. 그리고 결과적으로는 전략적 목표를 달성한다. 타국의 영유권에 속하는 섬과 암초를 강탈하는 것이다.

중국이 강행하고 있는 남중국해 인공섬 건설과 군사기지화도 같은 맥락에서 전개하는 전술적 침탈 행위의 전형적인 예에 해당한다. 남중국해 구단선을 실질적인 영해로 인정받는다는 전략적 목표를 설정하고, 거점 지역에 인공섬을 조성하는 것이다. 이러한 과정에서 초기 동원하는 수단은 민간어로, 과학탐사, 해양환경, 해양자원 조사 등의 명분을 내세운다. 민간인과 과학탐사라는 명분으로 대상 지역을 탐사하면서 국제사회가 위기의식을 갖지 못하게 기만전술을 펴면서 실질적으로는 해당 지역의 거점 인공섬을 조성하기 위한 준비를 하는 것이다. 그리고 인공섬을 조성하는 것이 국제사회로부터 발각되면 순수한 목적의 개발이라고 강변한다. 공식적으로 절대로 군사적 목적이 없으며 군사적 이용을 하지 않을 것이라는 거짓 선언도 서슴지 않는다.

하지만 인공섬 조성 이후에는 민간 항공기용이라는 미명 하에 활주로를 건설하고, 레이더와 미사일 기지를 구축하고, 군대를 파견한다. 이 단계에서는 국제사회의 비난에 침묵하거나 중국의 영유권임을 강변하고 내정에 간섭하지 말라고 항변한다. 그리고 국제법을 무시하고 자국 영토임을 주장하면서 이에 대해 이의를 제기하면 영토주권을 침해하고 있다고 비난함과 동시에 영토주권을 위해서는 그 어떠한 희생도 감수할 것이라는 등의 협박을 가한다. 이러한 과정을 거치면서 실질적으로 해당 섬과 지역에 대한 영유권을 기정사실화 하는 것이다. 남중국해 구단선 내에 건설한 인공섬은 구단선 영유권 주장을 실질화 하기 위한 점진적 포석에 해당하는 것이다.

중국은 인공섬 외에도 남중국해 구단선에 대한 영향력을 공고히하기 위해 베트남, 필리핀, 말레이시아, 인도네시아 등과 분쟁의 대상이 된 섬과 대륙붕 등에 대해 민간어로 활동, 과학탐사, 해양환경과 생태보호, 자원개발 등의 명목으로 지속적 침탈행위를 강화하고 있다. 최근에는 남중국해뿐만 아니라 동중국해에서도 해상민병대 활동을 활발하게 전개하고 있다.

그 대표적인 사례가 동중국해 센카쿠 열도에서의 해상 민병대 활동 증가이다. 2016년 이래 중국은 일본과 분쟁을 일으키고 있는 센카쿠 열도 근해에 대규모 어선단을 파견하고 있다. 민간 어선을 가장한 중국의 해상민병대는 인민해방군의 조직적 훈련과 후원 및 지원을 받는 조직이다. 이렇게 조직화된 중국의 어민은 인민해방군의 잘 계획된 전략과 전술로 짜인 일종의 작전화된 명령을 실행하고 있는 것이다. 해양영유권 분쟁 등 민감한 지역에서 전개되는 중국의 해양과학 탐사선, 해양지질조사선, 해양생태, 해양자원 등에 대한 조사 등도 순수 과학 또는 경제적 목적이라는 명분을 내세워 활동하고 있지만 실상은 중국공산당과 인민해방군의 전략을 수행하고 있는 것이라고 판단할 수 있다. 특히 해상민병대로 구성된 어민들은 상대국 해군, 해경, 또는 어민에 대해 매우 폭력적인 행동과 위협으로 대응 의지를 꺾어버리는 전술을 사용한다. 이는 한국의 서해, 남해, 제주도, 그리고 이어도 근방에서의 중국 어민들의 행동과 중국해경의 지원 행태로도 이미 잘 알려져 있는 사실이다. 중국은 특히 정규군으로 편제되지 않은 해경 전력을 대폭 증강해오고 있다. 중국 해경은 해군에 버금가는 장비와 전력을 갖추고 있는데, 이는 중국이 회색지대 전략에서 하이브리드전을 강화하기 위한 수단으로 판단된다.

중국이 남중국해에서 전개하는 전술을 3전전략에 살펴보면 다음과 같다. 첫째, 모호성을 유지하면서 특정 정보를 끊임없이 유포하면서 심리전을 동원해 자국의 '구단선' 영유권 주장을 기정사실화하는 것이다. 이를 위해 자국의 주권문제와 연계시켜 이른바 '핵심이익'을 강조한다. 중국은 핵심이익은 그 어떠한 경우에도 타협할 수 없는 주권의 문제이며 어떠한 희생을 감수하고도 지킬 것임을 상대국에 각인시킨다. 그런데 문제는 그 '핵심이익'의 범위가 어디까지인가가 불명확하다는 데에 있다. 모호성을 유지하는 것이다. '구단선'과 관련해서 한편으로는 불가침의 자국 주권에 해당한다고 주장하면서, '구단선'이 핵심이익에 포함되는지는 공식적으로 선언하지 않는다. 하지만 동시에 '구단선' 영유권을 지속적으로 확산배포하면서, 어느 순간인가 국제사회 모두가 구단선을 인식하게 만들고, 이를 통해 상대방의 의사결정에 영향을 끼치는 것이다. 동시에 상대국에 이른바 '간을 보고 면밀히 살피는(probing test behavior)' 작업을 실시한다. 이는 심리전과 같은 '저강도 실험(low intensity and low-risk test)'를 통해 상대가 어느 정도 비용과 희생을 감수하고라도 맞대응할지 살피는 것이다.[21] 이와 함께 회색지대 전략과 하이브리드전을 본격화한다. 해상민병과 해경을 파견하고, 해군이 동원되며, 남중국해에서 인공섬을 건설하여 군사기지화 하는 도발을 감행하는 것이다. 이를 통해 상대국에는 맞대응의 비용을 크게 올려놓는다. 즉 실질적 도발과 실력행사로 공갈에서 위협과 협박으로 전환하는 것이다.

남중국해서의 심리전은 법률전과 여론전을 결합하고 있다. 법률전에서는 역사를 왜곡해서 남중국해 구단선의 역사적 기원을 정당화하는 작업을 진행한다. 이를 위해 역사학자와 어민, 교육기관, 언론매체 등 민간조직과 기관 등을 총동원한다. 이를 통해 국내적으로는 당, 정부, 군대, 해경, 지역정부와 민간 등이 이른바 '중국의 양도할 수 없는 국토 수호'를 위해 동원된다. 국제법과 관련해서는 인공섬 건설 후 12해리 영해를 주장하고 EEZ 200해리를 공식화한다. 법률전과 함께 여론전으로는 국내 당정군민학 외 해외에 침투 및 설립한 언론매체, SNS 등을 이용해 여론을 형성하는데, 주로 민족주의 감정을 이용한다. 중국이 '백년국치' 기간 동안 서방 제국주의자들과 주변국들에게 남중국해 영유권을 침탈당했다는 선동이다. 예를 들어, 2016년 PCA가 판결한 남중국해 구단선 영유권 주장과 인공섬 등에 대한 무효화 선언에 대응해서는 국제법은 미국과 서방의 제국주의자들의 패권을 반영할 뿐이라는 식으로 대응하고 있다.

'초한전'을 수행하기 위한 전략전술적 수단인 '3전,''회색지대 전략,''하이브리드전' 등의 효과를 발휘하기 위한 또 다른 기반은 상대국의 정치, 경제, 사회 전반에 걸친 은밀한 침투와 양자관계이다. 초한전 개념에서 설명했

---

21 Micheal Clarke, China's Application of the 'Three Warfares' in the South China Sea and Xinjiang, Orbis, Spring 2019, pp. 195-196.

듯이, 중국이 전개하는 공작의 실효성을 높이기 위해서 양자 간 경제적 의존관계, 언론과 SNS 장악을 통한 사회여론, 전문가 집단, 중국교포, 중국에 포섭된 정치인과 기업인 등을 전방위적으로 동원한다. 예를 들어, 스카보로 쇼율 등을 포함한 해양영유권 분쟁 상태에 있는 필리핀에는 경제적 위협과 압박을 동원해 사회적 여론과 정치인들의 대응을 위축시킨다. 중국은 베트남전 이후 혼란기와 미국의 후퇴라는 세력공백기를 이용해 베트남의 파라셀 군도를 무력 점령했다. 베트남과 파라셀 군도를 포함한 해양영유권 분쟁이 발생했을 경우에도, 중국은 경제적 보복을 통해 베트남을 압박하고, 민간 어선과 과학탐사, 해양자원 개발 등의 명목으로 침식공작을 진행한다. 이와 관련해 베트남은 중국의 회색지대 전략과 하이브리드전 등 중국의 전략전술을 간파하고 있다. 참고로 중국의 도발에 대한 베트남의 대응은 중국과 같은 해상민병대를 육성하고, 중국의 인공섬 건설 전략과 같은 침식전술을 같은 방식으로 맞대응하는 체제를 구축하는 것이다.

2. 해양에서의 초한전 포석 전략과 한국의 해양주권에 대한 함의

중국은 초한전 개념을 바탕으로 한국에 대해 이른바 '포석전략'을 전개해 오고 있는 것으로 판단할 수 있다. 중국이 동아시아 및 해양팽창전략을 전개하는 데 한반도는 지전략적으로 장악해야 할 1단계 목표가 되기 때문이다. 특히 제주도와 이어도를 포함하는 서남해 해양은 중국이 해양으로 진출하는 길목에 위치하고 있다는 전략적 중요성이 있다.

중국이 미국, 호주, 일본 등 서방 자유 선진국과 필리핀을 포함한 동, 서남아 저개발국가에서 전개해오고 있는 초한전 전략은 해당 국가의 정치, 경제, 사회 전 영역에 은밀히 침투해 해당 국가사회가 직접적인 중국의 위협 또는 중국의 침투영향력을 인식하지 못하는 부지불식간에 해당 사회를 친중화(親中化)시키고, 결과적으로 자국의 이익과 영향력을 관철시키는 방식이다. 이러한 중국의 침투전략전술 행태를 바탕으로 한국에 전개해오는 방식을 다음과 같이 정리할 수 있다.

첫째, 정치적 목적을 가지고 경제적으로 은밀하게 침투하는 방식이다. 투자와 개발 등 경제협력의 명목으로 침투해 현지인들이 경제적으로 중국 투자에 의존관계를 형성하도록 하고, 중국인들이 진출해 현지에 정착하면서 진출한 중국인들 또한 경제적 이해를 형성하도록 한다. 경제적 이해관계가 형성된 현지인과 현지에 정착한 중국인들은 결과적으로 중국공산당의 지시에 취약하게 노출될 수밖에 없다.

둘째, 다양한 방식으로 정치적 영향력을 강화하는 것이다. 이를 위해 중국의 정부 또는 외형적인 민간단체, 기업 등을 내세워 주로 해당 국가의 정치인, 전문가, 언론인 등과의 협력교류 관계를 구축한다. 이러한 방식은 국가 간의 교류에서 일반적으로 행해지는 교류이기도 하다. 하지만 중국은 공산당, 특히 통일전선부를 중심으로 이러한 방식의 교류를 조직하고 있다는 점에 주목해야 한다. 이를 통해 정치인들에게는 중국과의 정치적, 인적 네트워크를 제공하고 해당 국가 정치인들은 중국과의 정치적, 경제적 중국 투자 유치 등으로 이러한 자산을 국내정치적 목적으로 활용하도록 하는 것이다. 이러한 방식은 언론, 전문가 집단 등에도 적용되는데, 이러한 과정을 통해 자연스럽게 친중 오피니언 리더들을 형성시키고 지속적으로 관리하는 방식인 것이다.

셋째는 중국이 목표로 설정한 국가와 지역을 중국화하는 것이다. 특정 지역에 중국인들이 사업, 투자, 이주 등으로 정착해 지역사회에 영향력 있는 집단으로 성장하면, 그다음에는 지역 정치와 사회에 영향력을 행사하는 방식이다. 특히 아시아 지역에서 나타나는 특징은 중국인들이 정착하는 지역이 전략적으로 중요한 지점 또는 군사거점 지역이거나 미군이 주둔하고 있는 곳에 위치하고 있다는 것이다. 중국 교포와 현지 정착 중국인은 중국 국내에 친인척 관계, 또는 정치경제적 이익이 있는 관계로 중국 정부의 동원과 압력에 취약하게 반응할 수밖에 없다. 또한 중국공산당은 해외교포 및 자원 등을 포함해 전사회적 동원체제를 구축하고 있고 필요하다면 적극적으로 이용하고 있다.

넷째는 중국공산당 통일전선부의 해외통일전략 전술을 동원하는 것이다. 중국은 다른 나라의 국내에 있는 좌파 시민단체와 국제 NGO 등과의 연대전선을 이용해오고 있다. 사회주의 이념을 공유하는 해당 국가의 좌파 시민단체와 특정 사안에 대해 협력하고 지원하는 체제를 구축하고 있고, 이들과의 협력을 통해 중국의 현지 정책과 목적에 이용하고 있다. 이와 관련해서 중국은 비정치적인 영역이라고 할 수 있는 인권, 여성, 환경, 과학, 해양자원, 생물보호, 보건위생, 소수자 보호 등의 이슈를 다루는 조직과 단체를 초한전의 침투 대상으로 삼는다. 이를 통해 정보와 기술을 탈취하거나, 비정치적인 이슈를 정치적 목적이나 선동으로 이용한다.

초한전의 영역은 중국공산당이 자신의 목적에 이용할 수 있는 한, 전사회, 전 이슈 영역을 포괄한다. 이러한 주요 영역 중 끝으로 거론할 수 있는 것은 IT 기술혁명을 최대한 이용한 정보전, 여론전, 심리전이다. '3전'으로 개념화되기도 한 정보전, 여론전, 심리전은 중국공산당의 고전적으로 이용하고 발전시켜온 전술이기도 하다. 다만, IT 기술혁명과 사이버 공간과 담론장이 형성된 새로운 환경을 중국공산당은 최대한 공략하고 있다. 중국이 목표로 설정한 국가의 사이버 공간과 담론장에 적극적으로 개입해 상대국 국민의 여론과 심리를 조정하는 것이다. 정보전과 관련해서는 사이버 해킹 기법을 고도로 발전시켜 상대국의 고급정보와 일반 국민의 정보, 그리고 신기술을 탈취하고 있다.

더 나아가 중국이 역점을 두고 공략하고 있는 5G 통신과 통신망, 이를 이용한 스마트 시티와 같은 새로운 기술환경을 장악함으로써 상대국 국가 신경망을 장악하면 무소불위의 영향력을 행사할 수 있다는 전략적 판단을 내리고 있다. 이를 위해 화웨이와 같이 민간기업의 형식을 띤 인민해방군과 공산당의 기업을 집중 육성하고 전 세계에 저가의 경쟁력을 활용해 확산보급하고 있는 것이다. 또한 중국의 이른바 '우마오당(五毛黨)'과 같은 민간인들을 동원해 상대국의 SNS에 파고들어 여론형성에 강력한 영향력을 행사하고 있는 실정이다. 한국도 최근 이른바 "나는 개인이오"로 알려진 차이나 게이트가 한 예로 표면에 드러난 바 있다. 이를 위해 상대국에 언론매체를 설립 또는 인수하기도 한다. 한국에서는 소셜네트워크에서 여론조작 공작을 전개하고 있고 포털사이트를 민간 투자의 형식으로 장악하고 있음에 예의주시할 필요가 있다.

이와 같이 정치, 경제, 언론, 전문가 등에 대해 친중화 전술을 전개함과 동시에 사회경제 및 사이버 공간에 대한 침투를 통해 목표로 한 국가의 주요 정치사회 경제 영역을 잠식해 영향력을 행사함으로써 그 국가사회가 스스로 친중화 또는 중국의 영향력에 매우 무기력해지는 기반을 구축함으로써 자국의 목표를 달성하는 전략을 전개하고 있는 것이 초한전의 핵심적 내용으로 요약할 수 있다.

한국에서 중국공산당이 전개해오고 있는 초한전의 구체적 실상에 대해서는 아직 파악되고 있지 않은 실정이다. 하지만 중국공산당이 타국에서 전개하고 있는 초한전의 실태를 밝히고 있는 분석보고서들이 최근 들어 많이 발표되고 있다. 이러한 보고서들을 분석해보면 공통적으로 발견되는 중국공산당의 침투 및 잠식 전략전술의 특징과 양태를 파악할 수 있다. 그리고 이를 바탕으로 중국의 초한전에 우리나라와 우리의 해양 또한 전술한 바와 같이 예외가 될 수 없다는 것을 유추할 수 있다. 특히 서해에 위치한 주요 전략 지점과 항구에 거주, 취업, 또는 투자의 명목으로 진출하는 중국과 차이나타운 등은 결과적으로 해당 지점에서의 중국의 영향력 확대로 이어지게 되어 있다. 또한 남해와 이어도를 포함한 제주도는 경제적으로나 동아시아 해양안보와 관련해서 매우 중요한 전략적 가치가 있는 지역이다.

중국공산당은 주로 민간투자개발의 가면을 쓰고 서해에서 남해 그리고 제주도에 이르는 지역에 경제적 이익과 효과가 의문시되는 대규모 투자 제의를 지속적으로 해오고 있다. 이 지역에서의 중국의 진출과 영향력 확대는 우리가 간과할 수 없는 상황에 도달하고 있는 것이 현실이다. 중국의 진출과 투자를 단순히 사회교류와 경제적 이익으로만 판단해서는 안 된다. 왜냐하면 전술한 바와 같이 중국 전 사회를 전체주의식으로 장악 통제하는 중국공산당은 사회경제적 교류를 전략적 판단과 목적을 가지고 수단으로 이용하는 전술을 전개하고 있기 때문이다. 중국의 사회경제적 진출을, 특히 투자와 같은 경제적 접근을 단기적이고 근시안적 이익만으로 수용하는 것은 소탐대실의 결과를 가져올 수 있다.

V. 결론

한국은 중국이 동아시아 지역과 해양팽창전략을 전개하는 데 있어 지정학적으로 전략적 거점에 해당하는 국가이다. 우선 동아시아 패권을 장악하는 데 있어 한반도 남북한의 장악 또는 친중화는 필수적으로 요구되는 사안이다. 따라서 중국은 동아시아와 한반도 전략에서 '최상의 기대치'로 남북한 정권의 친중화를 목표로 하고 있다. 한반도 특히 한국을 친중화할 경우 중국의 입장에서는 동아시아 전략에 결정적 포석을 확보하는 것을 의미하고 미국의 입장에서는 치명적인 전략적 손실을 의미한다. 해양 팽창 전략과 관련해서 한반도, 특히 제주도와 이어도를 포함하는 서해는 전략적 거점이자 기반에 해당하는 지점에 위치한다.

따라서 중국공산당의 입장에서 한국은 초한전을 전개하는 일순위 국가에 해당한다. 그리고 그 방식은 초한전의 전개이다. 중국이 전개하는 초한전 양상과 실태를 한국에 적용하면 다음과 같은 전략이 추진되고 있음을 추론할 수 있다. 한국의 정당, 정부, 군부, 전문가 집단과 대학, 언론미디어, 노조를 포함한 좌파 시민단체, 기업 등에 전방위적인 해외통일전선 공작을 전개하는 것이다. 한중 간 경제교류와 한국의 중국경제 의존도를 한국 정권과 사회에 대한 통제력으로 이용할 뿐만 아니라 미디어, 좌파 시민단체 등과 연계성을 활용해 여론을 친중화 또는 반중여론 잠식에 활용하는 것도 시도할 수 있다. 그리고 그 과정에서 한국에 파견된 당정군 요원만이 아니라 중국교포, 유학생, 한국에 취업한 중국인 등을 한국의 정보 및 기술 탈취, 한국 여론 형성, 친중 또는 반미, 반일 집회 등에 적극 동원할 수도 있는 것이다. 동시에 한국의 군사기지 및 미국의 주요 군사기지 주변에 투자, 상업, 거주 등의 형식으로 차이나타운(中國城)을 구축하고, 한국의 지방자치제도의 허점을 이용 지방에 대한 통제권을 장악하는 기반을 구축하고자 하는 시도 또한 할 수 있는 것이다.

그리고 해양전략과 관련해서는 서해안을 이른바 '환황해경제권'에 포함시켜 중국화하는 것을 목표로 군사적으로 중요한 전략적 거점 또는 지점을 투자개발, 거주 등의 명분으로 확보하는 방안 또한 고려할 수 있다. 예를 들어, 인천, 평택, 안산, 군산, 무안, 진도 등으로 이어지는 서해안벨트 지역이 여기에 해당할 것이다. 이러한 맥락에서 볼 때, 중국의 입장에서는 제주도는 매우 중요한 해양전략 거점에 해당할 것이다. 특히 제주도는 외국인투자유치를 위해 투자이민과 무비자 입국 제도 등을 시행하면서 투자와 거주를 통한 사회경제적 잠식에 유리한 조건을 갖추고 있다. 물론 외국인 투자자 중 95%에 달하는 중국인 모두가 중국공산당의 초한전 전략의 일환으로 들어온 것은 아닐 것이다. 하지만 중국공산당의 해외통전 공작 대상의 주된 표적에 언제든지 포함될 수 있는 것이다.

한국은 중국과 매우 밀접한 정치, 경제, 사회적 연계성을 발전시키고 있다. 특히 한중 교류가 지난 30여 년간 폭발적으로 늘어나면서 경제뿐만 아니라 사회적으로도 양국 국민들 간의 교류가 중요해지고 있다. 한국에 체류하고 있는 중국인 사업가와 학생들이 대폭 늘어나면서 지역과 학교 전반에 중국인 커뮤니티가 활성화되어있다. 여기에 한중교류 민간단체들도 상당한 수에 이르고 있다. 한중 양국 교류가 증가하고 중요한 만큼 한국 사회와 정치에 대한 중국공산당의 통전공작이 전략전술 차원에서 진행되고 있음을 유추할 수 있는 것이다. 중국과의 교류가 중요하고 증가할수록 중국으로부터 한국 정치와 사회의 독립성과 자율성을 유지하기 위한 경계심 또한 늦추어서는 안 될 것이다. 한국 또한 중국의 통전 전략과 공작이 어느 정도 진행되고 있는지 파악해야 할 시점인 것이다.

미국, 호주, 유럽, 그리고 필리핀 등에서는 중국의 초한전 전략에 입각한 침투와 이를 통해 해당 국가를 잠식해오고 있는 현황에 대한 대대적인 조사와 분석보고서가 나오고 있다. 또한 이를 바탕으로 자국의 사회와 주권을 중국의 침투로부터 지키기 위한 구체적 대안과 정책을 실시하고 있다. 이를 위해 전 정부 차원의 대응책 마련과 동시에 지방정부와 지역사회 차원에서의 정책을 실행하고 있다. 정치경제적으로 중국에 매우 취약한 필리핀의 경우는 지역 정부 차원에서 '국토안보 위원회'를 설립해 중국의 침투와 잠식에 대응하는 체제를 구축하고 있다.[22] 한국 또한 중앙정부 차원뿐만 아

22 Rommel R. Cordova, Philippine Strategic Approaches to Address China's Gray Zone Strategy in the South China Sea, 22 January 2020, https://appfi.ph/resources/commentaries/2932-philippine-strategic-approaches-to-address-china-s-gray-zone-

니라 지방정부와 지역사회 차원에서도 '지역의 자치와 안보'를 지키기 위한 움직임이 필요하다. 특히 중국과의 교류와 중국인의 투자유입이 활발한 제주도의 경우, 도(道) 정부와 함께 지역사회 차원에서 중국공산당의 침투전략에 대한 대응이 요구된다. 지역 경제뿐만 아니라 해양과 이어도와 같이 중국의 전략적 이해가 직접적으로 관여되어 있는 곳이기 때문이다. 외부세력으로부터 지역사회의 독립과 자율성을 확보하고, 이를 바탕으로 중국(인)과의 교류를 활발히 전개하는 것이 장기적 관점에서 한국과 중국 간 호혜적 관계를 형성하는 데 도움이 되기 때문이다.

---

strategy-in-the-south-china-sea

권태영·김푸름. “중국의 3전과 한국의 대응 방향.” 『전략연구』. 제26권 제1호, 2019, pp. 261–317.

이지용. “중국의 국가정체성 진화와 동아시아 해양안보환경 변화.” 『국제관계연구』 제19권 제1호, 2014, pp. 77–114.

이지용. “중국공산당의 해외 통전공작 보고서와 시사점.” 『중국전문가포럼 전문가오피니언』(2월 28일), 2019. https://csf.kiep.go.kr/issueInfoView.es?article_id=33446&mid=a20200000000&board_id=4.

乔良·王湘穗. 『超限戰』. 北京: 解放军文艺出版社, 1999.

習近平. “习近平在十二届全国人大一次会议闭幕会上发表重要讲话” (3월 17일), 2013. http://news.xinhuanet.com/2013lh/2013-03/17/c_115052635.htm.

張序三 主编. 『海军大辞典』. 上海: 上海辞书出版社, 1993.

中共中央·中央军委. 『新修订的《中国人民解放军政治工作条例》颁布』. 2010. http://www.gov.cn/jrzg/2010-09/13/content_1701725.htm.

中华人民共和国国务院新闻办公室. 2004年中国的国防, 2004.

Central Intelligence Agency. “Intelligence Report: The Senkaku Islands Dispute: Oil Under Troubled Waters?” (Secret: CIA/BGI GR 71-9, May), 1971.

Clarke, Micheal. China's Application of the ‘Three Warfares’ in the South China Sea and Xinjiang. *Orbis*(Spring), 2019, pp. 195–196.

Cordova, Rommel R. Philippine Strategic Approaches to Address China's Gray Zone Strategy in the South China Sea, 22 January, 2020. https://appfi.

ph/resources/commentaries/2932-philippine-strategic-approaches-to-address-china-s-gray-zone-strategy-in-the-south-china-sea.

Corn, Tony. "Peaceful Rise through Unrestricted Warfare: Grand Strategy with Chinese Characteristics." *Small Wars Journal*, 2010.

Holmes, James R., Toshi Yoshihara. *Chinese Naval Strategy in the 21st Century: The Turn to Mahan.* Oxon: Routledge, 2008.

Navarro, Peter. *Crouching Tiger: What China's Militarism Means for the World.* Amherst: Prometheus Books, 2015.

Ross, Robert S. China's Naval Nationalism. *International Security.* Vol. 34 No. 2 (Fall), 2009, pp. 60-72.

Saunders, Phillip C., Christopher Yung, Michael Swaine, and Andrew Nien-Dzu Yang (eds.). *The Chinese Navy: Expanding Capabilities, Evolving Roles.* Washington, D.C.: National Defense University Press, 2011.

VornDick, Wilson. China's Reach Has Grown; So Should the Island Chains. https://amti.csis.org/chinas-reach-grown-island-chains/.

Weisbrot, Mark. When China overtakes the US, 2016. http://www.theguardian.com/commentisfree/cifamerica/2011/apr/27/china-imf-economy-2016.

World Economic Outlook Reports. http://www.imf.org/external/ns/cs.aspx?id=29.

You Ji. The Evolution of China's Maritime Combat Doctrines and Models: 1949-2001. *Institute of Defense and Strategic Studies* (May), 2001, pp. 6-11.

https://www.uscc.gov/Research/china%E2%80%99s-overseas-united-front-work-background-and-implications-united-states.

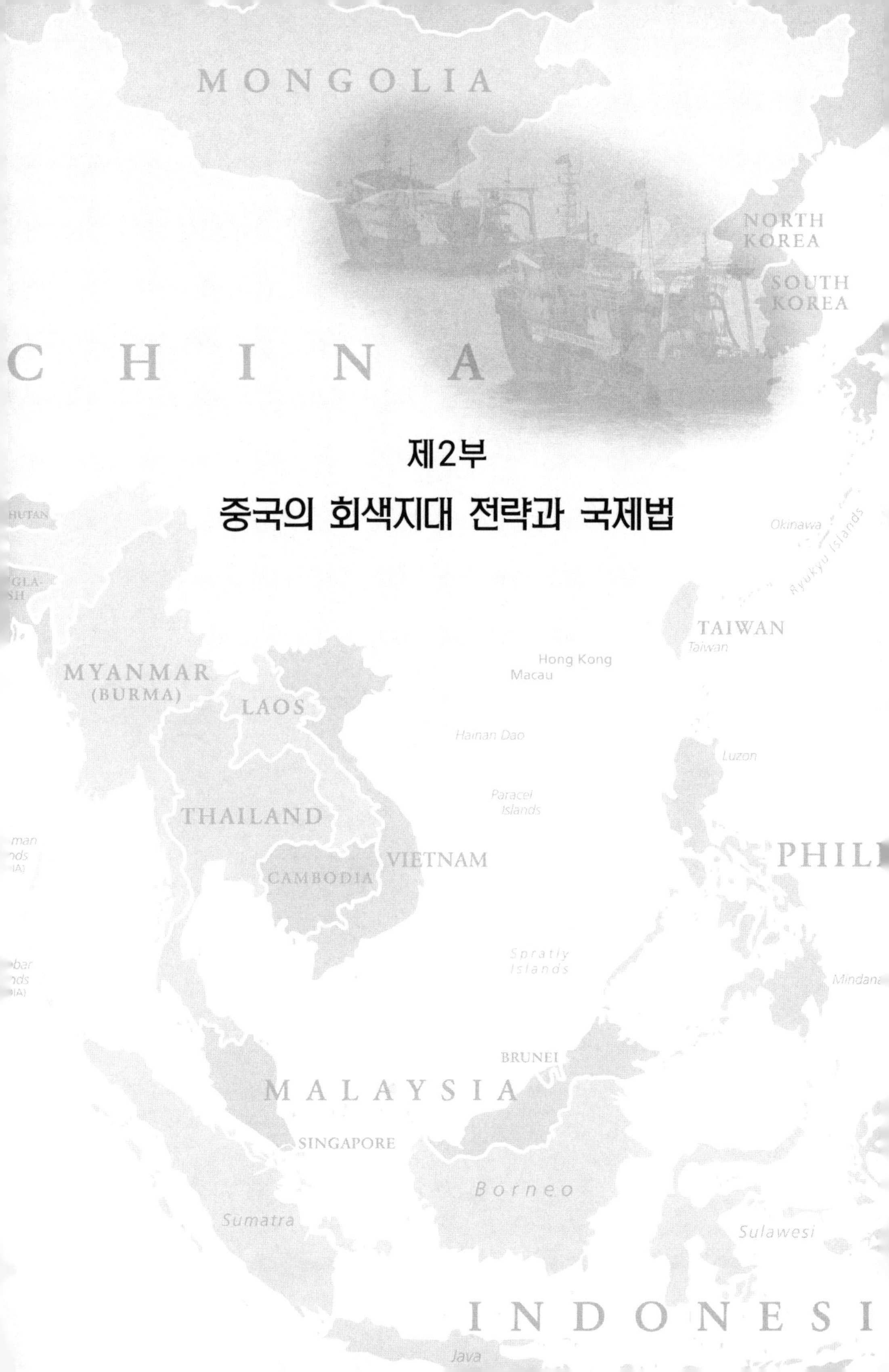

제2부

중국의 회색지대 전략과 국제법

제4장
중국의 해상민병대(海上民兵)와 양배추전략(卷心菜战略)

주민욱

Ⅰ. 서론

1. 문제 제기

남중국해는 중국과 주변 국가들[1]이 서로 대치하는 형세를 보이고 있다. 특히 중국은 주변 모든 국가 및 현 해양패권국인 미국과 첨예한 대립관계를 형성하고 있다. 국가 간 이해관계가 명확하다 보니 남중국해에서의 갈등의 골은 깊어져 가고 있으며, 남중국해는 어느덧 아시아를 대표하는 '분쟁의

1 베트남, 필리핀, 브루나이, 인도네시아, 말레이시아.

바다'라는 불명예를 안고 말았다. 남중국해는 소규모의 섬, 암초, 모래톱 등이 많으며, 총면적은 약 350만㎢로 동중국해보다 두 배 이상 크다. 특히 남중국해 해양영유권 분쟁의 중심 해역이기도 한 스프래틀리 군도(Spratly Islands, 난사군도南沙群島)는 최대 230여 개의 섬, 암초 등으로 구성돼 있으며, 총면적은 약 50만㎢에 달한다. 그러나 대부분 수면 아래에 잠겨 있는 곳이 많아 육지 크기는 3㎢ 정도에 불과하다.[2]

과거 남중국해 스프래틀리 군도의 작은 섬, 피어리크로스 암초(Fiery Cross Reef, 융수자오永暑礁)가 모래장성(Great wall of sand)으로 불렸다면, 현재 이 지역은 폭격기 활주로 및 미사일 발사대가 설치되어 있는 엄연한 군사시설이다. 인공섬 활주로 완공 초기 민항기 이착륙 시험을 진행했고, 얼마 지나지 않아 군용기 시험비행이 이루어져 명실상부한 인공 해상군사시설로 자리매김했다. 이 해역의 군사·지리학적 입지 및 풍부한 천연자원과 어업자원으로 인해 중국을 비롯한 주변국 모두가 영유권을 주장하고 있다.

무엇보다 중국은 남중국해에 대해 불완전한 역사적 근거로 U자형의 9단선을 표시해 남중국해 전체 해역의 약 90%에 대한 영유권을 주장하고 있다. 자연스레 주변국과 실효적 지배 논리에 입각한 해양 경계획정 상의 갈등을 빚고 있다. 중국은 2016년 7월 남중국해 중재판정 패소에도 불구하고, 이 해역에 대한 영유권 주장에 한발 물러섬이 없으며, 오히려 정규 해상병력은 물론 해상민병대 조직을 보다 견고히 하여 해당 해역에 대한 긴장감이 고조되고 있다. 실제 중국의 해상민병대(Maritime Militia, 海上民兵)는 중국 민병조직의 중요한 한 부분을 차지하면서 도서지역 주권 수호, 해상정찰순시활동, 해양 환경보호 및 어업생산량 증진을 위한 역할을 수행하고

---

2 《국방일보》 2019년 9월 27일자.

있다(何志祥, 2013, p. 36). 해상민병대는 중국의 모든 관할 해역에서 제1선 해상 방위라인으로 활약하고 있으며, 남중국해 분쟁 해역에서 해군과 해경에 이은 제3의 해상병력으로 그 입지를 견고히 하고 있다. 이밖에 중국 인민해방군의 지휘를 받으면서 해상시위 참가, 물자운반 지원, 외국어선 추방 등을 수행하는 것으로 알려져 있다(김주형, 2018, p. 320).

덧붙여 중국은 점진적으로 양배추전략(cabbage strategy, 卷心菜战略)을 전개해 나가고 있으며, 주변국들과의 충돌을 피하면서 자신들의 해양패권력을 확장하는 데 집중하고 있다. 중국의 해상패권 경쟁에서 회색지대 전략만큼이나 중요시되고 있는 부분이 양배추전략이다. 중국은 양배추전략을 활용하여 남중국해에 인공섬을 만들고 이곳에 점진적으로 군사 및 근린시설을 건설하여 주변국의 주의를 분산시키고 있으며, 정규 해상병력이 아닌 일반 어선을 활용하여 상대국이 섣불리 군사대응을 하지 못하도록 애매한 포지션을 구축해 나가고 있다. 자연스레 중국 정부 입장에서 양배추전략은 상당히 구미가 당기는 해양봉쇄 전략으로 받아들여졌고, 이를 활용하여 주변국들의 해양확장을 보다 효율적으로 억제할 수 있을 것으로 판단했다. 자신들의 해양패권 장악의 야망을 외부에 선명하게 드러내지 않는 동시에 이를 희석시킬 목적으로 양배추전략을 보다 적극적으로 활용하고 있는 것이다. 양배추 껍질을 하나둘 벗기듯 그 영역을 넓혀 나가며 미국과 주변국을 압박하는 전략으로 중국은 향후 이 전략을 더욱더 확대해 나갈 것으로 예상된다.

이에 본 연구의 주요 목적은 중국의 남중국해 등지에서 전술운용 중인 양배추전략에 대한 전반적 내용을 살펴보고, 여기에 덧붙여 양배추전략의 핵심 운용 주체인 중국의 해상민병대의 실체와 실제 중국 정부와의 관계 등에 대해 전반적으로 살펴보고자 함에 있다.

2. 연구방법

이상의 문제 제기를 구체화하기 위해 중국의 언론보도에 대한 연구분석을 진행했다. 중국의 해상민병대와 양배추전략 관련 내용, 전략전술 및 역할 등에 관한 내용을 수합/분석했는데, 관련 텍스트 자료 수집 및 수합, 분석 방법으로는 사회관계망분석(SNA, Social Network Analysis)을 활용했다.

보다 구체적으로 우선 관련 언어자료를 수집 후 유사 내용 간 정리/수합했고, 분석도구는 중국 우한대학(武汉大学)에서 개발, 배포된 텍스트네트워크 분석(Text Network Analysis) 프로그램 'ROST CM6'을 활용하여 단어 정제 및 분석을 진행했다. 시각화 작업은 'NetDraw' 프로그램을 사용했다.

분석범위는 수집 가능한 모든 중국 언론보도이며,[3] 이들 텍스트 자료를 수집하기 위한 중심어(Key Word)로는 '해상민병대(海上民兵)', '양배추전력(卷心菜战略/包心菜战略)', '장자이스(张召忠)' 단어들을 사용했다.

분석시기는 중국의 해상민병대와 양배추전략을 함께 살펴보아야 함에 둘 중 후반에 등장한 양배추전략을 기준으로 관련 보도가 처음 등장하기 시작한 2013년 2월부터 현재(2020년 6월)까지로 했다.

3 중국의 관련 언론보도를 수집하기 위해 중국의 대표적 인터넷 검색플랫폼 '바이두(百度)', '소우후(搜狐)', '신랑(新浪)'을 활용했다. 검색된 기사 중 '중복된 것', '출처가 불분명한 것', '중심주제에서 크게 벗어난 것'은 모두 분석에서 배제했다.

Ⅱ. 선행연구 검토 및 주요 내용 서술

1. 중국의 해상민병대

중국의 해상민병대는 자국의 해양경제 발전은 물론 중국의 해양권익 수호를 위한 해상보호 작전을 지원하는 역할을 담당한다(寇振云·冯时, 2016, p. 41). 중국 관할 해역에서 자국의 국가이익을 위해 노력하며, 외부 해양침략 및 해상 월권행위에 대해 물리적 실력행사는 물론 선전선동의 역할도 동시에 수행하고 있다. 이는 중국의 해양방위와 해양안보 형세가 불완전하며, 수시로 등장하는 다양한 불규칙 변수들에 기인하고 있다. 선전선동 분야 역시 사회주의국가 중국으로서는 무시할 수 없는 부분인데, 실제 중국은 1990년대 이래 여론전(舆论战) 기술의 발전과 다양한 선전선동 매체의 등장, 무엇보다 실전경험의 부족으로 해외 사례, 특히 미국 여론전의 특징과 향후 추세에 집중하고 있다(孙铮·李强, 2005, p. 58).

자연스레 중국 정부는 국방과 군대에 대한 개혁 및 체질개선에 관심을 집중하고 있으며, 이 안에서 해양강국건설(建设海洋强国)을 위한 노력을 요하고 있다. 중국 정부는 해양경제 및 해양권익을 증진시켜 보다 진취적으로 해양패권 경쟁에 나서야 하며, 이 과정 중 해상민병대를 보다 적극적으로 활용하고, 해상민병 건설의 장애요소와 구조적 갈등 등을 사전에 개선해 나가는 데 주력해야 함을 주장하고 있다(倪前进, 2014, p. 10). 실제 중국은 해상민병대의 역량강화를 위해 해상전략전술 훈련 및 조직구조 최적화 모델 개발, 만일의 사태에서 해상충돌 발생 시 신속한 동원과 임무수행 능력을 향상시키기 위해 노력 중에 있다(寇振云·冯时, 2016, p. 42).

중국의 최남단 하이난(海南)성 동부 연안에 탄먼(潭門)진[4]은 해상민병대의 전초기지로 알려져 있다. 탄먼은 겉으로 보기엔 평범한 어촌 마을이지만, 남중국해에서 중국에 애국적으로 활동하는 어선의 약 90%가 이곳을 모항으로 할 정도로 중국의 해상민병대의 교두보이자 전진기지로 인식되고 있다.[5] 중국 정부의 지원을 받아 남중국해, 특히 난사군도 해역에서 영향력을 행사하고 있으며, 실제 2014년 5월 이 해역에서 베트남 어선을 들이 받아 침몰시킨 충둥팡(瓊東方) 11209호가 탄먼에 적을 두고 있다. 2019년 초에는 필리핀이 티투섬(중국명 종예다오中業島) 해변 진입로 유지보수 및 활주로와 부두 보강시설 공사가 시작되자 해상민병대로 의심되는 중국선박 수백 척이 주변 해역에 몰려와 섬을 에워싸기도 했다. 이들 저인망 어선 등은 고기잡이를 하지 않고 대부분 섬 주변을 둘러싸거나 그저 정박 상태로 주변을 경계하기만 했다.[6]

탄먼에는 1985년 설립된 해상민병련(海上民兵連)이라는 조직이 활동 중에 있는데, 평소에는 어업활동을 하지만 동시에 어민들에게 군사훈련을 시키는 역할도 맡고 있다. 해상민병들은 미군 구축함 또는 주변국의 어선 및 함선들이 인공섬 가까이에 나타나면, 어선을 몰고 출동해 진로를 방해하는 등 중국 해군을 지원해 왔다. 이들은 이 해역에 대한 정보수집활동은 물론 준(準) 군사행동을 병행하며 남중국해 영토주권 방어의 첨병 역할을 수행하고 있다.[7] 현재 중국어선들은 어족자원이 풍부한 남사군도 일대로 이동 후 보다 작은 배를 통해 어업활동을 하는데, 이때 중국 정부의 크고 작은 보호를 받고 있다. 이때 가장 안쪽에서 '어선(漁船)'들이 어업활동을 하면, 이들을 '어업지도선(漁政船)'이 감싸고, '해양감시선(海监船)'이 순시활

4 '성(省)' 다음으로 '시(市)' 그리고 '현(县)' 관할에 속하는 행정 단위인 '진(镇)'.

5 《연합뉴스》 2016년 5월 24일자.

6 《서울신문》 2019년 4월 13일자.

7 《동아일보》 2016년 5월 26일자.

동을 전개하며 다시 이들을 감싸는데, 최종적으로는 중국 '해군(海军)'이 외곽에서 이들 모두를 감싸는 형태를 보이고 있다. 필리핀 어선이 해당 해역을 들어서기 위해서는 '해군→해양감시선→어업지도선'을 거쳐야 하는 번거로움과 위협이 존재하며, 이는 곧 상호 간 충돌 가능성을 증폭시키고 있다.

여기서 해상민병대 역할은 가장 안쪽의 일반 어선 혹은 이를 둘러싸고 있는 민간선박, 즉 어업지도선이 수행할 가능성이 높으며, 이들에 대한 해상 군사훈련 및 군사지휘는 바로 바깥에 위치한 해양감시선 또는 가장 외곽의 중국해군에 의해 직접 이루어질 가능성이 높다. 이중 '중국해양감시부대(中国海监总队)'는 국가해양국(国家海洋局)에 속한 일선 해상감시부대인데, 주요 임무로는 중국 관할 해역에 대한 순시활동을 전개해 나가며, 자국의 해양권익을 침해하는 행위 및 자국 해역에 대한 각종 위법행위를 감시한다. 이 밖에 해양환경을 훼손하고, 해양자원의 무단채취 등 일련의 해상조치를 따르지 않고 해상질서를 혼란케 만드는 모든 불법 해상행위를 규제해 나가고 있다.[8]

2. 양배추전략과 회색지대 전략

중국은 해양봉쇄의 명분을 직접적으로 드러내지 않으며, 자신들의 남중국해 해양확장의 가능성을 높여가는 해상전략으로 양배추전략(卷心菜战略 혹은 包心菜战略)에 관심을 기울이기 시작한다. 양배추전략은 중국어선의 안전과 자국의 해양권익 및 주권수호를 위해 제안된 해상보호 전략 중 하나이다. 목표 해역을 겹겹이 에워싸 상대 어선 혹은 해상병력이 사전에

8 바이두 백과사전(百度百科).

힘을 쓰지 못하도록 차단하는 효과를 보인다. 양배추전략은 필리핀의 남중국해 내 인애초(仁爱礁) 일대에 대한 일련의 해상활동 억제를 위해 2013년 중국해군 장자오종(张召忠) 소장에 의해 처음 제기되었다. 당시 해상전략 제안내용을 살펴보면, 양배추가 겹겹이 쌓여있듯이 중국어선이 인애초 일대를 에워싸는데, 크게 삼단계로 가장 안쪽은 '어선(渔船)', 그다음은 '민간선박(民间船只)', 그리고 가장 바깥쪽은 '해군함정(海军船只)'이 둘러싼 형태로 필리핀을 압박할 것을 주문하고 있다.

중국은 실제 목표 해역에서 상대 어선의 진입을 막기 위해 양배추전략을 고수해 나가고 있다. 중국 측의 이와 같은 해상 전략을 한 단어로 표현하면, 제(挤) 즉 밀집이다. 중국어선과 함선을 빽빽이 겹치도록 배치시켜 상대로 하여금 비집고 들어 올 공간이 없도록 사전에 차단하는 것이다. 이는 중국의 고사성어 중 '병래장당, 수래토엄(兵来将挡, 水来土掩)'의 의미로 풀이된다. '졸병'이 오면 '장군'으로 막고, '물'이 오면 '흙'으로 덮어버리듯이 적소에 맞는 대응전략으로 맞선다는 것이다. 이에 덧붙여 상대가 숨도 쉬지 못할 정도로 치밀한 전략으로 상대를 압박함을 의미한다. 이렇듯 양배추전략은 해상에서 한 층 한 층 그리고 좌우상하로 내리눌러 상대를 밀어내는 전술로 활용되고 있다.[9]

남중국해 해역에서의 양배추전략은 관련국의 해상 자유와 권익 추구를 제약하는 것을 목적으로 분쟁 해역에 자국의 비군사 어선을 배치시키고, 점진적으로 군사시설을 건설하는 전략으로 나타나고 있다. 남중국해 해양 영향력 확대라는 소기의 목적을 달성하기 위해 논조를 흐리는 형태로 양배추전략이 활용되고 있다. 이처럼 중국이 정규군이 아닌 민병대, 어부,

---

9 《世界新闻报》 2013년 6월 8일자.

해안경비대 등을 앞세우는 회색지대 전략을 사용함으로써 미국 등 상대국들은 군사적으로 대응하기가 점점 어려워지고 있다.[10]

이러한 맥락에서 양배추전략은 일종의 중국의 회색지대(grey zone) 전략 혹은 살라미 슬라이스 전략(salami—slicing strategy)이라 명명되고 있다. 살라미 슬라이스 전략에서는 살라미를 보유하고 있는 현재의 소유자에게 고통을 주지 않는 동시에 상대가 눈감아 줄 수밖에 없는 범위 내에서 충분히 작은 조각들을 베어나가야 한다. 남중국해 해당 해역에서 마치 소시지를 얇게 자르듯 주변국의 이목을 끌지 않으면서 소규모의 도발과 점진적 확장을 통해 목적을 달성해 나간다. 따라서 상대에게 거슬리지 않을 정도로 미세해야 하며, 허용된 규범에서 벗어나지 않도록 상당히 섬세한 기술을 구사해야만 한다.

중국이 전개하는 회색지대 전략에서 역시 점진주의(gradualism)와 애매모호함(ambiguity)을 읽을 수 있다. 상대방으로 하여금 착각, 즉 '군사 확장을 하고 있다'는 현상과 '이제 그만할 거야'라는 이상 간 인지부조화를 일으켜 대응전략을 모호하고, 어렵게 만들어 원하는 바를 취득하고 있다. 중국은 현재 남중국해 내 미국과 주변국의 감시, 견제가 있음에도 불구하고 서서히 스며들어 자신들이 추구하는 이익을 극대화하는 전략을 취하고 있다. 중국 해상민병대 활용 역시 군(军)과 민(民)의 구분을 모호하게 함에 있다. 평시에는 군과 민 쌍방이 서로 기술축적 및 상호협력 관계를 유지하고, 유사시 작전효율 증대, 전투손상 및 전쟁시간 감소 등 전투 승리를 위해 상호 노력하는 것이다(张召忠·刘海鹰, 1990, p. 58). 결과적으로 중국은 이러한 애매모호함 전략 안에서 상대국의 저항에 대한 대응시간을 버는 동시에 관련

10 《국방일보》 2019년 9월 27일자.

국의 관심을 떨어트려 자국의 국가이익과 안보 수호를 쟁취해 나가고 있다.

3. 관계적 그리고 전술적 양배추전략

중국은 남사군도 일대에서의 양배추전략을 펼쳐 필리핀이 실효지배를 주장하는 해역으로의 물자와 인력이동을 차단해 보다 손쉽게 실효지배권을 취득하고자 하고 있다. 이에 미국은 물론 일본 역시 중국의 양배추전략에 집중하고 있다. 미국은 남중국해에서 중국이 미 군함과 군용기가 자유롭게 순항하는 것을 막을 수 없다고 주장하면서도 양배추전략을 통해 이 해역 내 해양주권을 강화해 나가는 것을 크게 우려하고 있다.[11] 일본 역시 지난 2016년 8월 6일, 조어도(일본명 센카쿠열도, 钓鱼岛) 해역에서 6척의 중국 해경선과 약 230척의 일반 어선들이 양배추전략을 연습하는 것을 확인 후, 상당한 우려를 표명하기도 했다.[12] 이들 모두 중국 측의 적에 대응하기 위한 민간 차원의 해상 전술훈련이며, 이러한 저항들이 뭔가 애매모호하게 실익 추구를 위해 추진되고 있다는 점을 간과할 수 없다. 즉 양배추전략은 중국 근해, 특히 남중국해에서 '점진적으로 해양영토의 확장'과 '민간을 활용한 해상 전략전술 행위'라는 이중의 의미를 모두 포함하고 있다. 이는 양배추전략을 '관계적 측면'과 '전술적 측면'으로 상호 구분하여 살펴보아야 하는 이유이기도 하다.

우선 관계적 측면에서 중국은 남중국해 모래섬에 군사 및 주거 시설물을 조금씩 늘리는 방식으로 영향력을 점차 확대해 나가고 있다. 마치 양배

11 《环球时报》 2016년 2월 17일자.

12 《中国网》 2016년 9월 21일자.

추 껍질을 벗기듯 해상 영역을 넓히며 미국과 주변국을 압박하고 있다.[13] 그리고 그 형태는 상대가 쉽게 대응하지 못하도록 교묘함을 보이고 있다. 이러한 중국의 남중국해 공세는 관련국과의 관계적 차원의 양배추전략으로 이해할 수 있다.

반면 전술적 측면에서 중국은 목표해역에 대한 타국의 진입을 막아내기 위해 층별로 선박과 함선을 배치하고 있다. 가장 안쪽에 어업선을 보내고, 이를 지도하는 어업지도선, 그리고 해양감시선으로 이들을 보호하며, 최종적으로 해군함선이 전체를 에워싸는 형태를 나타낸다. 주변국의 어선은 물론 미 해군 또한 이를 뚫고 주변 해역으로 진입하는데 어려움이 따를 수밖에 없다. 이들 층층이 겹쌓여진 어선과 함선들은 양배추와 닮았으며, 일반 어선이 한데 어우러져 있어 해상병력으로 구분 짓기도 불분명하다. 이러한 중국의 의도적 애매모호함을 전술적 차원의 양배추전략으로 이해할 수 있다.

전자의 '관계적 양배추전략'과 후자의 '전술적 양배추전략' 모두에서 중국의 회색지대 전략을 읽을 수 있다. 남중국해 해역에서 점진적으로 해양영토를 확장해 나가는 모습 및 어선인지 함선인지 명확하게 구분 짓지 못하도록 하는 모습 모두 상대국의 신속한 대응과 결정에 어려움을 주고 있다. 관련국들은 섣부른 판단으로 갈등의 불씨가 크게 번질까 염려하고 있으며, 무엇보다 문제 제기의 정당성이 없어지거나 희석될 것에 대한 머뭇거림이 한몫하고 있다. 실제 지난 2016년 조지프 오코인 미 해군 제7함대 사령관은 '미중 양국 해군 간의 충돌 발생 가능성에 대해서는 우려하지 않지만 공무용 집행 선박을 포함한 비전문적인 민간 선박과의 우발적 충돌을 우려한

13 《주간경향》 2015년 7월 7일자.

다'고 지적한 바 있다.[14]

실제 미국의 싱크 탱크인 랜드 코퍼레이션(RAND Corp)[15]은 2019년 '중국과 러시아의 강압적인 행동'을 분석하는 보고서를 통해 중국이 남중국해와 동중국해에서 이해관계를 진전시키기 위해 다양한 회색지대 전술을 구사하고 있음을 주장했다.[16] 중국은 해당 해역에서 사용하는 회색지대 전술로 첫째 점진적으로 인공섬을 개발해 나가거나, 둘째 해상 봉쇄 또는 군사적 행동을 취할 때 정규 해상병력이 아닌 해상민병대 혹은 어업지도선 등을 앞세워 대응한다는 것이다. 전자는 앞서 제시한 관계적 측면, 그리고 후자는 전술적 측면의 양배추전략이라 할 수 있다.

Ⅲ. 분석 결과

1. 중국의 해상민병대 빈도분석

중국의 해상민병대와 양배추전략 관련 내용에 대해 검색 가능한 시점은 2013년 2월부터였으며, 2020년 6월 현재까지의 해당 중국 언론보도를 수집, 분석했다. 이에 최종 수집된 전체 언론보도 수는 총 112건이었으며, 문자와 공백을 제외한 순수 단어 수는 총 102,962개였다.

---

14 《뉴시스》 2016년 2월 16일자.

15 RAND Corp(Research and Development Corporation)은 1948년 미공군의 원조로 설립된 미국 최초의 민간 연구·개발기관으로 미국의 대표적인 싱크 탱크 역할을 수행하고 있음.

16 《연합뉴스》 2019년 6월 29일자.

〈표 4-1〉은 중국 해상민병대 관련 출현 빈도(词频)가 가장 높은 상위 60개 단어들을 보여주고 있다. 상위권에는 해상민병대를 직접 지칭하는 민병(2), 해상(3) 단어들이 많이 등장했고, 이들의 신분을 보여주는 어선(7), 어민(12), 조직(18) 단어들도 확인할 수 있었다. 주요 국가, 즉 중국(1), 미국(4), 일본(9), 필리핀(10)은 물론 해양영토와 관련된 남중국해(5), 해역(14), 해양(16) 및 군대와 관련된 용어인 해군(6), 군사(11), 전략(15), 해경(19) 등의 단어들도 상대적으로 많이 등장하고 있음을 확인했다.

〈그림 4-1〉 중국 해상민병대 고빈도 등장 상위 단어 시각화

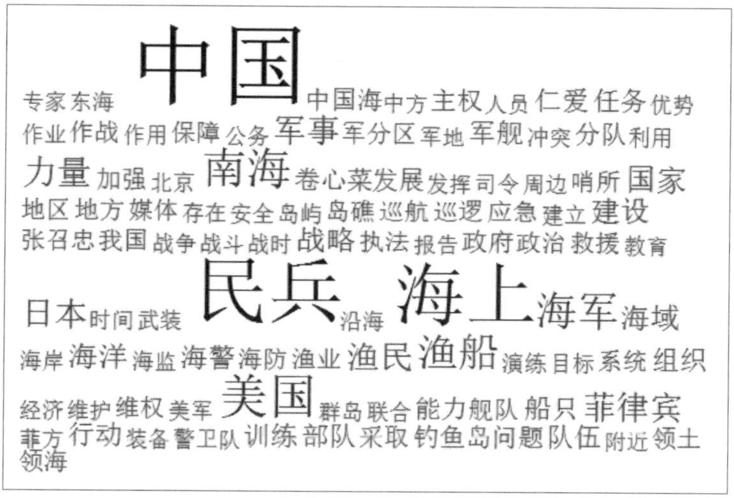

이어서 중위권에는 해상민병대의 군사적 성격으로 부대(24), 군함(25), 초소(37)에 이어 전략전술을 나타내는 행동(22), 임무(23), 대오(26), 훈련(27), 분대(31), 양배추(32), 능력(34) 등의 단어들이 등장함을 확인했다.

이 밖에 남중국해 인애도(20), 동중국해 조어도(28), 양배추전략을 처음 언급한 장샤오종(41), 중국 해양영토 수호를 위한 순찰(42), 해양방어(44),

권익유지(57) 등의 단어들도 함께 등장하고 있었다.

〈표 4-1〉 중국 해상민병대 고빈도 등장단어

순위	단어	N	%	순위	단어	N	%
1	中国	827	11.1	31	分队	74	1.0
2	民兵	637	8.6	32	卷心菜	74	1.0
3	海上	579	7.8	33	发展	70	0.9
4	美国	348	4.7	34	能力	70	0.9
5	南海	304	4.1	35	问题	70	0.9
6	海军	247	3.3	36	政府	64	0.9
7	渔船	235	3.2	37	哨所	63	0.8
8	力量	170	2.3	38	岛礁	62	0.8
9	日本	152	2.0	39	政治	61	0.8
10	菲律宾	152	2.0	40	执法	61	0.8
11	军事	147	2.0	41	张召忠	61	0.8
12	渔民	146	2.0	42	巡逻	61	0.8
13	国家	129	1.7	43	地方	59	0.8
14	海域	123	1.7	44	海防	59	0.8
15	战略	113	1.5	45	我国	58	0.8
16	海洋	108	1.5	46	作战	58	0.8
17	建设	107	1.4	47	地区	57	0.8
18	组织	104	1.4	48	保障	56	0.8
19	海警	102	1.4	49	系统	55	0.7
20	仁爱	101	1.4	50	救援	55	0.7
21	船只	100	1.3	51	军分区	54	0.7
22	行动	96	1.3	52	渔业	54	0.7
23	任务	94	1.3	53	应急	50	0.7
24	部队	94	1.3	54	领土	48	0.6
25	军舰	89	1.2	55	舰队	47	0.6
26	队伍	85	1.1	56	领海	47	0.6
27	训练	84	1.1	57	维权	46	0.6
28	钓鱼岛	80	1.1	58	巡航	45	0.6
29	中国海	75	1.0	59	加强	44	0.6

30	主权	74	1.0	60	采取	44	0.6

2. 중국의 해상민병대 교차분석

〈표 4-2〉는 중국 해상민병대와 관련하여 주요 등장 단어들 간 상관정도를 나타내는 교차분석 결과이다. 그 결과 주요 단어들 상호 간 유의미한 차이를 보이고 있었다(χ^2=3055.265, p=.000〈.001). 교차분석을 통해 집단 내 요인 간 비중도를 상호 비교해보니 전반적으로 중국 해상민병대와 관련된 '중국', '민병', '해상' 그리고 그 신분 및 성격을 보여주는 '어선', '어민', 남중국해 내 미국의 군산행동 관련 '미국', '남중국해' 내용들에 대한 단어들 간 상관성이 높았다.

실제 중국 해상민병대 관련 요인들 중 '민병(民兵)' 요인은 '해상', '중국', '어선', '해상(海上)' 요인은 '중국', '어선', '역량' 간 상호 관계성이 높은 것으로 나타났다. 이밖에 '중국(中国)'은 '미국', '남중국해', '어선' 또한 '해군(海军)'은 '중국', '해상', '미국'과 상관성이 높은 것으로 나타났다.

이상의 내용들에서 중국의 해상민병대는 곧 중국의 해상 세력 확장 및 역량강화를 위한 부분이며, 이들의 신분은 일반 어민임을 확인 할 수 있었다. 또한 남중국해 관련 미중(美中) 간 해양 갈등이 나타나고 있음을 확인했다.

〈표 4-2〉 중국 해상민병대 고빈도 단어 교차분석 교차분석

(***p<.001, **p<.01, *p<.05)

中国		고빈도 단어 교차분석										
		海上	美国	南海	海军	渔船	力量	渔民	组织	任务	전체	
中国	빈도	–	0	163	151	0	150	104	0	0	0	568
	%	–	.0	28.7	26.6	.0	26.4	18.3	.0	.0	.0	100.0
民兵	빈도	167	318	0	79	88	117	96	78	98	81	1,122
	%	14.9	28.3	.0	7.0	7.8	10.4	8.6	7.0	8.7	7.2	100.0
海上	빈도	178	–	83	79	0	122	100	87	89	0	738
	%	24.1	–	11.2	10.7	.0	16.5	13.6	11.8	12.1	.0	100.0
南海	빈도	0	0	102	–	0	0	0	0	0	0	102
	%	.0	.0	100.0	–	.0	.0	.0	.0	.0	.0	100.0
海军	빈도	142	92	80	0	–	0	0	0	0	0	314
	%	45.2	29.3	25.5	.0	–	.0	.0	.0	.0	.0	100.0
船只	빈도	85	84	0	0	0	0	0	0	0	0	169
	%	50.3	49.7	.0	.0	.0	.0	.0	.0	.0	.0	100.0
任务	빈도	0	83	0	0	0	0	0	0	0	–	83
	%	.0	100.0	.0	.0	.0	.0	.0	.0	.0	–	100.0
전체	빈도	572	577	428	309	88	389	300	165	187	81	3,096
	%	18.5	18.6	13.8	10.0	2.8	12.6	9.7	5.3	6.0	2.6	100.0
χ^2		3055.265										
p		.000 ***										

3. 중국의 해상민병대 SNA 분석

위 제시한 단어 간 연결정도(degree) 및 통계수치를 기반으로 중국 언론 보도에 나타난 해상민병대 관련 주요 내용들을 사회관계망분석을 통해 시각화했다. 중국의 해상민병대 관련 모든 텍스트 자료들에서 분석 가능한 단어들을 '추출' 후 '정제', '배열'하여 전체 단어들 간 네트워크 형태를 확인했다. 그리고 중심주제, 즉 해상민병대 내용을 중심으로 어떠한 내용들이

담론화되고 있는지를 확인했다.

〈표 4-3〉 중국 해상민병대 주요 단어 간 연결정도(degree)

순위	단어1	단어2	degree	순위	단어1	단어2	degree	순위	단어1	단어2	degree
1	民兵	海上	318	31	海上	南海	79	61	民兵	军事	59
2	海上	中国	178	32	民兵	南海	79	62	海军	南海	59
3	民兵	中国	167	33	民兵	渔民	78	63	民兵	行动	58
4	中国	美国	163	34	民兵	建设	77	64	海上	海洋	58
5	中国	南海	151	35	国家	中国	76	65	渔船	美国	58
6	中国	渔船	150	36	民兵	队伍	74	66	海上	训练	57
7	海军	中国	142	37	中国	渔民	73	67	中国	中国海	57
8	海上	渔船	122	38	日本	中国	73	68	船只	渔船	56
9	民兵	渔船	117	39	民兵	海域	72	69	中国	仁爱	56
10	海域	中国	114	40	民兵	美国	72	70	南海	军事	56
11	中国	军事	112	41	岛礁	中国	72	71	部队	海上	55
12	中国	力量	104	42	海上	海域	71	72	中国	卷心菜	55
13	南海	美国	102	43	海上	队伍	71	73	渔船	渔民	55
14	海上	力量	100	44	民兵	船只	70	74	民兵	海警	53
15	民兵	组织	98	45	海军	渔船	70	75	国家	海上	53
16	民兵	力量	96	46	海上	建设	68	76	中国	组织	53
17	海军	海上	92	47	中国	主权	67	77	民兵	海洋	52
18	海上	组织	89	48	海上	军事	65	78	中国	政府	52
19	民兵	海军	88	49	能力	海上	65	79	美国	力量	51
20	海上	渔民	87	50	中国	执法	63	80	海上	海警	51
21	中国	战略	87	51	美国	军事	63	81	中国	采取	51
22	船只	中国	85	52	民兵	训练	63	82	民兵	地方	51
23	船只	海上	84	53	中国	行动	63	83	中国	问题	51
24	中国	菲律宾	84	54	力量	军事	63	84	海上	行动	51
25	任务	海上	83	55	民兵	中国海	62	85	海上	中国海	51
26	海上	美国	83	56	民兵	部队	62	86	中国	钓鱼岛	50
27	海警	中国	82	57	民兵	能力	62	87	渔船	南海	49
28	中国	军舰	81	58	渔船	力量	61	88	中国	领海	49
29	民兵	任务	81	59	海域	渔船	61	89	战略	卷心菜	49
30	海军	美国	80	60	民兵	分队	60	90	民兵	国家	48

시각화 결과, 중국의 해상민병대 관련 총 6개의 주요 담론을 확인할 수 있었다. 첫째 자국의 해양주권 수호에 관한 '국가주권 프레임', 둘째 해양 역량 강화 등에 관한 '행동의무 프레임', 셋째 해상민병대의 군사전술에 관한 '부대조직 프레임', 넷째 해상민병대의 조직형태 및 성격에 관한 '어민군사조직 프레임', 다섯째 해상 실전전략에 관한 '양배추전략 프레임', 여섯째 남중국해역에서의 미중 간 해양갈등에 관한 '남중국해 분쟁 프레임'이다.

〈그림 4-2〉 중국 해상민병대 단어 간 직간접 MDS[17] 산출 결과

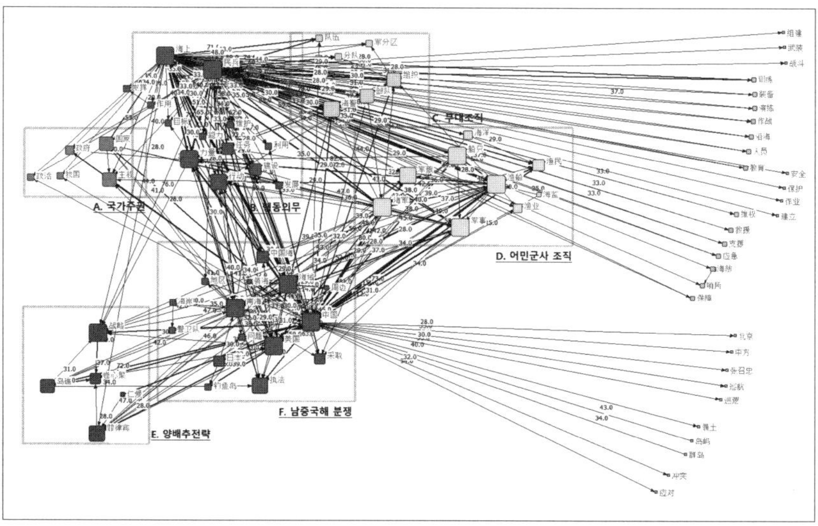

그리고 이들 주요 프레임들 간에는 대부분 상관관계를 나타내고 있었는데, 프레임별로 각자 서로 다른 내용들을 강조하고 있지만 그 중심에는

17 다차원척도법(Multi-Dimensional Scaling)은 단어들 간 연결정도를 거리로 보여준다. 유사성이 높으면 단어들 간 거리가 가깝고, 그렇지 않으면 멀리 떨어져 있다.

해상민병대가 자리 잡고 있어 상호 간 유기적 연결 관계를 확인할 수 있었다.

4. 중국의 해상민병대 SNA 주요 프레임

첫째, '국가주권 프레임'에서는 '국가', '주권', '자국', '정부', '정치' 등의 주요 단어들이 상호 연결되어 있었다. 해상민병대를 통해 중국의 해양주권 확보가 우선시 되어야 함을 강조하는 동시에 이는 중국 정부의 지속적인 해양영토 확장 및 해양패권 도전과 그 뜻을 같이하고 있다.

〈그림 4-3〉 국가주권 프레임

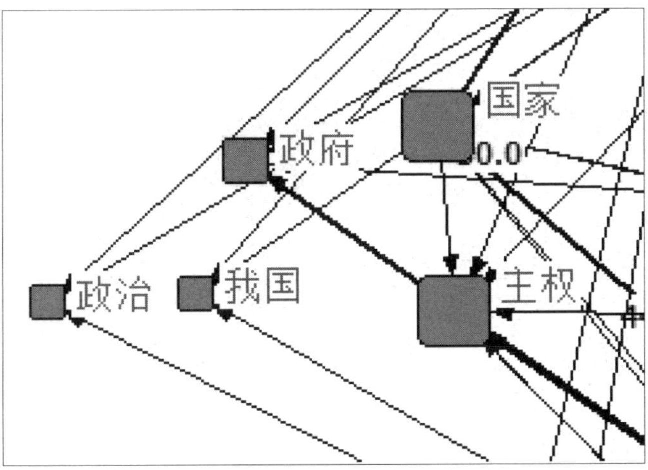

둘째, '행동의무 프레임'에서는 해상민병대를 중심으로 '역량', '행동', '임무', '수호', '목표', '건설', '발휘' 등의 주요 단어들이 상호 연결되어 있었다. 이곳에서는 해상민병대의 창설과 유지가 필수적이며, 이들은 특정 임무, 즉 중국의 해상영토 수호라는 사명을 갖고, 이를 실현하기 위해 부단히 노

력해야 함을 나타내고 있다.

〈그림 4-4〉 행동의무 프레임

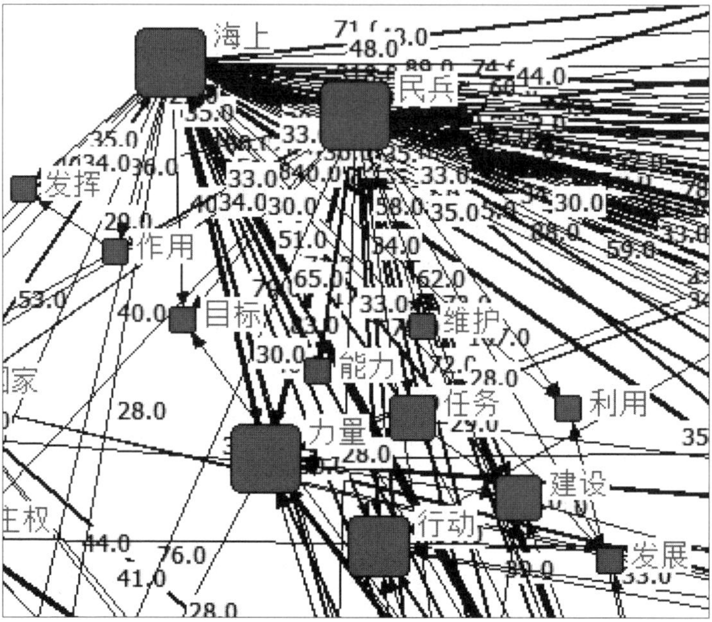

셋째, '부대조직 프레임'에서는 '부대', '분대', '대오', '조직' 외에도 '해경', '군사구역' 등의 주요 단어들이 상호 연결되어 있었다. 해상민병대의 조직 및 전술이 군사 전략전술에 기인하고 있음을 확인할 수 있다. 덧붙여 그 조직형태가 해양경찰과도 관계가 있음을 알 수 있다.

〈그림 4-5〉 부대조직 프레임

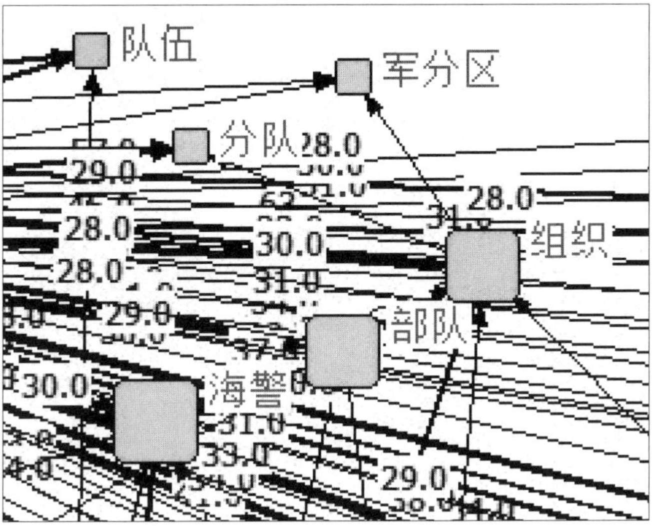

넷째, '어민군사조직 프레임'에서는 '어선', '선박', '어민', '어업' 외에도 '해군', '군사', '군함', '해안' 등의 주요 단어들이 상호 연결되어 있었다. 해상민병대 조직이 일반 어업을 생업으로 하는 어민임을 확인할 수 있고, 이들 어민들은 중국 해군의 군함들과 함께 군사 행동을 전개하고 있음을 알 수 있다.

〈그림 4-6〉 어민군사조직 프레임

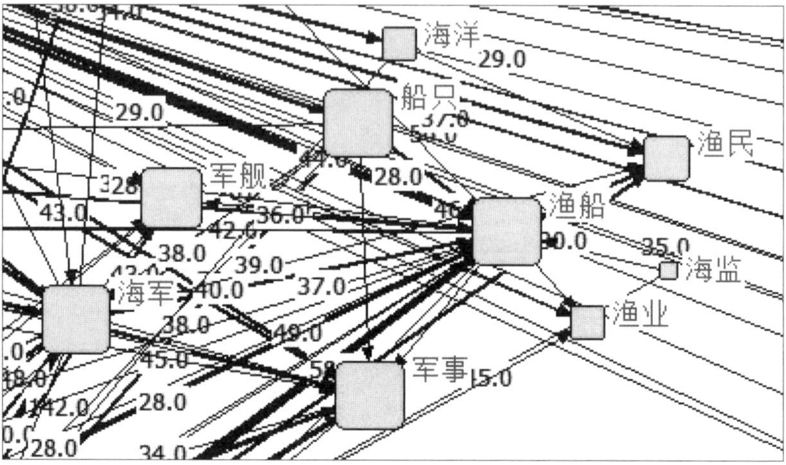

다섯째, ‘양배추전략 프레임’ 중 ‘양배추’, ‘전략’ 단어들은 ‘도서지역’, ‘필리핀’, ‘인애초’ 등의 단어들과 상호 연결되어 있었다. 중국 해군의 해상민병대를 활용한 주요 전략, 양배추전략에 대한 부분을 확인할 수 있고, 이러한 해양전략은 남중국해에서 필리핀과 첨예한 갈등을 이어가고 있는 스프래틀리 군도 내 인애초 주변 해역에서 이루어지고 있음을 알 수 있다.

〈그림 4-7〉 양배추전략 프레임

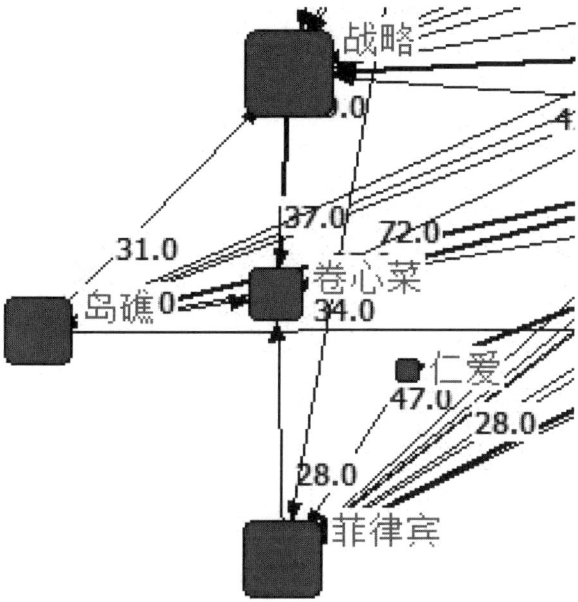

여섯째, '남중국해 분쟁 프레임'에서는 '남중국해', '해역', '중국해', '영해', '주변', '조치' 외에도 '중국', '미국', '일본', '조어도' 등의 주요 단어들이 상호 연결되어 있었다. 남중국해 해역에서 미중 간 해양 갈등과 해양패권 경쟁을 확인할 수 있고, 중국은 해상민병대를 운영하며, 남중국해 해역에서는 미국 그리고 동중국해 조어도 해역에서는 일본과 상호 대립하고 있음을 알 수 있다.

<그림 4-8> 남중국해 분쟁 프레임

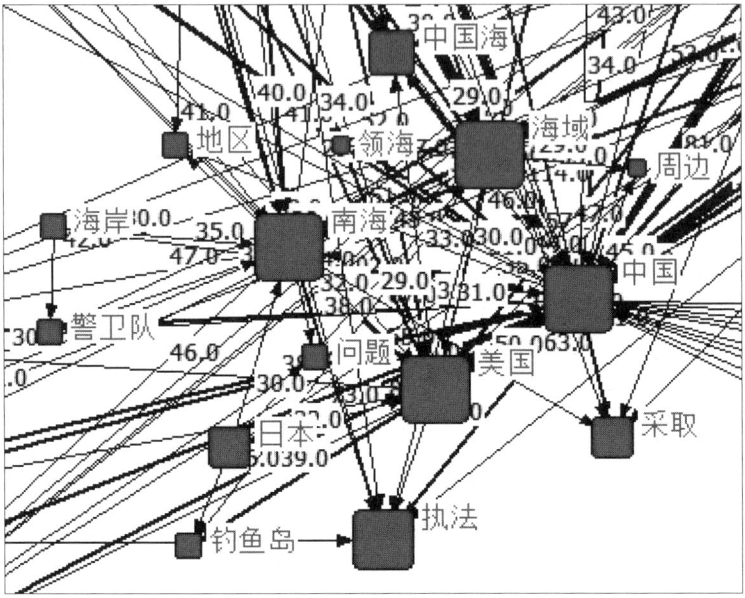

Ⅳ. 분석 결과에 대한 소결

본 연구를 통해 확인된 주요 분석 결과 및 내용 몇 가지를 제시하면 다음과 같다.

첫째, 본 분석을 통해 해상민병대 조직 형태, 목적, 성격 등에 관한 전반적인 내용을 확인할 수 있었다. 해상민병대는 단순하게 민간 차원에서 자발적으로 모집, 운영되는 것이 아닌 중국 정부의 깊은 관여가 있음을 확인했다. 자국의 해양영토 수호 및 해양주권 확보를 위한 내용을 확인했고, 무엇보다 군사 전술작전 관련 용어(대오, 분대, 임무) 및 해군, 해경, 군함, 함선 같은 보다 직접적인 단어들의 등장으로 이를 확인할 수 있었다. 또한 이들 모두 평시에는 어업에 종사하는 일반 어민이되 필요에 따라 해상민병 조직대로 변모하고 있음을 확인했다.

둘째, 이들 중국 해상민병대의 주요 거점지역으로 남중국해를 확인할 수 있었고, 동중국해 조어도 해역에서도 등장하고 있음을 알 수 있었다. 전자의 해역에서는 미국과 필리핀, 후자 해역에서는 일본과 갈등을 빚고 있었다. 실제 남중국해에서는 미국의 항행의 자유 작전에 민감하게 반응하고 있는 중국이며, 이를 두고 미 해군과 첨예한 대립의 각을 세우고 있다. 또한 스프래틀리 군도의 경우 필리핀 주변 해역 암초를 매립하여 군사시설을 배치시켜 해양요새화하고 있는 해역이다. 동중국해 조어도 해역은 2012년 일본 정부의 일방적인 국유화 조치 이후 현재까지도 양국의 어선들이 빈번한 마찰을 빚고 있는 곳이다.

셋째, 이들 해상민병대가 군사조직화 되어 있음은 물론 이들이 해상에서 운용하는 주요 전략전술로써 양배추전략을 확인 할 수 있었다. 주요 해역은 남중국해 스프래틀리 군도 인애초 주변 해역이었으며, 이 해역은 필리핀과 해양 갈등을 겪고 있는 곳이다. 간헐적으로 동중국해 조어도 인근 해역도 함께 등장하고 있었다. 실제 해상민병대의 양배추전략 내용과 상호 연결된 단어들에는 남중국해, 미국, 일본 등이 상대적으로 많이 등장하고 있었다.

넷째, 이상의 내용들은 SNA 분석을 통해 크게 6개의 담론, 즉 '국가주권 프레임', '행동의무 프레임', '부대조직 프레임', '어민군사조직 프레임', '양배추전략 프레임', 그리고 '남중국해 분쟁 프레임'으로 구분되었다. 또한 이들 담론들 대부분은 상호 간 상관관계를 분명히 하고 있었다. '해상민병대'를 중심으로 '중국 정부 또는 중국해군', '주요 해상 전략전술로써 양배추전략', '남중국해 갈등 및 미국과의 해양패권 경쟁' 등의 내용들이 유기적으로 서로 연결되어 있었다.

V. 결론

중국은 분쟁 중인 모든 바다에서 해양관할권 확보를 위해 다각적 전략을 구사해 나갈 것이며, 이 중 양배추전략은 그 실행의 계획성, 점진성에 더해 지능적인 면에서 향후 주변국에게 상당한 부담으로 작용할 것이다. 남중국해에 인공섬을 건설하여 이곳에 거주 및 군사시설을 건설하는데 점차 대범함을 보이기 시작할 것이며, 중국의 해상민병대는 준해상병력으로 성장하여 주변국은 물론 항행의 자유로 오고 가는 미 해군의 군함들을 보다 긴장케 할 것이 분명하다.

해양굴기(海洋崛起)를 주장하는 중국에게 자국의 국가이익과 해양영토 확장은 필수불가분의 관계임으로 해서 해양 경계획정 협상에도 난항이 예상된다. 덧붙여 동편의 미국을 견제할 목적으로 서편의 유럽으로 향해 가는 일대일로(一帶一路) 국가정책 중 남중국해는 해상 실크로드의 시작점이 되는 중요한 해상 경로이다. 중국은 이 해역에 대한 해양패권 경쟁에서 우위를 점하고자 부단히 노력할 것이다. 자연스레 남중국해 전반에 대한 긴장국면이 관련국 간 갈등을 넘어 이 해역의 평화정착에도 걸림돌이 될 것임에 분명하다.

한국 입장에서는 한미관계만큼 중요시 되고 있는 한중관계에서 양국 간 관계 회복 노력을 어떤 방향으로 전개해야 할지에 대한 고민이 깊어질 수밖에 없다. 과거 중국의 영토 확장에 대한 야욕이 동북공정 및 역사왜곡으로 나타났다면, 현재는 해양패권 경쟁을 매개로 자국의 해양영토 확장에 집중하고 있다(주민욱, 2019). 미중 간 남중국해 갈등은 물론 동중국해 해역에서의 한중, 중일 간 현재 표면화된 그리고 잠재된 다양한 갈등들을 보다 현명하게 풀어 갈 필요가 있다. 양국 간 어업협정 역시 난항이 예상되고 있다. 이어도 해역에 대한 한중 간 첨예한 대립은 중국의 해양패권 확장의 야욕과 맞물려 갈등이 점쳐지고 있고, 이 과정 중 상호 간 대화와 협상으로 매듭지어야 할 한중어업협정은 답보상태에 머물러 있다. 이어도 해역을 둘러싸고 근거리 원칙을 기반으로 그 관할권은 한국에 귀속된다는 한국 정부의 공식 입장에 중국은 자세한 설명 없이 '한국이 해당 해역을 한국 것이라 주장한다'고 불만만 제기하고 있다(高岚君, 2014, p. 81). 불행하게도 한중 양국 간 해양문제는 여전히 쉽게 해결될 수 없는 난제로 남아 있다.

본 연구는 이러한 중국의 해양팽창 정책을 살펴보기 위한 기초연구 성격을 갖고 있다. 단순하게 '중국은 해상민병대를 활용하여 남중국해 내 해양패권을 장악하기 위해 노력 중에 있다'보다는 보다 객관화된 수치를 제시하기 위한 시도로써 중국 언론보도에 대한 SNA 분석을 실시한 것이다. 물론 전수조사를 통해 중국 내 해상민병대 그리고 양배추전략에 관한 수집 가능한 모든 텍스트 자료를 수집했음에도 만족할 만한 데이터양이 아니어서 아쉬움이 남는 것도 사실이다. 이는 차후 보다 큰 노력을 투입하여 수집 대상 자료를 확대하고, 더욱 정교한 검색도구를 활용해야 하는 과제이기도 하다.

이러한 후속연구의 확장과 정교화에 보다 세심한 주의를 기울여야 하는데, 이는 결국 중국의 해상민병대 활용 범위가 차후 한국 관할 해양에까지 연장될 가능성이 상당하기 때문이다. 남중국해 분쟁 관련, 동남아시아 주변국이 중국의 점진적 해양확장 정책에 제대로 대응하지 못한다면, 중국은 지속적으로 남중국해 주변국의 살라미를 얇게 썰어 나갈 것이며, 결과적으로 중국의 남중국해에 대한 해양패권 장악은 코앞에 닥친 현실이 되고 말 것이다. 이에 미국은 남중국해에 대한 항행의 자유를 이어가고 있으며, 안보협정국인 한국, 일본 및 동남아시아 국가들과 연대해 나가길 희망하고 있다. 차후 '미–중' 간 혹은 '중–주변국' 간 대규모 대치상황을 겪지 않기 위해 사전에 준비해 나갈 필요가 있다.

동중국해 분쟁과 관련해서도 중국은 중일 양국의 조어도 분쟁에서 이미 양배추전략 및 해상민병대를 활용하여 일본에 대응하고 있다. 중국에게 있어 조어도 해역은 양보할 수 없는 해양주권의 상징이 되었으며, 해당 해역의 영토 귀속문제는 중일 양국의 외교관계 중 민감한 핵심문제로 자리 잡았다(管建强, 2010, p. 54). 중국은 자국의 해양영토를 침범하고, 해양주권을 침해한 일본에 대한 분노를 쉽게 추스르지 못할 것이다. 중국은 오히려 일본이 조어도 해역에 대한 강경입장을 고수하여 문제를 더욱 복잡하게 만들고 있다고 주장하고 있다(闫素娥, 2008, p. 141). 이는 곧 상대의 오판으로 인한 결과는 스스로 책임을 져야 할 것이며, 자신들은 그에 상응하는 강경책을 병행하겠다는 경고를 상대국에 표시한 것이다.

중국은 해양문제 관련 언제 다시 한국과 대립각을 세울지 모를 일이다. 하지만 분명한 사실은 그런 날이 도래한다면, 그 논란 중심에 이어도 논쟁이 포함될 가능성이 상당하다. 자연스레 이어도 해역을 둘러싼 한중 양국의 해양 갈등과 중국의 양배추전략 운용 가능성 증대 문제가 수면 위로 올라올 가능성도 배가될 것이다. 향후 해상민병대의 확장가능성 및 이에 따른 한국의 대응전략 방안을 보다 효율적으로 제시하기 위해 사전에 중국의 해상민병대와 이들의 해상 전략전술에 대한 보다 심도 있는 연구와 분석이 선행되어야 할 것이다.

참고문헌

논문

김주형. “중국의 남중국해 해양관할권 강화정책과 실행에 관한 연구.” 『해양정책연구』 제33권 제1호(2018), pp. 303–330.

주민욱. “한중 해양갈등과 중국의 언론보도 분석: 이어도논쟁을 중심으로.” 『평화학연구』 제20권 제3호(2019), pp. 131–156.

高岚君. “《中韩渔业协定》法律效力分析(〈한중어업협정〉 법적 효력 분석).” 『沈阳工业大学学报』 第7卷 第1期(2014), pp. 79–83.

管建强. “论中日东海划界′领土争端解决的法律方法(중일 간 동중국해 경계획정 및 영토분쟁 해결을 위한 법적 방법에 대한 논의).” 『学术界』 总第144期(2010), pp. 54–64.

何志祥. “谈海上民兵建设‘四纳入’(해상민병 건설의 4가지 포함 요인에 대한 논의).” 『国防』 第4期(2013), pp. 36–39.

寇振云·冯时. “加强海上民兵建设‘四要’(해상민병대 건설 강화를 위한 4가지 요인).” 『国防』 第5期(2016), pp. 41–44.

倪前进. “新形势下加强海上民兵建设‘四要’(새로운 형세 변화하에서 해상민병대 건설 강화 4요인).” 『国防』 第8期(2014), pp. 10–14.

孙铮·李强. “近几场高技术战争中的舆论战及其启示(근현대 발생한 고도기술전쟁 중의 여론전 및 그 시사점).” 『军事经济研究』 第3期(1990), pp. 58–63.

闫素娥. “钓鱼岛问题的历史与现状(조어도 문제의 역사와 현황).” 『北京科技大学学报』 第24卷 第3期(2008), pp. 141–146.

张召忠·刘海鹰. “我国海上战争期间的工业动员(중국의 해상전쟁 시기 중 공업종사 인원).” 『军事经济研究』 第3期(1990), pp. 58–63.

신문기사

"남중국해 '모래장성' 고민하는 미국." 《주간경향》 2015년 7월 7일자.

"미 7함대 사령관 중국 남중국해 분쟁도서서 군용기 시험비행 시 즉각 대응." 《뉴시스》 2016년 2월 16일자.

"中 남중국해 패권 장악 교두보 '탄먼'… 어촌의 민병기지화." 《연합뉴스》 2016년 5월 24일자.

"시진핑, 주석 취임 직후 남중국해 항구부터 찾아가." 《동아일보》 2016년 5월 26일자.

"두테르테가 돌연 시진핑에 등 돌린 까닭은." 《서울신문》 2019년 4월 13일자.

"美 싱크탱크, 中 '남중국해 회색지대 전술'에 대응책 주문." 《연합뉴스》 2019년 6월 29일자.

"자원 노린 中 '양배추 전략' 국제 중재재판으로 제동." 《국방일보》 2019년 9월 27일자.

"我军少将：中国应做好美国介入仁爱礁准备(중국 군 소장: 중국, 미국의 인애초 개입준비에 대비 잘해야)." 《世界新闻报》 2013년 6월 8일자.

"美司令忧中国对美实行'包心菜战略'宣示主权(미 사령관, 중국 양배추전략 실행으로 미국을 향해 주권 선포에 우려 표시)." 《环球时报》 2016년 2월 17일자.

"日媒担忧中国用张召忠"卷心菜战略"夺钓鱼岛(일본매체 중국이 장자이스의 양배추전략을 통해 조어도를 강탈하려 함에 우려 표시)." 《中国网》 2016년 9월 21일자.

제5장
국제법으로 본 중국의 해상민병대

정대진

Ⅰ. 머리말

1982년 유엔해양법협약의 제정 이후 각국의 해양무력조직과 해상군사활동의 양상도 변화하고 있다. 동서 냉전 시대에는 군사적 힘의 경쟁 및 군비 경쟁 차원에서 해군력 경쟁이 이루어졌으나 냉전 이후에는 보다 실질적인 영토와 경제적 이익을 지키기 위한 해양무력조직의 활동이 중요해지고 있다.

각국은 단순한 해군력 경쟁보다도 자국의 영토적, 경제적 이익을 수호하기 위한 활동과 해상 범죄 단속을 위해 해양 법집행기관의 중요성을 강조하고 있다. 해군뿐만 아니라 해양 법집행기관으로서 해안경비대(Coast Guard) 혹은 해양경찰(Maritime Police)의 역할과 위상도 강화되고 있다.

1994년 200해리 배타적 경제수역(EEZ)을 규정한 유엔해양법협약이 본격 발효하면서 이러한 해양 법집행기관들의 중요도는 날로 커지고 있다. 해안경비대 내지 해양경찰을 포함하는 해양 법집행기관들은 자국의 담당 해역에서의 관할권 행사에서부터 원해까지 그 활동영역이 확대되고 있는 추세이다. 해양 경계 미확정으로 인한 분쟁과 인접국 간의 역사적 주장에 따른 영유권 분쟁 등이 빈번해지면서 근해뿐만 아니라 원해로 활동범위가 확대되고 있다.

해군력이 직접 투사되기 직전까지 이들 해양 법집행기관들은 평시에 기본적인 경찰 임무를 수행하면서 동시에 해군과 합동작전을 펼치는 경우도 있고 필요에 따라 단순 수상활동을 넘어선 해상항공작전까지도 그 소요가 제기되고 있다. 해양 법집행기관에 해양이익 수호를 위한 입체적인 역할과 기능이 요구되고 있는 것이다.

국가의 해양이익수호를 위한 해양 법집행기관의 필요성과 위상이 강화하는 가운데 준군사조직에 준하는 역할과 기능을 수행하는 해양무력조직이 등장하고 있으며 최근 동아시아 역내에서는 중국의 해상민병대와 관련한 문제가 주요 현안으로 제기되고 있다.

해상민병대란 형식적으로 일반 어민과 민간 상선 승조원이지만 군사 훈련을 받거나 군사적 지휘통제 계통에 있는 사람들을 뜻하며, 필요한 경우에 어선에서 군사 지원 임무를 수행하는 조직을 의미한다. 1980년대 중국 정부는 해상민병대를 자국의 해양이익 수호를 위한 주요한 정책 수단으로 활용해 왔다.

중국의 해상민병대는 군의 지시를 받아서 해상시위에 참가하거나 물자 운반 지원활동, 외국 어선 추방에 적극 관여한 것으로 알려졌다. 최근 몇 년 사이에 남중국해에서 미 해군 소속의 과학조사선의 항로를 방해하거나 베트남과 석유탐사를 둘러싼 해상대치, 스카보로우 환초 주변에서의 반 필리핀 해상시위 등을 중국 해상민병대가 주도적으로 실행한 것으로 알려져 있다.[1]

2016년 8월에는 일본의 센카쿠 열도 해역에 어선들이 진입한 적이 있는데 일본 해상보안청은 이들을 중국의 해상민병대로 추정하고 있다. 같은 해 11월 미국의 태평양 함대 사령관도 중국의 해상민병대에 대해 우려를 표한 적이 있다. 당시 미 태평양함대 사령관은 중국의 해상민병대가 매우 잘 조직되어 있고, 시진핑 주석의 해상민병대 시찰과 격려가 있었다고 지적했다. 하지만 중국 측에서는 이들과 정부와의 관계를 부인했으며, 해상민병대로 추정되는 어부들에 대해서도 강한 햇빛을 피하기 위해 위장복을 입어 별도의 조직처럼 보인 것이라고 주장했다.[2]

미 태평양함대 사령관이 제기한 시진핑 주석의 해상민병대 시찰은 2013년 4월에 이루어졌다. 시 주석은 당시 국가주석에 취임한 지 한 달가량밖에 지나지 않은 임기 초반이었으며, 당시 언론보도에 따르면 중국 정부는 해상민병대 참가 선박들에게 각종 지원금과 유류비 등을 지급하고 있다는 의혹이 제기됐다.[3]

홍콩 사우스차이나모닝포스트(SCMP)는 2016년 5월 24일자 보도에서 중국 정부가 동중국해와 남중국해에 인접한 제장, 푸저우, 광동, 하이난 지역의 어선과 어민들을 상대로 군사 훈련을 실시한다고 하면서, 하이난성 동부 지역 '탄먼(潭門)'이 해상민병대의 주요 기지라고 보도했다.

한국 정부는 평시에는 생업에 종사하다가 전시가 되면 군으로 편입할

---

1 이서항, "중국의 새 어민세력 '해상민병'을 경계하자," 『KIMS Periscope』 No.76 (2017.3.21.) 참조; 최현호, "중국 해상무력의 새로운 축-중국 해경과 해상민병대," 『국방과 기술』 제465호 (2017.11) 참조.

2 Christopher P. Cavas, 'China's Maritime Militia a Growing Concern,' defensenew.com, 2016. 11. 21.

3 《연합뉴스》, '中 남중국해 패권 장악 교두보 '탄먼'… 어촌의 민병기지화', 2016. 5. 24.

수 있는 중국 해상민병 수를 전체 중국 민병 800만 명 중 3.7%인 약 30만 명 규모로 보고 있다. 중국은 어선들이 행동에 나설 경우 군사적 대응을 촉발할 가능성이 낮기 때문에 이 해상민병대를 점점 더 빈번하게 활용하고 있다.[4]

지난 2019년에는 미국 해군참모총장이 공개적으로 중국어선들의 공격적인 행동에 대해 강력한 문제 제기와 경고를 하기도 했다. 리처드슨 총장은 2019년 1월에 선진룽(沈金龍) 중국 해군사령관을 만나 중국의 군이나 해경이 협력하는 중국어선들을 앞으로 해군과 다르게 대하지 않을 방침이라는 미 해군의 입장을 공식 전달했다. 이어 2019년 4월에는 미 해군은 앞으로 모든 이들에게 보장된 해상 및 영공에서의 권리와 자유, 합법적 사용을 보호하기 위해 합법적이고도 일상적인 작전을 지속적으로 수행할 것이라고 밝혔다.[5]

중국 정부는 해양이익을 공격적으로 관철하기 위해 다양한 수단을 동원하고 있는 정황이 곳곳에서 드러나고 있으며 해상민병대가 그 중심에 있다고 할 수 있다. 중국의 해상민병대가 다른 나라의 어민들이나 해안경비대, 해군 등과 충돌할 경우 자국 어민을 보호한다는 명분으로 중국의 해경이나 해군이 출동할 수 있어서 결코 해상민병대의 존재와 활동 상황을 과소평가하거나 이들을 단순 보조 수단이나 주변 기관으로 평가절하할 수 없는 상황이다.

중국 해상민병대의 활동은 남중국해에서 많이 포착되었지만 일본과 분쟁 중인 센카쿠 열도 일대의 동중국해로 그 범위가 점차 확대되었고, 우

4 《동아일보》, '美해군, 中어선 작전수행에 "군으로 간주해 대응" 경고', 2019.4.29.

5 *Financial Times*, US warns China on aggressive acts by fishing boats and coast guard, 2019.4.28.

리나라는 이러한 상황을 주의 깊게 지켜보고 대비책을 마련해야 한다. 우리나라는 제주도 남방 이어도 인근 및 서해 일대에서 배타적 경제수역 획정 문제로 중국과 갈등의 소지가 다분하다. 때문에 중국이 우리나라를 압박하기 위해 해상민병대를 동원한 갈등 격화 전략을 동원할 가능성도 배제해서는 안 된다.

이에 대비하기 위한 국제법적 차원의 점검을 하는 것이 본 연구의 목적이다. 중국 해상민병대는 평시(non—warfare military operations)와 전시(wartime military operations)의 어느 쪽에도 속하지 않는 모호성(ambiguity)을 특징으로 하며 이는 회색지대의 영역에 속한다. 평시와 전시의 중간상태에서 분쟁과 무력충돌이 발생하나 전쟁의 발발상태는 아닌 상황이 중국 해상민병대와 관련하여 전개되는 것이며, 따라서 이에 대해서는 국제법적으로 전시상태를 다루는 국제인도법과 평시상태에서의 해상 법집행조치를 다루고 있는 국제해양법의 양 측면 모두 고찰이 필요하다. 이하에서 국제인도법과 국제해양법의 관련 원칙과 쟁점 및 대응 방향을 검토한다.

Ⅱ. 국제인도법상의 관련 원칙과 쟁점

1. 국제인도법과 민간인 보호

20세기 양차 세계대전 수준의 전면전은 일어나고 있지 않지만 21세기 국제사회에서도 무력충돌은 끊이지 않고 있다. 개별국가들은 자국의 이익을 수호하기 위해 최후수단으로 무력충돌을 불사하고 있다. 하지만 이러한 무력충돌은 무제한적인 것이 아니며 현행 국제법에서도 규제되고 있다.

무력의 위협 또는 사용의 금지는 UN헌장과 국제관습법으로 확립된 원칙이다. 하지만 유엔헌장 제2조 4항의 무력(force)의 정의에 대해 명확한 합의가 이루어지지 않았다. UN헌장 기초 당시부터 무력의 개념이 정의되지 않았고 총회나 국제사법재판소(ICJ)도 명확히 개념 제시를 하지 않았다. 구 공산권 국가들과 아시아–아프리카(AA) 국가들은 군사력 외에도 정치적·경제적 압력도 무력의 범위에 포함시켜야 한다고 주장하기도 했다.[6] 이러한 논란이 있기는 했으나 현재 대체적으로 무력은 군사력을 의미하는 것으로 보는 견해가 지배적이다.[7]

이러한 무력의 사용을 최대한 억제하고 전쟁목적을 넘어선 군사행위를 금지시키겠다는 국제사회의 합의는 20세기에 제네바법과 헤이그법의 형태로 발전하여 국제인도법을 확립시켰다. 헤이그법은 군사작전을 수행함에 있어서 교전 당사자인 각국의 권리와 의무를 규정했다. 헤이그법의 내용들은 주로 1899년 체결되었고, 1907년에 개정된 헤이그 각종 협약의 결과물을 통칭한다.

헤이그법에는 '헤이그'(The Hague)라는 명칭이 따라 붙지 않는 여러 협약도 포함되며 대표적인 사례로는 질식성· 유독성 가스 및 세균학적 무기를 규제하는 1925년 제네바 의정서(Geneva Protocol)와 전시에 특정 발사체 사용을 금지한 1958년 상트페테르부르크 선언(St. Petersburg Declaration) 등을 들 수 있다. 1949년에는 헤이그법의 기본정신인 무차별 전쟁으로부터 일반주민을 보호하려는 국제적십자위원회의 노력이 제네바에서 민간인협약

---

6 Dinniss, Heather Harrison, Cyber Warfare and the Laws of War, Cambridge University Press, 2014, pp. 52–61.

7 Yoram Distein, War, Aggression, and Self-Defence, 3rd ed, Cambridge University Press, 2001, p. 86.; 최영진, "국제법상 전시 민간인 보호에 관한 연구," 『강원법학』 57호(2019.6), p. 291.

의 형태로 조인되기도 했는데 비록 협약 조인 장소가 제네바이기는 하지만 그 기본정신과 원칙상 헤이그법의 일부로 보는 견해도 있다.[8]

헤이그법이 국제인도법의 기본정신을 정의하는 광의의 국제인도법이라고 한다면, 제네바법은 협의의 인도법으로 구별해 볼 수 있다. 제네바법은 "전투능력을 상실한"(hors de combat) 전투원뿐만 아니라, 적대행위에 가담하지 않는 자를 보호하고자 하는 인도주의적 본질과 원칙을 추구하고 있으므로 국제적십자위원회의 이념을 구체화한 것이라 할 수 있다.

제네바법은 1949년 이래 '제네바'라는 명칭이 붙은 4개의 협약으로 구성되어 있다. 총 4백여 개의 조문을 가진 일련의 협약들은 무력충돌 시에 개인에게 부여하는 보호를 규정한 국제법의 표준이다. 1977년 제네바 협약들과 2개의 추가의정서는 전체적으로 500개가 넘는 조항들로 구성되어 있고, 전쟁포로에 대한 정의에서부터 내전 중에도 보존되어야 할 문화적 유산들을 규정하는 등 광범위한 전쟁수행 중 지켜져야 할 인도적 원칙과 정신들을 구체화하고 있다.[9]

헤이그법과 제네바법에서 공통적으로 규정하고 있는 가장 중요한 기본원칙은 민간인과 전투원을 명확하게 구별하여 민간인을 무력충돌과 공격대상에서 제외하고 민간인 보호를 최대한도로 확보한다는 것이다. 이는 구별의 원칙으로 정립되어 있으며 이 원칙에 따라 민간인과 민간 목표물들을 보호하고 전투원과 비전투원의 구별을 확립하는 것이 국제인도법의 기본

---

8 최은범, "국제인도법의 발전과 전시 민간인보호에 관한 연구", 경희대학교박사학위논문(1986), pp. 14-16.

9 Nina Tannenwald, "Assesing the Effects and Effectiveness of the Geneva Convetions," Do the Geneva Convention Matter?, Oxford University Press, 2017, p. 9.; 최영진, "국제법상 전시 민간인 보호에 관한 연구," 『강원법학』 57호(2019.6), p. 292.

이다.

구별의 원칙은 전투행위와 그 효과로부터 민간인을 보호하는 데 주목적이 있으며, ICJ는 1996년 권고적 의견을 통해 이 원칙을 국제인도법을 구성하는 가장 중요한 원칙으로 제시한 바 있다. 전쟁을 수행중인 국가들은 민간인을 공격목표로 삼아서는 안 되며 민간인과 군사목표를 분리하지 않는 무기의 사용도 결코 있어서는 안 된다고 하고 있다.[10]

이러한 원칙과 정신은 1949년 제네바 제4협약에서 점령지 민간인들에 대한 인도적 대우, 중립지역 민간인들의 생명과 재산 존중, 군사적 목표에 대한 이성적인 범위 내에서의 물리력 사용, 병원과 문화적 장소에 대한 공격 금지, 전쟁범죄로 기소된 적군에 대한 공정한 재판, 점령지역에서의 공공서비스 제공, 사용 가능한 무기의 제한 등의 내용으로 명문화되어 있다.[11]

하지만 "민간인을 공격해서는 안 된다"는 명시적인 규정이 없다는 이유로 민간인 보호를 위한 구별의 원칙을 본질적으로 구현하기 위해 추가적인 검토가 필요하다는 의견도 있다.[12] 제네바 제4협약에서 적대행위에 참가하지 않은 민간인 보호에 관한 조항은 14개 조문[13]이 있는데 여기에 민간인

---

10 ICJ, Legality of the Threat or Use of Nuclear Weapons, Advisory Opinion, 1996 I.C.J. 226, 78 (July 8).

11 최영진, "국제법상 전시 민간인 보호에 관한 연구," 『강원법학』 57호(2019.6), pp. 292-293.

12 이하의 내용에 대해서는 김병렬, "4세대 전쟁에서의 민간인의 보호를 위한 국제인도법에 관한 일고," 『국제법학회논총』 제55권 제1호(2010.3), pp. 64-65 참조.

13 제13조: 인종·국적·종교 또는 정치적 의견의 차이에 의하여 불리한 차별금지, 제14조: 폭격으로부터 민간주민을 보호하기 위한 병원 및 안전지대의 설치, 제15조; 적대행위에 참가하지 않은 민간인을 보호하기 위한 중립지대의 설치, 제16조; 부상자·병자·허약자 및 임산부의 특별한 보호 및 존중, 제17조; 공격 또는 포위된 지역으로부터의 부상자·병자·허약자·노인·아동 및 임산부의 철수, 동지역으로

공격 금지를 직접적이고도 전면적으로 금지한 조항이 없다는 점, 국제 무력 분쟁에 적용되는 제1추가의정서나 비국제 무력분쟁에 적용되는 제2추가의정서에도 민간인 공격 금지에 대한 직접적인 규정이 없다는 점을 문제로 제기하고 있는 것이다.

1949년 제네바 제4협약은 제2차 세계대전에서 발생한 막대한 민간인 피해를 추후 전쟁에서 방지하기 위한 목적으로 규정되다 보니 대부분의 내용이 점령지역 내의 적 국민과 일방 충돌 당사국 내에 억류된 적국 민간인의 보호에 관한 내용으로 되어 있는 한계가 있다는 것이다. 이는 제2차 세계대전에서의 경험만을 참고로 하여 채택되었기 때문이라는 설명이다.

제네바 제4협약 중 제51조 1개 조문에서만 "민간 개인은 물론 민간 주민도 공격 대상이 되지 아니하며, 민간 주민 사이에 테러를 주목적으로 하는 폭력행위 및 위협은 금지된다.…… 우발적인 민간인 생명의 손실, 민간

향하는 종교요원·의무요원 및 의료기재의 통과를 위한 지역적 협정의 체결 노력, 제18조: 민간병원 공격 금지, 제19조: 민간병원이 향유할 수 있는 보호는 그러한 병원이 그 인도적인 임무를 벗어나 적에게 유해행위를 하도록 사용된 경우를 제외하고는 소멸되어서는 안됨, 제20조: 민간병원의 운영 및 관리에 정규로 또는 전적으로 종사하는 자는 존중되고 보호되어야 함, 제21조: 민간인 부상자 및 병자·허약자 및 임산부를 수송하는 육상의 호송차량 또는 병원열차 또는 해상의 특수 선박은 존중 및 보호되어야 함, 제22조: 민간인 부상자 및 병자·허약자 및 임산부의 철수 또는 의무요원 및 의료기구의 수송을 위하여 사용되는 항공기는 특별히 합의된 고도, 시각 및 항로에 따라 비행하고 있는 동안 공격되어서는 아니 됨, 제23조: 15세 미만의 아동 및 임산부에게 송부되는 긴요한 식료품·피복 및 영양제 등의 탁송품은 자유로이 통과가 허용되어야 함, 제24조: 전쟁고아 및 가족과 헤어진 아동의 부양 및 교육을 보장하기 위해 필요한 조치와 무력 분쟁 기간 중 아동이 중립국에 수용되도록 편의가 제공되어야 함, 제25조: 무력충돌 기간 중 가족 간의 통신권이 인정되어야 함, 제26조: 이산가족의 재회를 위한 조회에 편의를 제공해야 함.

인에 대한 상해, 민간물자에 대한 손상 또는 그 복합적 결과를 가져올 우려가 있는 공격으로서 소기의 구체적이고 직접적인 군사적 이익에 비하여 과도한 공격을 해서는 안 된다"고 규정한 것이 민간인 공격에 대해 보다 직접적으로 다루고 있는 규정의 전부인데, 그것도 민간인을 공격해서는 안 된다는 직접적 내용이 아니고 공격의 대상이 되지 아니한다는 점과 과도한 공격을 해서는 안 된다는 내용으로 되어 있어 간접적인 성격이 강하다. 민간인이 공격 대상이 되지 아니한다(shall not be the object of attack)는 내용과 과도한 공격(an attack which would be excessive)을 해서는 안 된다는 내용(shall not be attacked)은 분명 차이가 있다. 전자가 간접적인 규정이라면 후자는 직접적인 규정이다.

간접적 규정으로만 민간인 규율을 하다 보면 민간인에 대한 공격을 하고도 민간인을 직접 공격의 대상으로 한 것이 아니고 그 옆에 있는 전투원 또는 전투 물자를 공격 대상으로 한 것이라고 변명하거나 애초 과도한 공격이 아니었다고 상황을 무마할 수 있는 여지가 생긴다. 반면에 공격해서는 안 된다는 직접 규정을 하면 민간인에 대한 공격 후에는 반드시 공격 당사자가 비례성의 원칙 등에 입각해 이를 정당화하지 않는 한 위법성을 면하기 어렵게 되므로 무력충돌 시 행위 당사자가 무력을 행사할 때에도 더욱 신중을 기하게 하는 결과를 가져올 수 있다.

이러한 국제인도법에 대한 문제 제기와 검토의견은 전쟁의 양상이 정규군 대 정규군의 틀을 벗어나 테러리즘과 비정규전, 사이버전 등 다양한 양상으로 나타나는 현대 사회에서 매우 타당한 문제 제기라고 할 수 있다. 또한 이러한 문제 제기는 중국 해상민병대와 같은 회색지대 전략이 노골화되는 현시점에서도 과제를 던져주고 있다.

복잡한 현대전의 양상 속에서 순수 민간인을 적극적으로 보호하기 위한 국제인도법의 재검토와 개선이 필요하지만 동시에 회색지대 전략과 같은 새로운 도전에 직면하여 국제인도법은 구별의 원칙을 어떻게 보다 세분화하고 구체화할 것인가 하는 과제를 맞이하고 있다. 이하에서 중국 해상민병대와 관련하여 구별의 원칙을 적용하는데 역사적 배경이 되는 어선보호의 원칙을 정리하고, 관련하여 구별의 원칙 적용 방향과 쟁점에 대해 살펴보기로 한다.

2. 국제인도법과 중국 해상민병대

1) 국제관습법상 어선보호의 원칙

국제법상 군함이 아닌 민간 어선을 전쟁 중이라도 보호하는 원칙은 이미 중세 유럽에서부터 나타났다. 1403년 10월 26일 영국의 헨리4세는 프랑스 어선들이 Grvelines항과 Thanet 섬으로부터 Seine 하구와 Hautuone항까지 어로활동을 허가하는 포고령을 발표했다.[14]

100년 후 스페인과 프랑스는 양측 어디로부터도 어로활동의 방해를 하지 않는다는 조약을 맺기도 했다. 유사하게 1536년과 1554년에 프랑스와 독일도 청어잡이 어부들을 보호한다는 선언을 하기도 했다.[15]

이러한 관행은 스페인과 포르투갈, 영국 사이에 일관되게 확립되었고, 1653년, 1665년, 1672년의 전쟁에서도 재확인되었다. 프랑스와의 전쟁 중인 1672년, 1689년, 1702년에도 이 원칙은 다시 확인되었다. 1675년 프랑스와 네덜란드는 프랑스, 네덜란드, 영국 간의 전쟁 동안 연안 인근의 어선

14 The Paquete Habana, 175 U.S. 677, 689-90 (1900).

15 Treaty between Charles V, Emperor, and Francis I, King of France, for the Freedom of Fishing, Oct. 2, 1521; The Paquete Habana, 175 U.S. 687-88 (1900).

을 보호하는 협약을 체결했다.[16]

미국 독립전쟁 당시 프랑스의 루이16세는 1779년 6월 5일 영국 어민들을 인도적 원칙에 따라 보호할 것을 명령하기도 했다. 루이16세는 상대국도 이와 같은 원칙을 지키기를 희망했다. 1780년 4월 11일 영국 해군고등법원(High Court of Admiralty)은 50톤 이하의 어선은 우선 나포대상에서 제외하기로 결정했다. 1780년 11월 6일 프랑스는 네덜란드에서 수산물을 이송하던 영국 어선 John and Sarah호를 억류하는 것이 불법이라고 선언하기도 했다.[17]

또한 존 아담스, 벤자민 프랭클린, 토마스 제퍼슨은 미국과 프러시아의 조약에서 비무장 어민들의 자유를 보장할 것을 주장했고 이는 협약문에 반영되었다. 1799년과 1828년 조약에서 미국과 프러시아는 이 같은 내용을 확인했다. 프랑스대혁명 기간이던 1793년 10월 2일 프랑스 국민공회는 프랑스 어민을 억류하고 있는 영국에 대한 보복을 승인하기도 했다. 3년 후인 1796년 7월 프랑스는 억류 중인 자국 내의 영국 어부들을 포로로 보지 않고 즉각 석방하는 조치를 취했다.[18]

하지만 1798년 1월 24일 영국은 프랑스와 네덜란드 어민 나포를 승인했다. 1798년 4월 나포된 The Young Jacob and Johanna호와 The Noydt Geddacht호에 대해서 해군고등법원은 소형 네덜란드 어선도 전리품으로 판결했다. The Young Jacob and Johanna호에 대한 재판 중 William Scott 경은 나포와 억류 건은 법적인 결정이 아닌 국제예양에 관한 것이라고 주장

16 The Paquete Habana, 175 U.S. 688 (1900).
17 The Paquete Habana, 175 U.S. 690 (1900).
18 The Paquete Habana, 175 U.S. 691 (1900).

하기도 했다.[19]

프랑스대혁명 기간 동안 프랑스도 한때 이러한 접근을 따르기도 했으나, 1800년 3월 27일 어선과 어민이 비무장상태이거나 정보수집활동에 관여하지 않는 한 중립을 유지한 것으로 간주하는 1780년 루이16세의 포고령을 재확인하는 결정을 내렸다. 2개월 후에 영국도 어선을 전리품으로 나포하는 행위를 포기하는 정책을 발표했다. 그러나 프랑스 무장어선이 발견되어 이러한 상황은 오래가지 못했다. 1801년 1월 21일 영국은 어선 나포를 승인하는 명령을 발동했다. 이에 대한 항의로 나폴레옹은 런던주재 전권대리인을 소환했다. 하지만 보복조치는 단행하지 않았다. 프랑스 어민들을 나포 대상에서 제외하는 영국의 정책은 1801년 3월 16일 재개되었다.[20] 이러한 일련의 사건에도 불구하고 연안의 양국 어선들은 나폴레옹 전쟁 기간에도 크게 해를 입지 않았다.[21]

미국–멕시코 전쟁 기간 동안에도 미 해군 제독 David Conner는 같은 견해를 가지고 상황에 대응했다. 멕시코만과 Veracruz, Alvarado, Tampico, Matamoros를 봉쇄하던 임무를 수행하던 Conner 제독은 1846년 5월 14일 멕시코 어선들의 연안 어로활동을 방해하지 않을 것임을 선언했다. 같은 해 6월 미 해군은 이 칙령을 승인했다.[22] 1847년 3월 Conner 제독은 Veracruz를 점령하는 상륙작전에 성공했고 이후 1848년 멕시코와의 평화협정에서는 미국이 프러시아와 체결했던 어선보호에 관한 조항이 반영되기도

---

19 The Young Jacob and Johanna (1798), in 1 Christopher Robinson, Reports of Cases Argued and Determined in The High Court of Admirality 20 (1853)

20 The Paquete Habana, 175 U.S. 692 (1900).

21 The Paquete Habana, 175 U.S. 696 (1900).

22 The Paquete Habana, 175 U.S. 696 (1900).

했다.[23]

유사하게 1854년 크리미아 전쟁, 1859년 프랑스–오스트리아 전쟁, 1870년 오스트리아–독일 전쟁에서도 연안 어선에 대한 보호원칙이 지켜졌다. 미국은 남북전쟁 기간에도 이 원칙을 자국 내에서 적용했다. 북부 연방군 Henry Halleck 장군은 영국과 프랑스의 역사적 관행을 인용하며 어선들에 대해 해군력의 행사를 제한했다.

1894년 중일전쟁에서도 이 원칙은 적용됐다. 일본제국함대는 중국 연안 어선의 어로활동의 자유보장은 물론이고 과학조사, 자선, 종교 임무를 수행하는 항해도 방해하지 않는다고 선언했다.[24]

미국 대법원은 1898년 미국–스페인 전쟁 중 전쟁 사실과 봉쇄를 모르고 쿠바 연안에서 어로작업을 했던 쿠바 선박 파켓 하바나호, 로라호가 연안에서 전리품으로 몰수된 사건에 대하여, 전쟁 기간 중 민간 어선의 보호는 오랜 기간 독립적이고 확립된 국제관습법의 영역에 속한다고 판단했다.[25] 이러한 원칙은 지금까지 계속되고 있다.[26]

하지만 민간 어선에 대한 보호는 전쟁목적을 위하여 작전을 수행하거나 적에게 지원이나 정보를 제공하는 경우에는 적용되지 않는다. 실제 현장에서는 어로활동과 적군지원활동이 명확하게 구별되지 않는 경우가 많다. 미국–스페인 전쟁 중 미 해군장관은 쿠바 어선이 적을 돕는 것 같다는 판단하에 나포를 명령했던 것이다. 그러나 대법원은 파켓 하바나호와 로라호

23 The Paquete Habana, 175 U.S. 699 (1900).

24 The Paquete Habana, 175 U.S. 700 (1900).

25 The Paquete Habana, 175 U.S. 708 (1900).

26 James Kraska, Michael Monti, "The Law of Naval Warfare and China's Maritime Militia," 91 International Law Studies, p. 463.

가 비무장상태였기 때문에 나포가 부적합하다고 판시[27]하는 등 실제 현장에서의 혼란은 역사에서도 전해진다.

이런 혼란에도 불구하고 파켓 하바나호 사건 판결은 1901년 미 해군대학에서 정리 발간되었고, 해전 제1규칙으로 여겨지고 있다. 1863년 Liber 규칙과 마찬가지로 해전규칙은 미 육군에도 일반명령으로 반영되었고 나아가 관습국제인도법을 형성하게 되었다.[28]

국제인도법상으로는 1907년 헤이그협약(Convention (XI) relative to certain Restrictions with regard to the Exercise of the Right of Capture in Naval War. The Hague, 18 October 1907)에 다음과 같이 반영되기에 이른다.

> Art. 3. Vessels used exclusively for fishing, along the coast or small boats employed in local trade are exempt from capture, as well as their appliances, rigging, tackle, and cargo.
>
> They cease to be exempt as soon as they take any part whatever in hostilities.
>
> The Contracting Powers agree not to take advantage of the harmless character of the said vessels in order to use them for military purposes while preserving their peaceful appearance.

이러한 원칙은 현대 국제인도법의 주요 원칙으로 자리 잡았고, 전 세계

---

27 The Paquete Habana, 175 U.S. 708, 714 (1900).

28 James Kraska, Michael Monti, "The Law of Naval Warfare and China's Maritime Militia," 91 International Law Studies, p. 464.

주요 국가의 해군들은 해전에서 이 원칙을 준수하고 있다. 하지만 해상 현장에서 중국 해상민병대와 같이 명확한 구별이 어려운 경우가 발생하여 문제가 발생하고 있다.

2) 구별의 원칙과 중국 해상민병대

앞서 살펴본 바와 같이 수 세기 동안 민간 어선은 해전에서 보호를 받는다는 원칙이 확립되어 왔는데 이는 1900년 파켓 하바나호 사건에서도 주지한 바와 같다. 이 판결을 통해 해상에서 군사공격으로부터 보호를 받는 민간 어선의 지위와 구별의 원칙은 실체법적으로도 확립되었다.[29]

이러한 원칙에 비추어볼 때 중국의 해상민병대는 어선과 해군 기능의 구별과 인지를 모호하게 하는 위험성을 내포하고 있으며, 현대국제법에서 확립된 원칙을 훼손하는 새로운 현상이다. 구별의 원칙에 따르더라도 합법적인 군사목표에 대한 공격에서 민간인의 부수적 피해가 발생할 수 있음은 국제법에서도 수용하고 있지만 여기에도 비례성이 지켜져야 한다. 하지만 중국 해상민병대의 경우 어선 그 자체가 기동을 하는 것이어서 애초부터 군사목표물로 삼을 수 없는 대상이라 일선 현장에서 매우 큰 혼란과 법적 논란을 불러일으킬 수밖에 없다.

구별의 원칙에 따르면 적대행위에 직접적으로 가담한 사람들과 적대행위 자체에 가담하지 않거나 전투능력을 상실한 인원들로 구별이 반드시 되어야 하며 군사적 공격은 전투원과 적대행위에 참여하는 사람들에게만 초점이 맞추어져야 한다.

29 Fishing Vessels Exempt from Capture, 13 Harvard Law Review 594, 594–95 (1900).

중국 해상민병대와 관련한 문제의 쟁점은 비무장한 어선이 무장한 군함에 대해 항로방해나 해상대치를 시도하는 경우 이를 적대행위로 간주할 수 있는지 여부이다. 비무장 어선 대 무장 군함의 프레임으로 보면 적대행위 자체가 성립할 수 없다는 논지가 전개될 수도 있고, 군함에 대한 공격뿐만 아니라 정상적인 활동 자체를 방해하는 행위도 적대행위에 포함한다고 보는 견해가 성립할 수도 있다.

현대전의 양상이 정규군 간의 전투행위로만 이루어지는 것이 아니라 전방과 후방의 경계가 모호하고 테러와 사보타주 같은 행위도 적대행위로서의 효과를 충분히 가지고 있다는 점 등을 고려할 때 중국 해상민병대의 활동은 충분히 상대방에 대한 적대행위로 간주될 수 있다. 또한 항해의 자유를 방해하거나 무해통항권을 현저히 훼손하는 경우도 적대행위에 준하여 대응을 할 수 있어야 할 것이다.

적대행위는 행위 주체의 적대성에 대한 인식과 고의뿐만 아니라 적대행위의 객체인 상대방이 인식하는 위협도 고려하여 판별해야 할 것인데, 중국 해상민병대의 활동은 수십 척의 선박이 우발적으로 상대방에 대한 해상활동 차단을 시도할 개연성이 거의 없다는 점을 고려할 때 적대성에 대한 고의가 다분하며 해상활동을 차단당하는 상대방이 인지하는 위협도 상당하므로 적대행위에 대한 주관적·객관적 요건을 충족한다고 보인다.

또한 중국 해상민병대의 조직적 특성을 보았을 때 국제인도법상 순수 민간인 지위를 적용하여 이들에 대한 보호를 해야할지에 대해서도 의문이다. 물론 중국 해상민병대와의 충돌상황이 전쟁개시에 관한 법(jus ad bellum), 전시국제법(jus in bello)이 전면 적용되는 상황이 아닌 회색지대의 영역에 있어 문제시될 수 있으나, 그 조직적 특성 자체로 보았을 때 순수 민간인으로 보기에는 무리가 있다.

제네바협약 제1추가의정서에는 국제적 무력충돌 상황에서 민간인을 무력충돌 당사국 군대의 구성원(정규군, 민병대, 의용대)이나 군민병[30]이 아닌 사람이라고 정의한다. 제네바협약 제1추가의정서는 군대의 개념을 "자기 부하의 지휘에 관하여 책임을 지는 지휘관 휘하에 있는 조직된 무장병력, 집단 및 부대로 구성된 무장단체"로 규정한다(제43조 제1항). 정규군대 외에 민병대가 교전자로서 인정받기 위해서는 ①부하에 대해 책임을 지는 자가 지휘해야 하며, ②멀리서 식별 가능한 특수 휘장을 부착하고, ③무기를 휴대해야 하며, ④작전수행에 있어서 전쟁법과 관련 국제관습법을 준수한다는 이른바 '교전자 자격의 4원칙'이 적용되어야 한다. 단지 자발적, 산발적, 비조직적인 형태로 직접 적대행위에 가담하는 사람들은 모두 민간인으로 간주된다.[31] 이에 비추어 봤을 때 중국 해상민병대를 순수 민간인으로 보기에는 의문의 여지가 크다.

따라서 중국 해상민병대에 대한 비례성에 입각한 군사적 방어행동은 정당하다. 다만 이 경우에도 국제인도법상 구별의 원칙에 따라 중국 해상민병대가 적대행위에 직접 가담하여 상실하는 것은 현행 법리상 오로지 공격으로부터의 보호일 뿐 민간인 지위 그 자체를 상실하는 것에 대해서는 논란의 가능성이 있기 때문에 적대행위가 중지되면 즉시 방어적 군사공격도 중지되어야 할 것이다.

또한 중국 해상민병대가 적대행위를 한다고 하더라도 이에 대한 무차별공격은 금지된다고 보아야 한다. 무차별공격은 특정 군사목표물을 대상으

---

30 군민병은 미점령 지역의 주민으로서 민병대 또는 의용병을 조직하여 교전자로서의 요건을 구비할 시간적 여유가 없어서 적이 접근해 올 때 자발적으로 무기를 들고 적군에 대항하는 주민의 집단이다(헤이그 육전규칙 제2조).

31 심우찬, "민간군사보안기업의 규제에 관한 소고," 『인도법논총』 제32호(2012), pp. 62-63.

로 하지 않거나 적절한 공격 수단과 방법을 넘어서서 결과적으로 군사목표물과 민간인 및 민간시설에 대한 구별 없이 이루어진 공격으로 정의된다. 중국 해상민병대의 행위를 적대행위로 간주하여 공격하더라도 일시적 적대행위를 중단시키는 행위까지는 용인될 수 있지만 원점타격식으로 중국 해상민병대의 거점 항구를 타격하는 행위는 구별의 원칙상 논란을 불러올 수 있으므로 신중한 검토와 행동이 필요하다.

Ⅲ. 국제해양법상 관련 원칙과 쟁점

1. 국제해양법과 법집행조치

현행 국제해양법하에서는 해양이라는 공간은 내수, 영해, 접속수역, 배타적 경제수역, 대륙붕, 군도수역, 공해, 심해저로 세분화되어 있다. 이 해양 공간은 크게 국가관할해역(nationaljurisdiction)과 국가관할외측해역(beyond-nationaljurisdiction)으로 구분되고, 해상에서 각각의 공간이 가지는 법적 지위와 특징에 따라 연안국과 기국의 권리와 의무 관계도 다르게 설정되어 있다.[32]

연안국은 국가관할해역에 해당하는 내수, 영해, 접속수역, 배타적 경제수역, 대륙붕, 군도수역에서 주권(sovereignty), 주권적권리(sovereign right) 내지는 관할권(jurisdiction)을 부여받는다. 연안국은 국가관할해역에서 이 권

32 국제해양법상 법집행조치에 대해서는 이용희, "연안국 법집행 시 외국선박에 대한 무력 사용에 관한 국제법적 고찰," 『해사법연구』 제21권 제1호(2009.3) 기본 내용을 참조.

리에 기초하여 해상교통안전, 분리통항제도, 도선사제도, 유해물질 운반 선박에 대한 특정 항로 지정, 해양구조물 주변의 안전수역 설치, 해양오염과 위생 규율, 해양투기 통제, 해저석유개발의 안전 규율, 잠수와 수중작업의 안전 규율, 어업자원관리조치, 준설면허의 발급, 밀수 검역과 불법 입국의 통제, 법률 위반 선박에 대한 감시, 임검, 차단 및 억류 등을 할 수 있다.[33]

이러한 연안국의 법집행조치(law enforcement measures)는 법령 위반 선박 또는 법령 위반 혐의가 있는 선박에 대한 정선(stopping), 승선(boarding), 검색(inspection), 나포(arrest)의 형태로 시행된다. 이 과정에서 외국선박이 연안국의 법집행조치에 불응하거나 도주, 저항하는 경우 이에 대해서 연안국이 무력을 행사하여 법집행조치를 할 수 있는지가 문제시된다.

또한 외국선박에 대해 법집행조치를 할 때는 그 구조가 매우 복잡하다. 1982년 유엔해양법협약상 다양한 해역별로 적용되는 관할권의 내용이 다르다는 점, 선박에 대해서는 전통적으로 기국주의가 인정된다는 점, 동시에 연안국 관할해역에서는 외국선박에 대해서 기국의 관할권과 연안국의 관할권이 함께 인정된다는 점 등이 구조의 복잡성을 더해주고 있으며, 이 때문에 해상에서 무력행사를 통한 법집행 조치에 더욱 신중을 기할 수밖에 없다.

해상에서 한 국가가 외국선박을 상대로 법집행조치의 일환으로 하는 무력행사에 대해서는 기본적으로 무력행사를 규율하는 국가관행과 판례를 중심으로 축적된 국제관습법을 통해 그 논의가 발전되어 오고 있다. 원칙적으로 한 국가가 국내법 및 국제법상 해상에서 법집행조치를 하기 위해 외국선박에 대해 무력 사용을 하는 것은 허용되는 것으로 해석된다. 그리고 이

33 D.P. O'connel, The International Law of the Sea, Vol.II(New York:Oxford Press,1984), pp. 732-733; pp. 1062-1063 참조.

때의 무력 사용은 유엔헌장 제2조 제4항과 1982년 유엔해양법협약 제301조 등에서 규정하고 있는 군사력 행사를 의미하는 "무력 사용의 위협 또는 무력의 사용"과도 구별되는 것으로 보는 견해가 타당하다.

영해, 접속수역 또는 배타적 경제수역에서 연안국이 관세법 등 국내 법령을 집행하기 위해서 법집행조치를 할 때 무기를 사용하는 경우에도 무력의 사용(use of force)이라고 표현하고 있으나, 법집행조치 과정에서의 무력 사용은 국내 경찰권의 행사를 의미하므로 군사력의 행사와는 본질적으로 다르다고 볼 수 있다.[34] 하지만 법집행조치의 일환으로 무력 사용이 허용된다고 해서 이를 무분별하게 행사할 수 있는 것은 아니다. 이에 대해서는 비례성의 원칙, 필요성의 원칙 준수, 인도적 배려, 무력 사용 정당성 확보를 위한 명백한 증거 확보 등이 요구된다.

중국 해상민병대는 우리나라와 관련해서는 제주도 남방 이어도 인근 및 서해에서의 배타적 경제수역 획정 문제로 마찰이 빚어질 가능성이 있다. 이 해역에서 중국 해상민병대가 대규모 기동을 하거나 해상시위를 벌일 경우 우리나라가 법집행조치의 일환으로 불가피하게 무력행사를 할 수 밖에 없는 상황이 전개될 수 있으며 이때 어떠한 조치들을 취해야 할지가 주요 쟁점과 과제가 될 것이다.

2. 중국 해상민병대와 법집행조치

중국 해상민병대는 순수한 민간 어선이라고 보기 어려우므로 전통적인 국제인도법과 관습법의 영역에서 민간 어선 보호의 원칙이 적용되기에는 어

---

34 이용희, "연안국 법집행 시 외국선박에 대한 무력 사용에 관한 국제법적 고찰," 『해사법연구』 제21권 제1호(2009.3), pp. 141-142.

려움이 있는 것은 주지의 사실이다. 동시에 중국 해상민병대의 활동이 전시가 아닌 평시에도 계속되는 점 또한 국제인도법 같은 전통적 안보영역을 규율하는 국제법만으로는 단속이 불가능한 공백의 영역이 있음을 암시한다. 따라서 중국 해상민병대를 규율할 때는 평시에 적용되는 국제해양법에 따라 해군이나 해경이 조치를 취하는 법집행으로 간주해야 할 필요성이 존재한다.[35]

특히 중국 해상민병대가 중국 해역뿐만 아니라 이어도와 EEZ를 비롯한 우리 해역에서 해상시위와 불법활동을 전개할 경우 해경은 물론이고 해군도 나서서 국제해양법상의 법집행조치의 일환으로 대응을 해야 할 필요가 생길 수 있다. 이 경우 우리 해군의 조치는 적 전투원에 대한 군사조치가 아닌 민간인에 대한 해군의 경찰적 역할에 근거한 단속행위와 조치로 해석되어야 하며 이는 군사작전이 아닌 통상적인 법집행조치로 보아야 할 것이다. 이렇게 해석을 해야 형식적으로나 실질적으로 중국 해상민병대의 활동에 대한 대응이 용이해진다.

형식적으로 중국 해상민병대가 민간 어선과 민간인 어부로 구성되어 있다는 점에서 해군의 무력 사용은 엄격하고 신중해야 함은 두말할 나위가 없다.[36] 하지만 국제인도법이나 전쟁법만을 적용할 경우 전시 적대행위에 준하는 경우에만 관련 법원칙을 적용할 수 있는 점, 민간 어선 보호원칙과 구별의 원칙에 우선적으로 입각하여 효과적인 대응에 무리가 따를 수 있는 현실적인 문제가 있다. 따라서 실질적으로도 중국 해상민병대 관리와 대응을 위한 적용 근거를 국제해양법에도 기초를 두고 이에 근거한 법집행조치

35 김부찬, "중국 불법어선 단속 및 대응에 있어서 해군의 역할과 한계," 『서울국제법연구』 제21권 제2호(2014), p. 144.

36 최종화, 『한-중 어업협정에 관한 연구』 (해양수산부, 2002), p. 164.

로 논리해석을 해두어야 신속하고 효과적인 대응이 가능하다.

다만 이 경우에도 해군이 중국 해상민병대에 대해서 무력을 사용하는 경우 이는 유엔헌장 제51조 상의 국가 차원의 자위권이 아닌 개별 부대 단위의 자위권 행사로 보아야 할 것이다.[37] 또한 국제법상 필요성의 원칙과 비례성의 원칙, 인도적 배려, 명백한 증거확보 등의 원칙은 지켜져야 한다.

1999년 국제해양법재판소(ITLOS)는 "국제법상 무력의 사용은 가능한 한 피해야 하고, 무력 사용이 불가피한 경우에는 합리적이고 필요한 범위 이상으로 사용되지 않아야 한다"는 원칙을 제시한 바 있다.[38] 유엔해양법협약 제301조도 "이 협약에 따른 권리행사와 의무이행에 있어서 당사국은 다른 국가의 영토보전 또는 정치적 독립에 해가 되거나 또는 국제연합헌장에 구현된 국제법의 원칙에 부합되지 아니하는 방식에 의한 무력의 위협이나 행사를 삼가야 한다"고 규정하고 있어 무력 사용에 대한 신중을 강조하고 있다.

해당 판시와 규정은 중국 해상민병대에 대해 해군의 법집행조치 시에 수반되는 무력 사용이 대외적으로 적법한 무력 사용으로 인정되는지, 국가 간에 금지된 무력 사용에 해당하는지에 대해 논란은 언제든지 야기될 수 있으므로 신중을 기하라는 의미를 가지고 있다고 할 수 있다. 특히 향후 법집행과정에서 행사된 무력이 중국과 국가 간 쟁점이 되는 경우 무력 사용의 정당성이 명백히 확보되어야 하므로 무력 사용을 위한 국내법적 근거도 보다 면밀히 검토 준비해두어야 한다. 또한 해상이라는 영역이 근본적으로 국제법의 규율대상과 중첩되어 있다는 점을 명심하고 일반적인 법집행조치

37 김세진, "소말리아해적 문제와 군의 역할에 관한 국제법적 고찰," 『서울국제법연구』 제18권 제1호(2011), pp. 21-22.

38 Saint Vincent and the Grenadines v. Guinea, ITLOS Report(1999), par. 155.

이상의 문제의식으로 임해야 할 것이다.

3. 비전통적 안보영역의 무력 사용 해석원칙

중국 해상민병대에 대해 국제해양법과 관련한 적용범위와 규율영역은 전통적인 국제인도법이나 고전적인 국가 간 무력충돌상황이 아닌 비전통적인 안보영역에 속하는 회색지대 영역이다. 중국 해상민병대의 활동은 형식적으로 민간인이 정규군에 위협을 가하거나 비정상적인 방법으로 다른 나라의 해상활동을 방해하는 비전통적인 안보영역에 속하는 문제이다. 이러한 비전통적인 안보영역에서 국가는 비무력적 대응과 함께 필요 시 무력적 대응도 전개할 수 있는데 이러한 경우 전통적 안보영역에서와 같이 한 국가의 무력적 대응을 규제해서는 비전통적 안보영역에 다각도로 대응할 수 없는 상황이 발생한다.

유엔헌장 제2조 4항에 규정한 바와 같이 "모든 회원국은 그 국제관계에 있어 다른 국가의 영토보전이나 정치적 독립에 대하여 또는 국제연합의 목적과 양립하지 아니하는 어떠한 기타 방식으로도 무력의 위협이나 무력행사를 삼간다"는 조항을 비전통적 안보영역에도 일률적으로 적용할 경우 중국 해상민병대에 대한 개별 국가의 대응은 무력화할 수밖에 없다.

유엔헌장 제51조 "이 헌장의 어떠한 규정도 국제연합회원국에 대하여 무력공격이 발생한 경우, 안전보장이사회가 국제평화와 안전을 유지하기 위하여 필요한 조치를 취할 때까지 개별적 또는 집단적 자위의 고유한 권리를 침해하지 아니한다. 자위권을 행사함에 있어 회원국이 취한 조치는 즉시 안전보장이사회에 보고된다"는 규정에 따라 개별 국가가 안보리의 조치가 있기 전까지 자위권을 행사할 수 있지만 현실적으로 민간 어선으로 위장한 중국 해상민병대의 적대행위를 무력공격으로 규정하기는 쉽지 않은 점, 중국이 안보리 상임이사국임을 감안하면 자위권 행사 관련 정당화 논의가 여의치 않을 수 있음을 쉽게 예측할 수 있다.

전통적 안보영역의 국제법적 논리와 규정만으로는 중국 해상민병대에 대한 법적 대응과 규율을 하기 어려운 상황이다. 중국 해상민병대 자체가 전통적 안보영역에 도전하는 회색지대 전략의 성격도 강하므로 이 사안은 오히려 비전통적 안보영역의 규율체계에서 관리되어야 하는 것이며 이러한 맥락에서 대응논리와 전략을 수립하는 것이 효과적이다.

Ⅳ. 맺음말

국가의 해양이익수호를 위한 해양 법집행기관들의 필요성과 위상이 점차 강화되어가고 있는 추세이다. 이런 가운데 중국의 해상민병대와 같은 준군사조직에 준하는 역할과 기능을 수행하는 해양무력조직이 등장하고 있으며 최근 동아시아 역내에서 빈번한 갈등과 충돌이 빚어지고 있다.

중국의 해상민병대는 형식적으로 일반 어민과 민간 상선 승조원이지만 군사 훈련을 받거나 군사적 지휘통제 계통에 있는 사람들을 포함하며, 군의 지시를 받아서 해상시위에 참가하거나 외국 어선 추방에 적극 관여하는 것으로 알려져 있다.

우리나라는 제주도 남방 이어도 인근 및 서해 일대에서 배타적 경제수역 획정 문제로 중국과 갈등의 소지가 다분하다. 경우에 따라서는 중국이 우리나라에 대한 압박적인 정책수단으로 해상민병대를 동원하여 갈등을 격화하고 협상에서 우위를 점하기 위한 다목적의 전략을 구사할 수 있다. 이에 대비하기 위한 국제법적 차원의 점검은 반드시 필요하며 중국 해상민병대에 대해서는 국제법적으로 국제인도법과 국제해양법의 두 갈래에서 접근하여 관련 원칙과 쟁점을 정리해볼 수 있다.

국제인도법상으로는 무력충돌로부터 민간 어선을 보호해야 한다는 구별의 원칙을 중국 해상민병대에 전면적으로 적용하기 어렵다는 전제에서 중국 해상민병대의 활동이 전시에 준하는 적대행위에 해당하는지 여부가 주요 쟁점이 된다.

적대행위는 행위 주체의 적대성에 대한 인식과 고의뿐만 아니라 적대행위의 객체인 상대방이 인식하는 위협도 고려하여 판별해야 할 것인데, 중국 해상민병대의 활동은 수십 척의 선박이 우발적으로 상대방에 대한 해상활동 차단을 시도할 개연성이 거의 없다는 점을 고려할 때 적대성에 대한 고의가 다분하며 해상활동을 차단당하는 상대방이 인지하는 위협도 상당하므로 적대행위에 대한 주관적·객관적 요건을 충족한다고 할 수 있다.

국제해양법상으로는 중국 해상민병대가 정규군 대 정규군의 프레임이 아닌 비전통적 안보영역의 문제를 제기하고 있으므로 이를 어떻게 규율할 것인지가 쟁점이다. 중국 해상민병대가 순수한 민간 어선이라고 보기 어려우므로 전통적인 국제인도법이나 전쟁법상의 민간 어선 보호의 원칙이나 구별의 원칙이 적용되기 어려운 점, 중국 해상민병대의 활동이 전시가 아닌 평시에도 계속되는 점 등을 고려하여 중국 해상민병대에 대한 해양 법집행기관들의 대응은 일반적인 무력 사용이 아닌 국제해양법상의 조치를 취하는 법집행으로 간주해서 적용해야 할 필요성이 존재한다.

물론 국제인도법상이나 국제해양법상 중국 해상민병대에 대한 무력대응이 가능하다고는 하지만 국제법의 기본정신상 무력 사용은 신중에 신중을 기해야 한다. 무력 사용에 있어서도 필요성과 비례성의 원칙이 지켜져야 하며 전시 적대행위에 준해 중국 해상민병대를 상대하더라도 그 적대행위가 소멸되면 민간 어선과 민간인 지위의 일시적 소멸도 함께 정지된다는 점을 기본 원칙으로 숙지해야 한다. 그러나 그 무엇보다도 기존의 국제법 원칙과 질서를 위반하는 해상민병대의 조직적 운영으로 중국이 취할 수 있는 바가 무엇인지를 중국이 자문하도록 국제사회와 함께 촉구하는 일이 선행되어야 할 것이다. 중국이 과거의 rule-follower가 아닌 rule-settler가 되어 세계질서를 주도하기를 원하다면 그에 걸맞은 행동과 역할이 무엇인지를 성찰하는 것이 먼저 필요하다고 할 수 있다. 거기에 중국 해상민병대 문제해결의 근본적인 답이 담겨 있다.

참고문헌

국내문헌

김병렬. "4세대 전쟁에서의 민간인의 보호를 위한 국제인도법에 관한 일고." 『국제법학회논총』 제55권 제1호(2010.3).

김부찬. "중국 불법어선 단속 및 대응에 있어서 해군의 역할과 한계." 『서울국제법연구』 제21권 제2호(2014).

김세진. "소말리아해적 문제와 군의 역할에 관한 국제법적 고찰." 『서울국제법연구』 제18권 제1호(2011).

심우찬. "민간군사보안기업의 규제에 관한 소고." 『인도법논총』 제32호(2012).

이용희. "연안국 법집행시 외국선박에 대한 무력 사용에 관한 국제법적 고찰." 『해사법연구』 제21권 제1호(2009.3).

최영진. "국제법상 전시 민간인 보호에 관한 연구." 『강원법학』 57호(2019.6).

최은범. "국제인도법의 발전과 전시 민간인보호에 관한 연구." 경희대학교박사학위논문(1986).

최종화. 『한-중 어업협정에 관한 연구』(해양수산부, 2002).

이서항. "중국의 새 어민세력 '해상민병'을 경계하자." 『KIMS Periscope』 No. 76(2017.3.21).

최현호. "중국 해상무력의 새로운 축-중국 해경과 해상민병대." 『국방과 기술』 제465호(2017.11) .

《동아일보》 '美해군, 中어선 작전수행에 "군으로 간주해 대응" 경고'(2019.4.29).

《연합뉴스》 '中 남중국해 패권 장악 교두보 '탄먼'… 어촌의 민병기지화'(2016.5.24).

국외문헌

Cavas, Christopher P. "China's Maritime Militia a Growing Concern,." *defense-*

new.com, 2016.11.21.

Dinniss, Heather Harrison. *Cyber Warfare and the Laws of War* (Cambridge University Press, 2014).

Distein, Yoram. *War, Aggression, and Self-Defence*, 3rd ed. (Cambridge University Press, 2001).

Financial Times, US warns China on aggressive acts by fishing boats and coast guard, 2019.4.28.

ICJ, Legality of the Threat or Use of Nuclear Weapons, Advisory Opinion, 1996 I.C.J. 226, 78 (July 8).

Kraska, James and Monti, Michael. "The Law of Naval Warfare and China's Maritime Militia." *91 International Law Studies*.

O'connel, D.P. *The International Law of the Sea, Vol.II* (New York: Oxford Press, 1984).

Saint Vincent and the Grenadines v. Guinea. *ITLOS Report*(1999).

Tannenwald, Nina. "Assesing the Effects and Effectiveness of the Geneva Convetions." Do the Geneva Convention Matter? (Oxford University Press, 2017).

The Paquete Habana, 175 U.S. 677, 689–90 (1900).

The Young Jacob and Johanna (1798), in 1 Christopher Robinson, Reports of Cases Argued and Determined in The High Court of Admirality 20 (1853).

제3부

중국 회색지대 전략의 한국적 함의와 일본의 대응

제6장
중국 해양 회색지대 전략과 한국의 대응방안*

김진호

Ⅰ. 서론: 동아시아의 국제환경과 중국의 부상

아시아 대륙 동부와 남부의 지형은 길고 굴곡진 해안으로 대륙과 해양이 연결되는 지리적 특성이 있다. 그리고 해당 영역에 거주하는 국가들은 인구, 영토와 자원에 기초한 안보와 경제적 목적을 갖고 지정학적 특성과 지경학적 관계를 활용하는 지역 안보와 경제이익을 추구하며 역내 국제관계를 형성하고, 이 역내 관계는 세계정치와도 밀접하게 연결된다. 특히, 이 지역은 제2차 세계대전 전후에 독립한 국가가 많아 전후 형성된 국제 질서에 따라 국내 정치와 대외관계가 안보와 경제이익을 중심으로 복잡하게 엉켜

* 이 글은 2020년 한국동북아학회, 『한국동북아논총』 제25집 제2호, "중국 해양 회색지대 전략과 한국의 대응 방안"을 수정 보완하여 완성했는데, 연구와 집필에 도움이 된 좋은 연구를 해주신 많은 연구자에게 깊은 감사를 드립니다.

있다.

포스트 냉전 시기 국제관계는 지난 세기 1980년대 말부터 동유럽 경제 위기로 소련연방이 일부 해체 독립하여 새로운 체제로 변화하는 소위 냉전 종식의 국제정치로 표현된다. 이 시기 국제관계는 미국의 단극체제가 아시아와 세계 전체에 영향을 미쳤으나, 동아시아에서 러시아와 같은 사회주의 국가와 변형된 사회주의 체제의 국가들(중국, 북한, 베트남 등)이 상존(尙存)하여 역내 국가들은 강대국과 동맹체제를 유지하거나 다시 교류하면서, 국내 정치에서 자국의 기존 체제를 유지하며 신자유주의적 경제 위주의 대외교류를 하고 있다.

한국의 경우 1990년 구소련, 1992년 중국 등 사회주의권 국가들과 수교를 맺고 교류를 하고 있는데, 이로 인해 기존의 동맹구조와 새로운 교류와 협력이익이 상충 되는 영역에서 대외정책 방향을 설정하는데 어려움도 발생한다. 예를 들어, 한·중 교류의 가장 큰 고비였던 한반도 내 고고도미사일방어체계인 '사드(THAAD, Terminal High Altitude Area Defense)' 배치로 나타난 한중 간의 마찰도 바로 이러한 이중구조 모순의 결과라 할 수 있다.[1] 이는 동아시아에서 중국이 역내 국가와 교류를 확대하여 상호의존관계가 높아진 상태에서 그 영향력을 역내 관련 국가의 정책에 투영하는 현상이자 중국의 확장전략이 역내에서 기존 패권국의 국가 관계와 충돌하는 현상이다.

현재 동아시아에는 미국의 아시아(인도·태평양) 전략과 새로 부상하는 중국의 영향력, 북한의 무력에 의존한 대외도발, 다시 국가체제를 정돈한 러시아의 역내 정치, 새로운 영향력 확대를 모색하는 일본의 국내외 정치

1 이기완, "사드와 AIIB를 둘러싼 미중관계와 한국," 『국제정치연구』 제18집1호 (2015), pp. 335-380.

그리고 아세안으로 대표되는 새롭게 발전하는 동남아국가들의 정치로 급변하는 국제관계가 형성되어 있다고 본다. 특히, 역내 북한의 핵·미사일 개발과 위협, 양안(중국과 타이완) 관계의 모순 그리고 남중국해에서 중국과 역내 국가 간 마찰은 최종적으로 도전국과 기존 패권국의 마찰로 표현되고 있다. 이는 기존 역내 질서에 새롭게 현상변경을 추구하는 중국의 정책이 역내에서 확장정책으로 드러나는 것인데, 이는 중국이 꾸준하게 추진하던 개혁·개방정책의 경제·사회적 성과가 중국의 대외관계에 영향을 일으키고 안보와 군사력에 변화를 일으키는 형상이라 할 수 있다.[2]

중국은 마오쩌둥(毛澤東), 덩샤오핑(鄧小平), 장쩌민(江澤民), 후진타오(胡錦濤) 시기를 거치면서 민족주의 국가의 특성을 갖고 사회주의 체제에 시장경제(사회주의 시장경제 혹은 국가자본주의)를 접목하며 중국 상황에 맞는 정치사회체제(중국 특유의 사회주의, 中國特色社會主義)를 건설하며 변화해왔다. 특히, 이러한 중국정치의 발전은 최근 시진핑 시대 '중국몽(中國夢)'이라는 정치 비전과 '일대일로' 전략으로 표현되는데, 이는 중국이 과거의 경제발전이 뒤처지고 군사력이 뒤떨어진 시기의 폐쇄정책에서 벗어나 세계로 나가려는 확장정책으로 나타나고 있기에(세계를 직시하고 중국의 위상을 세움, 面向世界, 立足中國) 동아시아 국제정세 변화의 큰 변수로 작용하고 있다.[3]

일반적으로 중국 대외관계와 정책은 중국 국내 정치와 밀접한 관련이 있는데, 이는 '도광양회(韬光养晦: 자신을 드러내지 않고 때를 기다리며 실력을

---

2 유가, "미중관계와 동아시아 국제질서: 지정학적 전략으로서의 재균형과 역균형," 인천대학교 대학원 정치외교학과 박사학위논문(2020), pp. 213-215.

3 김태성·이상현, "중국의 군사력 증강(强軍夢)에 따른 한국의 전략적 대응방향-한국의 안보정책방향과 군사대응전략을 중심으로," 『한국동북아논총』 제23권 3호(2018), pp. 90-93.

기른다는 의미)'를 주창하던 중국이 '유소작위(有所作为: 해야 할 일은 한다는 뜻)'를 주장하면서 '주출거(走出去: 밖으로 나간다는 의미로 중국 기업과 영향력의 해외 진출을 의미함)'로 이어지는 확대 전략을 펼치는 과정만 봐도 중국 경제발전과 국내 정치가 중국 대외전략과 밀접한 관련이 있다고 판단할 수 있다.[4] 즉, 중국 지도부는 국내 정치에서 응집력을 강화하기 위해 대외관계를 활용하기도 하고, 이를 국내에서 분열된 주장과 세력의 규합을 위해 활용하는 상호보완적 국내외 정치의 연관성을 갖고 있다.

현재 시진핑 정부가 태평양을 언급하며 '중국몽(中國夢: 과거 세계의 중심 역할을 했던 중화민족의 영광을 21세기에 되살리겠다는 의미)'을 주창하며 일대일로 전략을 펼치는 것도 이와 유사한 전략이라 할 수 있다. 이러한 과정에서 중국공산당은 국내 현안을 대외전략과 연결하여 해결하려는 전략을 자주 활용한다. 중국은 경제력과 중국문화의 저력을 군사력과 연계하며, 인문학적 문화교류를 경제 및 군사적 현실주의 전략과 연계해 중국의 영향력을 외부로 확장하려는 전략을 펼치고 있다. '일대일로' 같은 국내외 정책도 이와 관련된 전략인데, 여기에서 해양은 중국 대외확장의 중요한 대상이라 볼 수 있다. 이 전략의 배경은 중국의 넓은 해안선, 해안에 거주하는 많은 인구, 개방정책에 따라 발전한 경제력 및 해군력과 해양통제능력을 활용하여 아직 발전이 필요한 국내외 지역과 유기적 연계를 통해 중국의 영향력을 확대하려는 것이다.[5]

---

4 이영학, "중국공산당 대외전략의 변화, 특징 및 전망: 개혁개방 이래 역대 당대회 정치보고에 대한 분석을 중심으로," 『현대중국연구』 14권1호(2012), pp. 11-28; 신경환, "중국의 G2 부상에 따른 주변국 전략변화 추이와 지역경제 영향 연구," 『글로벌경영학회지』 제15권 제6호(2018), pp. 33-34; 김태성· 이상현, 앞의 글, pp. 98-99.

5 신경환, 앞의 글, pp. 35-38.

이러한 중국의 국가경쟁력 변화와 대외정책의 변화는 동아시아에서 미국의 세계(동아시아) 전략과 갈등을 고조시키고 있는데, 이는 서방에 의해 중국의 최종 목표가 미국이 주도하는 질서에 변화를 일으켜 자국의 영향력을 확대하는 것이라고 분석된다. 이에, 중국의 대외전략은 동북아에서 미국, 일본과 러시아라는 강대국 진영 간 대립으로 나타나기도 하는데, 이는 중국이 미국과 대립적인 세력과 전략적 협력을 하거나 혹은 동맹 흔들기를 통해 미국의 동맹 세력에 영향을 미치기 때문으로 한반도의 남북한도 이에 영향을 받는다. 이러한 상황에서 분단된 남북한뿐만이 아니라 중국과 대치하며 교류하는 타이완과 미·중 대립 지역에 있는 동남아국가도 진영 간 대립이나 실리적 접근이라는 복잡한 현상에서 선택해야 하는 문제가 나온다.[6] 현재, 이러한 이중적 국가 간 대립과 협력 현상이 자주 나타나는 지역은 한반도, 동중국해(중·일관계에서 영토 마찰과 동시에 관계 정상화 진행), 타이완해협, 남중국해라 할 수 있다. 그리고 진영 혹은 지역 국가 간 마찰이 상대적으로 높은 지역은 센카쿠열도(댜오위다오) 해역, 타이완해협과 남중국해 해역이라고 할 수 있다. 그러나 한국의 서해(황해)와 제주도 서남 이어도 근처 해역도 분쟁이 발생할 가능성이 있은 곳으로 볼 수 있다.

---

6 왕함, "중국의 대(對)한국 외교정책 분석: 2007년~2017년," 동국대학교 대학원 정치학과 석사학위논문(2019), pp. 49-51. 중국인이 쓴 이 논문에서 중국의 전략을 긍정적으로 평가하면서도 동북아지역의 미·중 대립 구도는 해결해야 할 문제라고 거론하고 있다.

Ⅱ. 동아시아 국제관계와 중국의 확대전략

사실, 냉전 종식 후 미국의 단극적(unipolar) 국제관계란, 1980년대 말부터 소련과 동구권이 해체되면서 시작된 것으로, 미국 자체의 노력으로 형성된 세계질서는 아닐 수 있다. 이러한 측면에서 보면, 1978년부터 사회주의 체제에 시장경제를 접목하여 경제적 성과를 이룬 중국과 경제를 포함한 국가경쟁력을 재의식하고 체제를 재정비한 러시아는 아직도 미국의 잠재적 위협이라고 볼 수 있다.[7] 인도는 현재 미국과 협력하는 상황이나 러시아와 중국은 이와 다르다는 점에서 향후 국제관계는 천천히 다극(multipolar)체제로 변화할 가능성도 있다. 이에 대해 일부 유럽학자들은 다점(多點)체제로 갈 수도 있다고도 한다. 여하튼, 이러한 강대국들의 경쟁에서 해양은 경제, 안보 및 자원, 과학기술을 포함한 분쟁에서 아주 중요한 경쟁대상이 되기에, 각국의 해양에서 이익을 선점하고 해군력을 강화하기 위한 해상통제능력도 더 중요한 전략 요소로 변화하고 있다.

이러한 면에서 볼 때, 동아시아 해양에서 해군 군사력과 해양 군사 활동을 지원하는 육지, 항공, 사이버와 우주에서의 지원하는 해양통제는 해양전쟁의 핵심 요소라 할 수 있다. 또한, 항로의 장악과 거기에 설치된 설치물이나 인공 섬 및 분쟁지역과 육·해·공군 기지와의 작전거리는 해양전쟁에서 매우 중요한 요소라고 할 수 있다. 이러한 면에서 중국이 남중국해에 건설한 인공 섬이나, 항공기나 선박이 타 국가의 항공식별구역(ADIZ)이나 영

7 Joseph Bosco, "China, Russia, North Korea, Iran: Confronting the new axis of aggression and evil," *THE HILL*, June 1, 2020. https://thehill.com/opinion/international/476899-china-russia-north-korea-iran-confronting-the-new-axis-of-aggression-and-evil(검색일: 2020년 4월 22일).

공이나 영해로의 도전은 해양 충돌을 일으킬 수 있는 원인이 되는 것이다.[8]

그러나 아시아 국가들은 국제무역과 분업이 활성화되어 서로 상호의존이 심화(深化)된 상황이다. 동아시아 역내에서 한국, 베트남, 싱가포르, 타이완 등 중국과 교류가 많은 국가나 지역은 중국 경제발전과 같이 경제발전을 유지했다는 점에서 상호의존관계가 깊어졌다고 할 수 있고, 역으로 이는 중국의 영향력 확대의 반증이 된다 할 수 있다. 이러한 중국의 국력 성장과 동아시아 국제환경의 변화는 중국이 '중국몽'을 필두로 한 '강군정책'으로[9] 해당 해역(해상, 항공)에 그 영향력을 확대하는 정책으로 연결되고 있다. 특히, 최근 들어 천연자원(수산자원과 지하자원)과 해상운송공간 확보를 위한 경쟁은 각국의 해양 경쟁을 더욱 치열하게 하는데, 이러한 면에서 해양으로 확대 전략을 펼치는 중국은 세력전이 구도에서 현상변경국가로 분류된다.[10]

제2차 세계대전 이후 패권을 유지해온 미국은 2001년 아프가니스탄 전쟁 때 '초강대국(超強大國, superpower)'으로 평가될 만큼 그 위상이 높았다. 그러나 지금 지구촌 각지에서 과도한 확장전략으로 그 쇠퇴가 나타난다고 우려하는 시각도 있다. 이와 같은 미국의 국력 약화가 동아시아에서 중국과 러시아의 군사력 증강과 현상변경의 시도로 이어지고 있다고 보는 시각도 있다. 또한, 일본도 미·일동맹을 기초로 동아시아에서 전략적 공백을 차

---

8 한기천, "중국 군용기 방공식별구역 진입, 가볍게 볼 일 아니다,"《연합뉴스》2017년 12월 18일자.

9 国际在线, "解放军报评论员：凝神聚力共筑中国梦强军梦," https://baijiahao.baidu.com/s?id=1649618715345995903&wfr=spider&for=pc(검색일: 2020년 4월 20일).

10 인민망 한국어판, "세계 10대 하역량 자랑하는 항구 중 7곳이 중국 항구," 2017년 6월 22일자, http://kr.people.com.cn/n3/2017/0622/c203281-9231957.html(검색일: 2020년 4월 20일).

지하려는 정략을 도모하고 있다. 중국은 서태평양 지역 내 반접근(anti—access, 反接近)과 지역 거부(area denial, 地域拒否) 역량으로 동아시아에서 미·중 간 마찰을 더욱 고조시키고 있는데, 미국은 이에 동맹국 및 우호관계에 있는 국가(지역)와 협력으로 중국을 봉쇄하려는 전략을 펼치고 있다. 그러나 미국의 동맹국 간 협력은 국가 간 전략 목적 및 현재 역내 국가가 처한 환경의 차이로 서로 이견도 존재하기에 미국의 의도대로 잘 진행되지 않는다고 평가되기도 한다. 이러한 내용은 국내 아산정책연구원에서 2019년 12월 발표한 연구보고서에서도 잘 설명하고 있다.[11] 이러한 면을 고려하면, 미국 트럼프 정부가 세계전략에서 동맹국에게 해외 주둔 군사비용 증액을 요구하는 것도 현상변경국가들에 대한 제재를 동맹국과 협력을 통해 미국의 부담을 줄이려는 목적이 있는 것이고, 이러한 협상이 쉽게 결론에 이르지 못하는 이유는 동맹국들의 현실정치가 미국의 해당 전략과 완전히 부합되지 않기 때문이라 보기도 한다.

〈표 6-1〉 미국, 일본, 호주, 인도 4개국의 인도-태평양 비교

	미국	일본	호주	인도
위협인식	미국 헤게모니를 위협하는 중국의 부상 및 역내 분쟁	중국의 부상, 미국의 관여 불확실성, 경제성장 동력	규칙 기반 질서 약화(보호무역, 중국, 규범 약화 등)	중국의 부상 등 지정·지경학 변화와 인도의 이익
목적	미국의 힘을 통한 평화, 지역 내 미국 영향력 강화, 새 협력 파트너 인도 포섭	미·일동맹 강화, 방위력 강화, 다층적(동류 국가, 스윙국가) 안보 네트워크 구축	호주의 지정학 가치 고양, 자유무역 강화, 미국의 관여, 지역 네트워크 강화	정치·군사적으로 중국 견제, 정치·경제적으로 중국과 협력, 역내 다극체제 형성

11 변창구, "중국의 동아시아 해양전략과 남중국해 분쟁," 『한국동북아논총』 제71권 (2014), pp. 28-29.

지역 범위	미국 서해안에서 인도양까지(전략적 해상항로 포함)	미국 서해안에서 중동, 아프리카까지	아태지역+인도	아프리카 해안에서 북, 중, 남미 서해안까지
대중국 관점	자유로운 국제질서 비전, 규칙을 위반하는 현상변경국가, 억압적 국제질서적 비전을 가진 국가	현상변경국가지만 경제적으로 협력하고 영토·안보적으로 의연하게 대처할 상대	현상변경세력이지만, 지역 규칙 기반 질서 강화를 위해 설득, 협력할 국가	인도의 지역적 야망에 제한을 가하는 국가지만, 경제성장을 위해 협력할 국가
전략과 강조점	*군사, 전략 측면 강조 *자체 능력 강화+네트워크, 소다자를 통한 비용 분담 *단편, 분절화된 경제, 개발 협력	*네트워크를 통한 안보 강화 *개발협력을 통한 미국 인도·태평양 보완 및 스윙국가 확보	*자유무역 등 경제적 초점 *남태평양 도서 국가, 동남아국가 개발원조 *지역 국가와 합동훈련 및 능력 배양	*인도의 동방정책, 서방과 연결정책과 시너지 *중국의 해양 활동 및 파키스탄과 협력 맞대응

출처: 백우열·이기태·이재현·정구연, 『쿼드 국가의 인도-태평양 전략과 한국의 대응』(서울: 아산정책연구원, 2019).

최근 동아시아 국제 질서 추세를 보면, 동아시아에서 세력전이(勢力轉移, 권력이동, Powershift)란 반드시 국가 간 전면전 형태가 아닌 모습으로 나타난다. 즉, 미국이 유지해 온 동맹구조, 자유주의 질서, 정치·경제 제도와 가치관 및 군사적 영향력 등이 역내 국가들의 국제관계와 그 전략목표에 따라 조금씩 미국의 영향력이 약해지는 모습으로 나타나고 있다는 것이다. 즉, 동아시아는 전쟁 가능성이 존재하지만 한국전쟁과 월남전쟁 이후 현재까지 무력을 동원한 전쟁은 발생하지 않는 이유도 그 때문일 것이다.[12] 이는

12 Gregory R. Copley, "China Is Waging A New Kind Of War Against The U.S. (Apr 21, 2020)," *OIL PRICE.COM*, https://oilprice.com/Energy/Energy-General/China-Is-Waging-A-New-Kind-Of-War-Against-The-US.html(검색일: 2020년 4월 20

핵을 통한 전쟁억지력(deterrent force)이 있는 국가들 입장에서 세력전이는 대규모 무력 사용을 동반하기보다는 패권국과 도전국 간에 무력적 전쟁이 아닌 다른 요인(과학·기술, 무역, 금융, 에너지, 환경, 전염병 등)이나 혹은 지역적 소규모 전쟁(혹은 대리전)으로 나타날 가능성도 있다는 것을 보여준다. 특히, 핵무기 보유와 핵폭탄을 제조할 수 있는 능력이 있는 국가들이 밀집되어 있고 경제적 상호의존관계가 복잡한 동아시아에서는 그럴 가능성이 더욱 크다.[13]

이러한 관점에서 보면, 분쟁 요소가 있거나 분쟁이 일어나고 있는 지역은 해당 국가들이 자국의 영향력을 강화하면서 이를 '기정사실화' 하는 방법으로 자국의 영향력을 확대해 나가는 회색지대(灰色地帶, gray zone) 갈등(葛藤)으로 자국의 영향력을 확대해 나갈 가능성이 있다. 이는 앞으로 세력전이는 무력이나 국가 간 모순이라는 인위적 행위보다는 자연적이거나 비(非)인위적 현상에 따라 발생할 수도 있다는 가정도 포함한다.[14] 최근 '코로나19' 사태로 나타난 국제관계의 변화만 보아도 이는 과거에 예상할 수 없었던 새로운 환경에 의해 지역 국제관계에 변화가 나타날 수 있다는 것을 보여준다.[15] 이러한 상황은 국제질서에서 폐쇄적 국가운영과 경제정책이 자국의 안전에 더욱 도움이 될 수 있다는 단초(緞綃)도 제공한다고 할 수 있

일).

13 David Ochmanek, Lowell H. Schwartz, "Nuclear-Armed Regional Adversaries-How Deterrable Are They Likely to Be?" RAND Corporation, https://www.rand.org/pubs/research_briefs/RB9368.html(검색일: 2020년 4월 20일).

14 박지숙, "미·중 해양패권 경쟁과 '회색지대 전략'," 『KIMS Periscope』 제142호, 한국해양전략연구소(2018).

15 Austin Bay, "On Point: Beijing Exploits Pandemic to Probe the South China Sea," *Strategy Page: The News as History*, April 8, 2020.

다. 그러나 전쟁의 배경이 될 원인은 국가 간 마찰로 상존(尙存)하기에 전쟁에 대한 예방적 관리는 매우 중요할 것이다. 특히, 지역 및 국제 질서에 도전하는 국가나 세력이 존재하는 지역에서는 더욱 그럴 것이다.[16]

동아시아에서 국제분쟁을 보면, 현재 육지로 접한 국가 간 영토경계(領土境界)를 확장하기 위한 분쟁은 종식되지 않았다. 그러나 해양경계의 확대와 해양영토를 확대하기 위한 국가 간 경쟁과 마찰은 더 많아지고 있는 것이 현실이다. 북극과 남극을 포함한 유럽의 항만과 아시아, 아프리카, 남미 등 주요 거점에서 국가들의 해양을 향한 경쟁은 더욱 격화되고 있다.[17] 초강대국 미국의 역사를 봐도 대서양을 통해 유럽인의 이주로 건국된 미국이 대륙 서쪽으로 확장되며 태평양과 연결되어 서태평양으로 그 영향력을 확대한지는 이미 70여 년이 되었는데, 이는 해양으로의 확대와 패권 유지는 서로 관련이 있음을 보여준다.[18] 즉, 해양은 국가 간 연결의 고리가 될 뿐만 아니라 국가의 영향력을 확대하고 그 활동무대를 넓힐 수 있는 가장 적합한 공간이라는 것이다.

1. 동아시아 사회의 변화와 중국의 민족주의

1990년대 후반부터 동아시아 사회는 국제사회와 국제경제에 대해 많은

---

16 Kwan-Chi Oh, "East Asian Security Issues: A Summary Review," *Korean Journal of Defense Analysis*, 25 Mar 2009.

17 Peter Jennings, "Preparing for the crisis after the crisis(April 18, 2020)," *THE STRATEGIST*, Austrian Strategic Policy Institute, https://www.aspistrategist.org.au/preparing-for-the-crisis-after-the-crisis/(검색일: 2020년 4월 20일).

18 백우열·이기태·이재현·정구연, 『쿼드 국가의 인도-태평양 전략과 한국의 대응』(서울: 아산정책연구원, 2019), pp. 10-15.

인식의 변화가 일어났다. 즉, 서구가 제공한 신자유주의적 제도인 자유무역 제도와 세계분업 생산은 결국 아시아의 경제를 활성화했고, 이러한 경제적 발전은 경제에 기초한 시민사회의 형성을 가속화 했고 보다 체계적인 정부들이 나타났다. 즉, 동아시아 국가들은 과거 냉전적 사고의 대립과 봉쇄의 시대에서 교류와 분업 및 협력의 시대에 들어서서 서구가 주창한 신자유주의 정책의 혜택으로 빠른 경제성장을 이루어 냈고, 이것이 국가와 사회를 변화시키고 있다.[19] 그리고 역내 국가 정부들도 자국의 현실에 맞는 체제와 제도를 만들어 가며 국내외 정치를 펼치고 있으며, 인터넷을 통한 국제사회와의 연결은 각 국가 내부의 변화도 동반하고 있다 할 수 있다.

예를 들어, 인구 밀집 지역인 아시아지역은 경제적으로 시공간을 뛰어넘는 무역시스템을 활용해 대량생산된 제품을 세계 각지로 수출하며 경제적 이익을 얻을 수 있게 되었고, 그 지역은 경제적 여유에 따라 서구의 발명품인 PC, 스마트폰을 유무선 인터넷서비스와 연결해 시시각각 국제세계 상황을 이해하고 서로 소통하며 자신들의 의견을 사회와 정부에 반영하고 있다는 것이다. 또한, 비록, 언론과 인터넷이 어느 정도 통제를 받는 지역이나 국가에 있는 국민(인민)이라도 이들은 외국 여행, 다른 지역 사람과의 교류와 보안체계를 뛰어넘는 소프트웨어로 외부세계와 연결하고 있는 상태다.[20]

---

19 刘雪岩(长江商学院) 编辑, "构建后新自由主义时代的经济发展模式: 长江商学院项兵院长第三次受邀哈佛中国论坛主题演讲(2019年4月30日)," *MBA China*, https://www.mbachina.com/html/ckgsb/201905/186772.html(검색일: 2020년 4월 20일). 이 강연내용에는 신자유주의를 통해 신속한 발전은 했지만, 결과적 문제로 새로운 신자유주의 제재가 떠오르고 있다고 하며 여기에 대비한 새로운 산업구조와 국제협력이 필요하다고 주장한다.

20 풍엽, "중국 다자외교와 미중관계: 아시아태평양 역내 갈등관계의 고찰," 성균관대학교 일반대학원 석사학위 논문(2019), pp. 11-24.

그러나 이러한 시공간을 초월하는 국제적 연결은 사이버 공간을 포함하여 실제로 국가 간 정책과 제도적 마찰로 나타나기도 한다.

그런데, 이러한 교류 과정에서 이들에게 유입되는 새로운 의식은 국가와 세계라는 글로벌 정치가 아닌 국가와 국민(민족)이라는 국가주의(민족주의) 의식과 자국의 '국력과 국익'에 대한 관심으로 집중되고 있다고 볼 수 있다. 이러한 측면을 고려해 보면, 정부 통제가 강한 중국에서 왜 중국인들은 민족주의적인 국가주의로 중국과 중국 정부에 애증을 갖는지 이해할 수 있을 것이다. 즉, 중국 정부의 대외정책에서 중화민족의 애국심과 연결되는 정책은 국민으로부터 많은 지지를 받는데, 특히 중국의 해양 확장정책도 중국인들로부터 지지를 받고 있다고 할 수 있다.[21] 이러한 글로벌 정치에 대한 이해와 실천보다 강한 민족주의적 애국심으로 결집은 결국 동아시아 국제정치에서 국가 간 분쟁을 유발할 수 있는 원인을 제공한다고 할 수 있다.

특히, 중국의 경제발전은 중국과 세계에 큰 영향을 미쳤는데, 중국의 권위주의 중앙집권제 정부의 강한 행정력은 염가의 제품을 대량생산하며 세계시장에 공급할 수 있는 정책적 배경이 되었다고 볼 수 있다. 결국, 중국 정부는 경제발전으로 수출과 내수 경제가 활성화되면서 이를 통한 국부(國富)를 형성할 수 있었고, 이는 국력 증강으로 연결되었다고 볼 수 있다.[22] 현재 중국은 모방적 수준의 제품 생산을 시작으로 해서 상대적으로 우수한 제품도 생산하며 서비스 품질도 높여 나가고 있는데, 이는 중국 정부가 생

21 BBC Chinese.com, "中國民族主義何去何從?近年來,民族主義在中國表現強烈°(2008年02月15日)," http://news.bbc.co.uk/chinese/trad/hi/newsid_7240000/newsid_7244700/7244777.stm(검색일: 2020년 4월 20일).

22 서정경, "신자유주의 시각에서 본 미·중 경제협력: 전략경제대화(Strategic Economic Dialogue)를 사례로," 『국제정치논총』 49권 1호(2009), pp. 145-146.

산과 소비의 산업체인 형성과 금융정책에 관여하거나 R&D 지원 정책 등을 통해 시장을 확대하는 전략을 추진했기 때문이다.

이러한 중국 경제의 발전과 이에 따른 인민 생활 수준의 향상은 공산당 통치의 당위성을 높였다는 일부 평가도 나타나기도 한다.[23] 현재 중국 인민은 더 발전하고 강한 국가와 사회를 향한 요구를 사회간접망이나 언론을[24] 통해 표시하기도 하며, 정부는 이에 부응하여 자국의 대외 영향력 확대와 국내 정치의 안정을 연계한 정치를 펼치고 있다. 이와 같은 중국의 경제발전 모델과 정부 형태에 대해 외부에서는 그리 긍정적인 경제발전의 모델로 보지 않고, 중국은 많은 위험이 내재해 꾸준한 경쟁 발전에 문제가 생길 것이라는 평가를 하는 경우가 많다.[25]

역사를 기초로 학습된 중국 사회에서 '중국의 부흥'은 중국 정부와 국민의 의견이 상당히 일치하는 민족주의로 표현되고 있고,[26] 미국이 초기 편

---

23 Yuchao Zhu, "Performance Legitimacy and China's Political Adaptation Strategy," *Journal of Chinese Political Science*, Vol. 16 (2011).

24 중국인들이 일반적으로 사용하는 SNS는 웨이버(微博)와 텅쉰(腾讯)인데, 중국인들은 이 사회간접망을 사용하여 자신들이 수취한 자료나 의견을 문자, 사진, 동영상 등으로 수시로 교류하고 있는데, 일부 정부 검열에 걸리는 경우 계정이 취소되기도 하고 혹은 잠시 중단되기도 한다. 현재 스마트폰 웹을 사용하는 중국인들은 정부의 공식 보도보다는 이러한 SNS를 통하여 정보를 수취하는데, 일부 TV에 의존하는 사람들은 정부 보도를 주로 보기도 한다.

25 오승렬, "中 휘감는 불확실성의 그림자," 《세계일보》 2007년 3월 31일자.

26 중국대륙, 홍콩 마카오와 타이완의 중국인들은 역사적이 사실을 중요시하기에 이들의 다큐멘터리의 내용을 보아도 대부분 역사(특히 근현대사)의 내용이 많다. 현재는 이러한 내용이 YouTube를 통해 전파되는 것이 많은데, 이는 중국인들이 역사에 관심이 많다는 것을 말한다. 사회 사건에 대한 것은 일부 동영상으로 SNS를 통해 전달되는 것이 많은데 이는 사회현상에 대한 그들의 의견을 표출하는 것이다.

입을 시도한 국제규범과 질서에 따르는 글로벌 표준으로 나타나지는 않는 상황이다. 그러나 이러한 상황에서 중국 정부, 군(인민해방군)에 대한 중국 인민의 국가주의 애국심은 확고하고, 중국의 확장적 해양정책은 많은 중국 인민의 지지를 받는 상황이다.[27] 이런 상황을 고려하면, 중국 정부와 중국 인민의 아시아 해양에 대한 열망은 미국 정부와 국민의 중국에 대한 사고와 서로 대립하고 있고, 아시아 역내에서도 각국의 입장과 대치되는 것도 많다 할 수 있다.[28] 또한, 이와 관련하여 세계와 아시아 국가들의 우려도 적지 않은 상황이다.

2. 중국의 해양 확대전략과 배경

현재 중국이 서태평양에서 미국의 해양통제에 영향을 미치는 세력으로 등장하는 배경은 경제력을 바탕으로 한 국력 신장에 신경 쓴 중국 정부의 정책에 따른 것이다. 그리고 그 해양전략은 현대화된 해군력과 그 전략 때문에 가능해진 것이다. 중국에서 1978년 개혁·개방정책을 추진한 덩샤오핑(鄧小平)에 이어 등장한 장쩌민(江澤民)이 강한 해군을 강조한 지도 이미 30여 년이 되어간다. 그리고 후진타오(胡錦濤, 2003~2013년 국가주석) 시기인 2008년 북경올림픽을 앞둔 2006년, 중국 인민해방군 해군사령관으로 임명된 우성리(吳勝利) 제독이 '강력하고 전투준비가 된 해군'을 주창하며 중국해군의 대외활동 확대를 주장한 것도 중국 지도부가 해양을 통한 확장

27 刘融´陈千禧, "国家发改委五方面介绍新中国成立70年来经济成就(2019年8月29日)," 人民网, https://baijiahao.baidu.com/s?id=1643176269854258974&wfr=spider&for=pc(검색일: 2020년 4월 19일).

28 Francesco Sisci, "China's rise may not be inevitable," *Asia Times*, March 14, 2020.

전략을 내비친 것이다.[29] 그리고 현재 중국은 해상전력의 원해작전 및 합동작전 능력 제고를 위한 강한 해군 건설과 미국 해군에 대한 역내 '반접근과 지역 거부 역량(A2AD: Anti–Access Area Denial)'을 향상하기 위해 2척의 항공모함도 건조하며 러시아와의 연합해상훈련을 강화하고 있다.[30]

반접근(A2: Anti–Access)이란 일반적으로 적이 작전지역에 진입하는 속도를 늦추거나 예방하기 위한 장거리 제어역량 혹은 행위로 주로 전구(戰區, theatre) 차원에서 구축되는 탄도미사일, 순항미사일 체계, 위성(衛星) 요격 체계, 잠수함 및 사이버 공격 등을 포함한다. 중국의 지역 거부 전략의 경우 상대적으로 단거리에서 적의 활동반경을 제한하는 것을 목표로 하는데, 단거리 대함미사일, 잠수함, 공군과 방공체계 등 지역 단위 공군과 해군의 우위를 상쇄하기 위한 행위 및 역량을 포함하고, 지역 거부(AD: Area Denial)란 접근 자체를 중간에서 차단하는 것을 의미한다.

---

29 环球网, "吴胜利卸任海军司令 在南海问题上屡次强硬表态(2017年01月21日)," 『新浪军事』. http://mil.news.sina.com.cn/2017-01-21/doc-ifxzuswr9875596.shtml(검색일: 2020년 4월 19일). 2006년 8월 해군사령원에 취임한 우성리 사령원은 이미 11년간 해군 총수를 하고 있는데, 취임 때 쇄신정신을 언급한 그는 과거 해군의 폐쇄 봉쇄적 특징을 타파했다. 이러한 평가는 환구시보가 여러 번 취재했을 때도 변화가 없었다. 그는 중국해군이 약세로 강력한 군대를 대항하던 사고에서 벗어난 새로운 중국해군의 길을 열고 대외교류를 확대했다.

30 김주환, " 육군 예산 해군으로 전환… '해양 패권' 눈독," 《국방일보》 2015년 9월 13일. 중국은 지금도 꾸준하게 2척의 항공모함을 건조하고 있다.

〈그림 6-1〉 중국 해군 건설구상

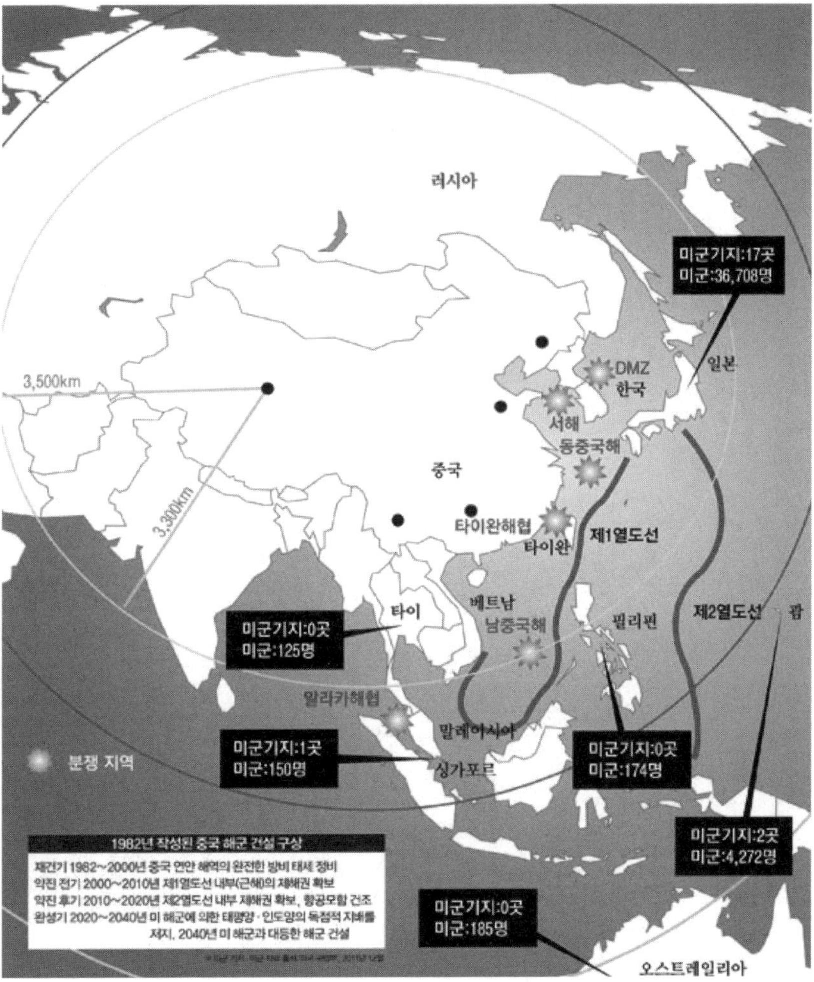

출처: 남문희, “아시아 신냉전, 한국이 최전방이다,” 『시사IN』, 2012년 7월 3일자.

중국은 2025년 이후엔 미국 함정의 제1도련선(필리핀-타이완-오키나와-일본 남부를 잇는 선) 진입을 막겠다고 하고 있다. 중국과 제1도련선 사이의 해양은 자유항행이 가능한 공해(公海)인데 중국은 자국의 내해(內海)처럼 주장하고 있다.[31] 구체적으로 중국은 반접근과 지역 거부 전략으로 미 해군이 제1도련선에 진입하는 중간(半)단계에서 접근을 막고, 진입 이후 거부(AD: Area Denial) 단계에선 미사일로 미 함정을 격파한다는 전략을 갖고 있다.[32] 현재 중국은 이러한 반접근과 지역 거부 역량을 확대해 점진적으로 도련선을 확장하는 추세에 있으며, 2050년에는 일본과 사이판, 괌과 인도네시아를 연결하는 제2 도련선 너머 대양으로 진출한다는 목표도 설정하고 있다.[33]

중국이 해양에 관심을 갖는 이유는 여러 가지겠지만, 우선 역사적으로 국공내전(國共內戰) 및 타이완(臺灣) 회복을 위한 금문도(金門島)전투에서 공산당 인민해방군 해군이 열악했다는 것이 중국 공산당에게 뼈아픈 경험으로 남아있기 때문일 것이다.[34] 또한, 만청(滿淸) 역사에서도 양무운동(洋務運動)으로 준비한 북양해군이 갑오전쟁(청일전쟁)에서 아시아 1위(세계 8위)임에도 세계 11위인 일본에 패전하여 일본의 한반도에서 지위를 인정하고 타이완과 유구(琉球)를 할양하며 일본이 중국 동북으로 침입할 기회를 제공한 것도 중국 근대사에서 뼈아픈 치욕 중의 하나이기 때문일 것이다.[35] 이는 공산당의 신중국 건설 이념인 '반봉건주의, 반제국주의, 반식민주의'

31 변창구, 앞의 글, pp. 37-38.

32 김민석 "2025년 미국 '유령함대'와 중국 항모전단이 맞선다," 《중앙일보》 2020년 1월 31일자.

33 양낙규, "中도련전략 위한 핵심전력 전력화," 《아시아경제》 2013년 1월 30일자.

34 每日頭條, "金門戰役(1949年10月)我軍為何會全軍覆滅?" 2015年 5月 30日, https://kknews.cc/zh-tw/history/5g2jp2.html(검색일: 2020년 4월 19일).

35 央视网, "[2019中国记忆]日本档案解密历史 甲午海战中这群中国战士视死如归," 『CCTV节目官网』 2019年 06月 08日, http://tv.cctv.com/2019/06/08/VIDEIBLWsS8QLWSknUzRR2oK190608.shtml(검색일: 2020년 4월 19일).

라는 정신에도 잘 나와 있다. 즉, 근대이전 중국왕조의 광둥성(廣東省), 발해만(渤海灣)에서 교주만(膠州灣)에서의 영향력, 타이완과 유구 열도에서의 영향력 등을 고려하면 근대사의 교훈에 기초한 공산당의 정책이 해양에 관심이 많은 것은 당연하다고 할 수 있다.[36]

특히, 영국과 프랑스 등 해군에게 '1·2차 아편전쟁'에서 패하고 여러 지역 항구를 개항하고 조차지를 제공한 것도 중국이 해군력 강화와 해안방어에 관심이 큰 역사적 원인이 될 것이다.[37] 그러나 지금 시각에서 보면, 중국의 타이완 수복에 대한 야망과 한국전쟁에서 해군(공군)력의 약세로 미국에 열세였던 것도 중요한 교훈으로 남아있다고 볼 수 있다. 특히, 해양의 안보와 경제적 가치가 더욱 중요시되는 현대에 있어 중국의 해양을 통한 확대 전략은 꾸준히 추진될 것으로 보인다.[38]

Ⅲ. 중국의 해양전략과 회색지대 전략

중국의 지리적 환경은 세 가지 차원의 문제점을 갖고 있다고 한다. 첫

36 조너던 D. 스펜스 지음, 김희교 옮김, 『현대중국을 찾아서 1』 (서울: 이산, 2002), pp. 262-278. 발해만은 러시아와 일본이 각축을 벌인 반면에 교주만은 영국 독일 그리고 일본 등이 각축전을 벌인 곳이다.

37 陈菲, "甲午战争打破洋务运动的强国之梦," 『书院报道腾讯文化』 2014. https://cul.qq.com/a/20140723/049122.htm(검색일: 2020년 4월 19일).

38 张晓东, "近期中国海洋军事战略之观察与展望: 从2015年度最新发布的白皮书说起," 『中国社会科学网』, 2016年04月19日. http://www.cssn.cn/jsx/201604/t20160419_2973132_1.shtml?COLLCC=2204501489&(검색일: 2020년 4월 19일).

째, 중국의 본토는 서태평양에서 해상배치 공습에 노출되어 있다는 것이다. 즉, 중국 동남쪽 넓은 해안은 외부세력의 중국대륙 침략에 교두보가 된다는 것이다. 이는 아편전쟁 전후 서구 세력이 이 지역을 통해 육지로 상륙하거나 강을 타고 내부로 진입한 것을 보면, 중국의 '서고동저(西高東低)' 지형과 동남해의 넓은 해안선이 갖고 있는 문제점을 이해할 수 있다. 둘째, 중국은 세계와 연결을 위해 공해로 진입하려면 다른 국가들의 영향력이 존재하는 역내 수많은 초크 포인트(choke point)와 해협 혹은 역내 다른 국가들의 영해에 진입할 수밖에 없다는 것이다. 중국 동쪽 해양인 황해, 서해, 동중국해 그리고 남단의 남중국해를 보아도, 이곳에서 다시 태평양으로 나가기 위해서는 한반도와 일본 그리고 타이완(臺灣)으로 가로막혀 있고 인도양으로 나가기 위해서는 동남아의 많은 국가의 영해를 통과해야 한다는 것은 중국의 원양 진출 환경이 좋지 않다는 것을 보여준다. 즉, 중국은 방어적 입장에서 육지와 연결된 국가(14개 국가)도 너무 많고, 해양에는 인접한 국가가 너무 많아 그 출로 확보가 쉽지 않다는 것이다.[39]

이러한 이유에서 중국은 '일대일로(一帶一路)' 전략으로 주변과의 관계를 개선하며 자국이 국제사회 여러 곳과 연결되는 출로를 확보하려 노력하는 것으로 보인다.[40] 이러한 해양이나 육지의 출로는 중국의 에너지 수급정책과도 매우 중요한 관계가 있다고 하는데, 실제로는 식량 및 중국산업의 국제화와 연결된 문제이다. 중국은 국제정치적으로 주변에 러시아, 미국, 일

---

39 刘星华, "军事地理视角下中国近海海域的利弊态势,"『铁军』, 2013年 第11期(2013). http://www.tiejunmedia.com/article/details/id/689.html(검색일: 2020년 4월 19일).

40 Shannon Tiezzi, "Who Is (and Who Isn't) Attending China's 2nd Belt and Road Forum?" *The Diplomat*, April 27, 2019.

본에 둘러싸인 환경에 처해있기에 강대국으로 발전하기에 전략적 지리(地理) 환경이 좋지 않다고 한다. 여하튼, 이러한 환경을 역으로 슬기롭게 해결하기 위해 중국이 강성권력(하드파워)으로 강조하는 것이 '강군몽(强軍夢)'인[41] 해군 영향력 확대와 태평양으로 나가려는 전략(走出去)이라 할 수 있고,[42] 경제와 대외관계를 고려한 것이 '일대일로' 전략이라 할 수 있다.

경제적 측면을 본다면, 오랫동안 대륙국가였던 중국은 대륙정치에 중심을 두고 해양인 남중국해에 별다른 관심을 기울이지 않았다. 그러나 1968년 남중국해에 석유와 천연가스 등 천연자원이 대규모로 매장돼 있다는 유엔 발표 이후 중국은 1974년과 1988년 베트남, 1995년 필리핀과 무력충돌을 불사하며 영유권 확보에 공세적 태도를 보이는데, 이것도 중국의 경제성장 및 국력 확장정책과 연관이 있는 것이다. 현재 남중국해를 둘러싼 긴장은 잠시 소강상태에 머물러 있었지만, 2000년대 말부터 다시 남중국해에 대한 실효적 지배를 확대하려는 중국의 공세적 시도는 계속되고 있다.[43] 그리고 최근 들어 남중국해를 중심으로 한 미국과 중국의 갈등은 갈수록 격해지고 있다.

중국은 역사적인 문제로 현재 해양 경계를 주장하는 측면이 강하다. 즉, 중국은 역사문서에 나오는 내용을 기초로 해양이나 해양 도서에 대한 주권을 주장하는 경우가 많은데, 한국의 이어도에 대한 중국의 주장도 이

41 김태성·이상현, 앞의 글, pp. 91-97.

42 迷彩虎视频, "突破第一岛链, 进军太平洋, 你知道中国需要面对多么严峻的现实?". https://baijiahao.baidu.com/s?id=1663902311911229733&wfr=spider&for=pc (검색일: 2020년 4월 19일).

43 Congressional Research Service, "U.S.-China Strategic Competition in South and East China Seas: Background and Issues for Congress," (Updated April 24, 2020), https://fas.org/sgp/crs/row/R42784.pdf(검색일: 2020년 4월 26일).

와 비슷하다. 중국은 이어도를 쑤옌자오(蘇岩礁)라 칭하며 역사적 근거에 의해 중국의 영토라고 주장하고 있다. 최근 이어도와 관련해서는 중국은 한국과 중국의 영유권 분쟁이 있는 지역이라 표현하고 있는데, 이는 당분간 전략적으로 한·중관계를 고려한 이유로 보인다.[44] 그러나 중국의 이러한 전략은 전략적 모호성이라는 측면에서 사려 깊은 분석이 필요할 것이다.

이어도는 마라도 남단에서 81해리 떨어져 있지만, 중국의 가장 가까운 섬에서는 147해리 떨어져 있는 명백하게 한국의 배타적 경제수역(EEZ)에 속해 있고, 한국 정부는 2003년 이어도에 해양과학기지를 건설해 운영 중이다. 한국과 중국은 여러 차례 'EEZ협상'을 해왔지만 합의에 이르지 못하고 있다. 우리 측은 중간선 원칙에 따라 두 나라 영토의 중간 지점에 EEZ를 설정해야 한다고 주장하고 있지만, 중국은 해안선 길이나 배후 인구 등을 고려해야 한다며 이어도 편입을 추진하고 있다.[45] 이러한 중국 정부의 주장은 결국 중국의 해양확대전략의 일부로 볼 수 있다.[46] 중국은 한국의 실효적인 이어도 관할에 대해 한국 항공식별지역(KADIZ)을 항공기로 진입하거나 기선으로 이어도 근해로 항해하는 전략을 펼치는 회색지대 갈등을 꾸준히 일으키고 있는 상황이다.[47]

---

44 钟荷, "韩国开展大规模海洋调查 将出动全部调查船对沿岸海域进行精密调查," 2014年4月去4日 ,『中国海洋信息网』, http://www.nmdis.org.cn/c/2014-04-01/54417.shtml(검색일: 2020년 4월 26일).

45 김효정, "이어도·불법조업 해결될까…한중 해양경계협상 주목,"《연합뉴스》2015년 12월 14일자.

46 이정진, "정부, 中 이어도 영토주장 시정 요구,"《연합뉴스》2008년 8월 8일자.

47 권경성, "한국방공식별구역 우습게 아는 중국 군용기,"《한국일보》2018년 4월 28일자.

〈그림 6-2〉 남중국해 영유권 분쟁(남해9단선)

출처: 김동윤, "시진핑 남중국해, 여전히 중국 영토…미국 판결에 승복하라," 《한국경제》, 2016년 7월 12일자.

남중국해애 관해 중국은 한나라 시대에 어부들이 이곳에 항행하기 시작했고, 여러 도서를 발견해 선점했다고 주장한다. 또한, 송나라 때부터 이미 군도에 대한 통치권을 행사해 왔다고 주장한다. 사실, '남해9단선'이란 단어가 처음 나온 것은 1953년 중화인민공화국 수립 직후 중국이 새 지도를 반포하면서 나왔는데, 그 전 이 분계선은 국민당 정부(민국정부) 시절인 1947년 '11단선'이란 이름으로 만들어졌으며 국민당 정부는 당시 이를 정부 공식지도로 제작했었다. 이 '남해9단선' 안에는 남중국해의 80% 이상이 포함되는데, 중국이 영유권을 주장하는 난사군도(南沙群島)를 포함해 남쪽 끝으로는 싱가포르 해역 일대까지 중국의 내해로 표기돼 있다. 중국이 주장하는 '9단선'은 U자형 라인으로도 불리며 대략 남중국해의 90%를 상회하는 정도를 포함한다. 이는 유엔해양법협약에서 규정하는 12해리 영해의 범위를 훨씬 초과해 필리핀·브루나이·말레이시아·베트남이 배타적 경제수역으로 주장하는 해역과 중첩된다. 따라서 역사적 권리인 '남해9단선'과 영유권 주장의 가장 큰 요소인 '실효적 지배' 사이엔 엄청난 차이가 있다.

그러나 중국의 '남해9단선' 주장은 2016년 PCA(상설중재재판소)의 판결로 국제법적 정당성을 상실하게 됐다. PCA는 중국이 건설한 인공 섬에 대해서도 "배타적 경제수역(EEZ) 등을 가질 수 없다"고 결론지었다. 유엔해양법협약에 따르면, 사람이 살 수 있고 경제활동이 가능한 섬은 영해(12해리)와 EEZ(200해리)를 모두 가질 수 있지만, 그렇지 않은 단순 암석은 영해만 가질 수 있다고 되어있다. 따라서 인공 섬을 근거로 남중국해 지역에서 EEZ를 설정한 중국의 주장도 설득력을 잃게 됐다. 이러한 판결문에 대해서 중국 시진핑 국가주석은 '남중국해 도서는 중국의 영토'라며 "PCA 판결 영향을 안 받는다"고 주장한 반면, 미국 존 커비(John Kirby) 미국 국무부 대변인은 "이번 판결은 최종적이고 구속력이 있다"고 중국을 압박했다.[48] 이는

48 JTBC뉴스, "중재재판소 중국, 남중국해 영유권 주장 근거 없다," 2016년 7월 12일자. 남중국해 분쟁은 당초 중국과 베트남, 필리핀, 말레이시아, 브루나이 등 동남아국가 사이의 지역분쟁이었다. 그러나 2011년 7월 제17차 아세안지역안보포럼

해양에서의 미·중 간 대립을 단적으로 나타내는 논쟁이다.

〈표 6-2〉 남중국해 해상분쟁과 RCA판결

1975년 4월	중국, 베트남 영유 난사(남사)군도 6개섬 점령
1988년	중국, 난사군도 11개 섬 실질 조사
1991년 4월	베트남, 시사(서사)·난사군도 영유권 재확인
1992년 2월	중국 영해법 공표(시사·난사군도 포함)
1992년 8월	중국, 난사군도 2개 섬 추가 점령
2002년 11월	중국 아세안, 남중국해선언 채택. 협상을 통한 문제해결에 합의
2010년 7월	중국, 남중국해에서 대규모 해군 훈련
2011년 7월	미국, 남중국해 문제 적극 개입 선언
2013년 1월	필리핀, 상설중재재판소에 회부
2014년 5월	반기문 UN사무총장, 평화적 해결 호소
2015년 10월	미국 해군 함정, 첫 진입
2016년 7월	상설중재재판소, 남중국해 판결

자료: 한국국방연구원 세계분쟁 데이터베이스

중국의 해양전략에서 반접근과 지역 거부 역량은 사실상 미국이 냉전 후 유지해 온 연안 중심 해양전략을 대양에서의 해양통제로 변화시킬 수밖에 없게 했는데, 이는 중국의 물리적 반접근과 지역 거부 역량 제고가 회색지대 전술인 살라미(salami) 전술과 기정사실화(fait accompli) 전술, 그리고 대리전(proxy warfare) 전술로 나타나고 있기 때문이다. 이는 중국이 회색지

에서 힐러리 클린턴 당시 미국 국무장관이 남중국해 문제에 본격 개입할 것을 선언하면서 양국 간 해상 패권 경쟁으로 비화했다. 미국은 남중국해 해역이 중국 주권이 영향을 미치는 영해가 아니라 공해라는 점을 내세워 '항행의 자유'를 주장해 왔다. 결국 2016년 PCA 판결로 미국의 주장은 국제법정에서 정당성을 인정받게 됐다.

대 전략을 통해 역내 현상변경의 정당성을 확보하려는 의도로 보이는데, 중국은 이러한 전략을 통해 궁극적으로 현상변경이 되돌릴 수 없는 방향으로 향하게 하여 중국에 유리한 해양통제가 가능하게 하려는 의도가 있는 것으로 보인다. 중국의 이러한 전략은 남중국해, 타이완해협 그리고 동중국해와 황해에서도 꾸준히 추진되고 있다.[49] 이는 과거 역사와 현상 및 미래를 대비하는 입장에서 추진되었던 동북공정, 서북공정, 서남공정 등의 내용과도 전략적으로 그 궤를 같이한다고 볼 수 있다.

중국은 해양작전에서 스스로 주장하는 불리한 상황을 만회하고 영유권을 유지 및 확대하기 위해 이전과 다른 전략을 사용한다고 하는데, 그것이 바로 살라미 전략(salami—slicing strategy)이다. 이는 살라미 소시지를 얇게 자르듯 타인의 이목을 끌지 않고 소규모의 도발과 확장을 통해 중국에 유리하게 현상을 변경하는 것이다. 중국에서는 이를 '양배추 전략(cabbage strategy)'이라고도 한다. 이는 일종의 '회색지대 전략'으로 분쟁 영역을 양배추 잎처럼 어선, 해양경비대와 해군 함정 등 수많은 선박으로 에워싸 점거하는 것을 말한다. '양배추 전략'에서 적극적으로 활용하는 대규모 어선들은 중국 어업국의 지도를 받으며 상당수는 '해상 작전 훈련을 받은 민병대'라고 볼 수 있다. 중국이 이처럼 정규군이 아닌 민병대, 어부, 해안경비대 등을 앞세우는 회색지대 전략을 사용함으로써 미국 등 상대국들을 군사적으로 대응하기가 어렵게 하고 있다.[50]

그 예로 중국은 2012년 필리핀에 '양배추 전략'을 구사해 스카버러 숄

49 Inicio Armada, "Beijing's South China Sea Aggression Is a Warning to Taiwan," *Opinion Global*, August 16, 2019.

50 유동원, "자원 노린 中 양배추 전략 국제 중재재판으로 제동," 《국방일보》 2019년 9월 27일자.

(Scarborough Shoal)을 점거했다. 중국은 이 승리에 고무돼 2013년 말부터 남중국해 스프래틀리 군도(Spratly Islands, 南沙群島) 7개의 지형물에서 해군, 공군, 해양경찰 및 어선단의 활동 범위를 확대할 수 있는 인공 섬 건설을 시작했고 지금 거의 완료된 상태다. 하지만 필리핀이 2013년 1월 이에 항의하며 국제해양법재판소(ITLOS)에 회부 해 중재를 요청했다. 그 결과 재판소는 2016년 7월 중국이 주장하는 '9단선의 역사적 권리'를 부정하며, 스프래틀리 군도에서 인공 섬이 불법임을 명시하게 된 것이다. 그러나 현재 필리핀은 중국과 현실적 관계를 고려하여 분쟁을 조장하지 않으며 미·중 간에 자국에 도움이 되는 스윙전략을 사용하고 있다.

중국이 서태평양에서 그 영향력을 확대하려는 전략을 펼치며 역내 기존 국제 질서에 도전하는 것은 중국이 과거 유럽 산업혁명 이후 식민지 개척을 위한 해군(해상통제)의 영향력을 학습하여 다시 실천하는 과정과 같다. 즉, 과거 아편전쟁이나 청일전쟁과 같은 해전의 피해국이었던 중국이 해군력을 활용해 아시아 이수위공(以守爲攻, 수비로 공격을 함)으로 역내 패권을 노리고 있는 것과 같다. 중국의 해군력이란 작전을 유리하게 하는 해상통제가 동반되는데, 중국의 회색지대 전술은 해상통제의 요인이 되는 것이다. 그러나 현재 동아시아 해양은 근대와는 다른 형세로 각국의 해양주권이 인정되며 공해에 대한 항행의 자유가 유지되는 상태이기에 중국의 해양에 대한 전략은 기존 체제와 패권에 대한 도전으로 나타나고 있다. 특히, 제2차 세계대전 이후 동아시아는 미·소 간의 대립에서도 해양은 미국의 패권 영역에 속했다는 점을 보면, 아편전쟁 이후 거대한 약국(弱國, 종이호랑이)의 위치에서 사회주의 국가로 진입한 중국이 경제와 군사력을 기초로 한 강대국의 입장으로 미국의 패권에 도전하는 것은 미국에 큰 위협으로 인식되는 것은 당연한 일이다.[51]

현재 중국은 서태평양에서 현상변경을 위해 군사적 공격을 하기보다는 회색지대 전술을 통해 미·중 간의 세력균형을 변화시키려고 하는데, 이 회색지대 전술은 현상 유지를 선호하는 국가에 무력 대응이나 확전의 부담을 주지 않는 수준에서 현상을 변경하려는 행위를 하는 전술이다. 이러한 전술은 최근 사이버, 해양, 해외기지와 이민(移民) 거점지역 건설 및 우주 공간(중국의 '북두성' 위성 발사전략)에서도 빈번하게 사용되고 있으며, 특히 중국이 '일대일로' 전략을 펼치는 상황에서 동남아 국경이나 해외투자 기지에서도 이러한 접근방식이 활용되고 있다. 여기는 경제와 문화를 통한 소통을 통해 이에 대한 현지인들의 거부감을 줄이며 중국 입장의 당위성이 천천히 인식되게 하는 전략이 포함된다.[52]

간단한 예를 들면, 이는 한국에 장기체류나 투자 이민 혹은 귀화한 중국인들이 형성하는 새로운 '차이나타운'과 관련 지역에서 한국인들은 간접적으로 중국인들과 중국 정부에 대한 거부감이 천천히 줄어드는 것과 같은 것이다. 혹은 반감을 갖기는 하지만 경제적 이익으로 그 현상을 수동적으

51 국공내전에서 승리한 공산당은 중국 대륙과 대부분 섬을 장악하지만, 타이완과 일부 섬은 국민당이 장악하여 완전한 통일을 이루지 못했는데, 이러한 이유로 공산당이 국민당 영역인 금문도(金門島)에 대한 공격과 타이완에 대한 공격(위협)은 쉬지 않고 반복되었다. 특히, 1997년과 1999년 홍콩과 마카오를 반환받은 상황에서도 타이완의 존재는 '조국의 완전한 통일'이라는 전제하에 중국 국내 정치와 국제정치의 주요 목표가 되고 있다. 또한, 미국은 괌을 중심으로 일본, 한국, 타이완, 필리핀을 연계하며 해양으로 중국을 봉쇄하는 전략을 펼치는 상태라 중국은 타이완과 센가쿠열도(조어대, 釣魚臺)에 대한 전략적 접근을 멈추지 않는 상태다. 또한, 중국의 황해와 동해가 연결되는 한국의 제주도 서남방인 이어도 해역에 대해서도 중국은 전략적으로 회색지대 전략(gray zone strategy)을 펼치고 있다고 할 수 있다.

52 홍병문, "북중 접경지역 개발 탄력…中이 한반도 해빙 최대 수혜," 《서울경제》 2018년 8월 16일자.

로 받아들이는 것과 같은 현상이 나타난다. 이러한 인적 이동과 집단거주지 구축을 통한 회색지대 전략은 중국이 오랜 역사에서 이민족들을 통치하거나 융합하는 과정에서 형성된 하나의 한족(漢族)의 고도의 통합(융합)전술과 같다고 볼 수 있다.

이러한 현상은 현재 중국의 '일대일로' 정책과 중국인들의 이민에 따라 동남아를 포함하여 서남아, 아프리카, 남미 등지에서 광범위하게 활용되고 있으며, 이미 구미(歐美)나 대양주(大洋洲) 국가로 이민 간 중국인들에 의해 그곳 차이나타운에서도 꾸준히 진행되는 현상이다. 이는 과거 중국 역사에서 한족(漢族)의 동화정책과 유사한 것으로 이민족과 교류하며 중간지역을 회색지대 전략 대상으로 삼아 경제적 유대를 기초로 천천히 인구를 전입해 문화적 통합을 이루는 정책과 같은 것이다. 이러한 과정에는 민간인이 자연적으로 형성한 결과에 효과적 관리를 위해 정부에서 반정부적 조직을 설립하여 정부의 영향력을 향상시키는 경우도 있고, '일대일로' 정책과 같이 정부가 계획적으로 구축하는 기지도 있다고 볼 수 있다. 중국 국내적으로는 중화인민공화국 건국 이후 소수민족 지역에 한족을 전출해 천천히 한족(漢族) 위주의 중화문화권의 소수민족 지역으로 만드는 과정도 이와 비슷한 것이다.

V. 중국의 회색지대 전략의 특징

현재 국제사회에서 미·중 간의 회색지대 갈등을 주목하는 이유는 현상변경국가인 중국이 도전국으로 미국의 패권에 도전하기 때문인데, 문제는 미·중 양국은 경제 및 국제 현안에서 상호의존의 수준이 높은 상황에서 나타나는 갈등의 양상이라는 특징이 있다. 미·중 간 갈등은 1971년 미·중 접

축으로 1979년 양국이 수교한 이후 닉슨에서 트럼프에 이르는 동안 전략과 경제적 보완과 협력관계에서 안보적 갈등과 대립으로 변화해 오고 있다.[53]

중국은 개혁·개방 이후 연평균 9.9%의 성장률을 기록하여 세계에서 경제성장이 가장 빠른 국가가 되었는데, 중국은 국내적으로 체제 유지와 대외적으로 해양 이익 확보, 타이완 통일, 영토 분쟁 해결을 위해 1990년대 후반부터 군사비를 급격히 증가시켰다. 그리고 현재 동아시아지역에서 중국은 미국의 패권에 대한 도전 양상이 발견되며, 미·중 세력전이에 따른 충돌이 발발할 가능성도 있다. 현재 중국은 내부적으로 소수민족 문제, 빈부격차 심화, 자본주의와 사회주의가 혼합된 시장경제 시스템으로 인해 부의 배분에 대한 지역적·계급적 불평등, 부정부패 증가, 권위주의 정치체계의 한계 및 국제환경의 변화 등으로 인해 지속적인 경제발전과 사회 안정이라는 국내문제도 있기에 이것이 대외정책에 영향을 미칠 수도 있다.[54] 여하튼, 동아시아에서 변화하는 미·중 관계는 동북아 핵심에 위치한 한국에 있어서도 그 미래를 예측하기 어려운 도전으로 나타나기도 한다.[55]

현재 미·중관계는 가치관과 국가체제가 다른 상황에서 무역, 금융, 안보, IT와 과학·기술 영역에서 마찰하고 있으며, 이 와중에 중국 주도의 회색지대 갈등이 벌어지고 있다는 것이다. 이러한 사례는 지리적 환경만 아니라 다른 공간에서도 회색지대 갈등 가능성을 조성한다. 그중에서도 중국의 해양 회색지대 전략은 이미 많이 진행된 상태인데, 이는 당분간 미·중 그리

53 Council on Foreign Relations, "U.S. Relations With China," https://www.cfr.org/timeline/us-relations-china(검색일: 2020년 4월 27일).

54 유가, "21세기 미중관계와 동아시아 안보질서: 세력전이 이론의 비판적 검토," 인천대학교 석사학위논문(2013), pp. 33-36.

55 서보혁, "불안한 미중관계와 한반도의 미래. 내일을 여는 역사," 『내일을 여는 역사』 52(2013. 9), pp. 15-17.

고 지역 국가 사이에 모순과 마찰의 원인이 될 것으로 보인다.

중국의 남중국해 인공 섬 건설과 같은 행위로부터 얻는 이익의 규모는 상당하고 이는 중국의 점진주의적 접근의 연속선에 존재하는 사례라고 볼 수 있다. 대리전의 경우, 현상변경을 위해 도전국이 정규군을 투입하기보다 국내 민간단체를 이용하는 전략으로, 이와 같은 민간인들에 의한 현상변경 행위에 대해 패권국은 자국의 정규군을 투입하여 대응할 수 없는 상황을 만든다는 것이다.[56] 즉, 중국의 동아시아 해양에서 민간 어선과 더욱 조직화된 민병대 그리고 경찰력을 동원하는 것은 바로 중국의 회색지대 전략의 사례라고 할 수 있다. 이 민병대는 해군의 작전을 지원하는 세력인데, 지역 해역을 잘 이해하고 있는 이들은 해양정보 수취 및 해군작전에서 인해전술(人海戰術)과 같은 '선해전술(船海戰術)'로 해양통제에 중요한 역할을 담당한다고 할 수 있다.

중국의 해양 회색지대 전략의 주요 행위자는 중국의 정규군(正規軍)이나 해경(海警)이라기보다 지역 안보 체제의 지휘나 지도를 받는 해상민병대(maritime militia)와 일반 어선인데, 중국은 이러한 비군사적 역량과 군사 역량을 분리해서 운용하지 않는 것이 특징이다. 이는 중국 홍군(인민해방군의 전신)이 국민당에서 혁명을 통해 만들어지고 나서 국공합작(國共合作)과 장정(長征) 그리고 항일전쟁을 경험하며 농촌과 도시에서 농민과 도시노동자를 중심으로 그 세력을 확장해 나갔기에 인민해방군은 정규군과 유격전을 하기 위한 비정규군을 통합적으로 운영해왔기에 인민해방군은 정규군을 조직의 기반으로 하지만 인민의 역량도 군의 역량으로 활용하는 전통과 관습이 있다고 할 수 있다. 또한, 공산당이 국민당과 다투던 시기 해군력을 열

56 정구연, "미중 세력전이와 미국 해양전략의 변화: 회색지대갈등을 중심으로," 『국가전략』 24권 3호(2018), pp. 93-95.

세를 보충하기 위해 대량의 어민과 어선을 동원한 것이나 조어대에 대규모 어선단을 포위한 것과 같은 내용을 보아도 공산당은 정규 해군과 해경 외에 민간 어선과 어민을 효과적으로 활용한다는 것을 알 수 있다. 해상민병대란 퇴역 군인이나 이와 유사한 해양에 대한 경험이 있는 사람들로 조직된 한국의 예비군과 비슷한 형태의 조직으로 보고 있다.[57] 그리고 점차 중국의 해양 전략은 중국 정규군인 해군, 공군, 로켓군 미 전략지원부대인 사이버 군대와 민간이 종합적으로 협력하는 해상 전술로 나타난다고 할 수 있다.[58]

---

57 观察者网, "浙江民兵渔船队海上值勤 完成重大军事任务立二等功," 『新浪军事』, 2016年 02月 04日, http://mil.news.sina.com.cn/china/2016-02-04/doc-ifxpf-hzq2433439.shtml(검색일: 2020년 4월 19일). 이 보도 내용에서는 중국 해상민병대(민병어선대)가 해군작전에 중요한 공헌을 했다고 인민해방군 신문인《解放军报(해방군보)》가 보도했다고 되어있다.

58 김태성·이상현, 앞의 글, pp. 94-96. 아래 표는 본 논문 95쪽의 내용으로 저자들이 작성한 것이다.

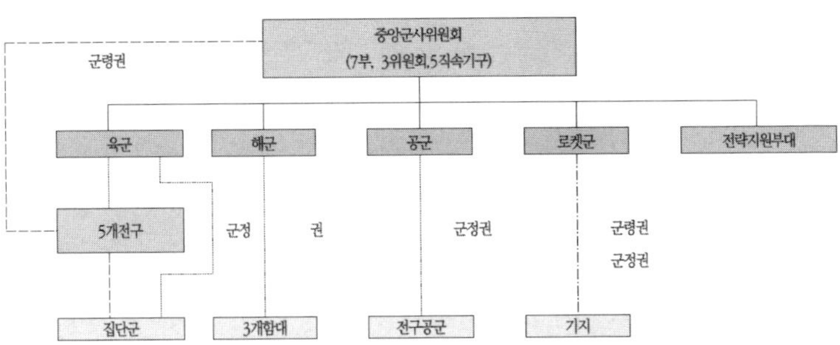

〈그림 6-3〉 渔船队出动(어선단 출동), 중국 观察者网 사진

출처: 观察者网, "浙江民兵渔船队担负海上战备值勤任务,"2016年2月4日, https://www.sohu.com/a/58006486_115479(검색일: 2020년 4월 19일).

중국의 해양 진출전략은 군사적 역량과 비군사 역량을 이용한 살라미 전술로 진행된다고 볼 수 있는데, 전략적 접근으로 정규군인 항공기나 해군 선박을 통해 인접국 영공이나 영해에 가까운 항공식별지역 범위 안으로 접근하기도 하고, 어선의 경우는 상대방의 영해로 진입하기도 한다. 이와 같은 중국어선의 어로(漁撈) 활동을 중국 정부는 민간인들이 생활을 위한 생계를 위한 활동이라 주장하지만, 이들이 이러한 활동을 통해 얻는 경제적 이익 외에도 해양 관련 정보는 정부와 공유될 수 있다는 면에서 이것도 회색지대 전략의 살라미 전술로 볼 수 있다.[59]

즉, 회색지대 전술은 종합 해군력에 포함되는 행위자인 해군과 해양통

59 문예성, "中, 영유권 분쟁서 살라미 전술 구사… 일본, 장기전 대비 日 언론," 《NEWSIS》 2014년 8월 20일자.

제 요소들을 통해 더 넓은 해양으로 그 영향력을 확대해가는 것을 말한다. 그리고 최종목적은 이러한 연해에서의 활동으로 그 지역에 해양통제의 기반을 조성하면서 그 영향을 근해와 대양으로 확장 시키는 것이라고 할 수 있다. 중국의 경우, 해양 회색지대 작전을 수행하는 초기 행위자는 어부와 해상민병대가 될 수 있다고 할 수 있고, 해양경비대와 해군이 더욱 치밀하게 전략적인 입장에서 접근한다고 볼 수 있다. 즉, 어선과 민병대는 정찰대와 유격대의 역할을 하지만, 무력 시위나 전쟁으로 확대되는 경우에 해경과 해군이 관여하게 된다고 볼 수 있다. 그리고 해경과 해군은 이중적으로 민병대와 어선 선대(船隊)를 관리하고 있기에, 어선, 민병대, 해경, 해군과 그 지원 세력은 모두 해양통제의 주요 요소로 활용되고 있다 할 수 있다.

현재, 중국의 변화는 경제, 군사, 안보, 과학·기술 등 하드파워의 변화만이 아니라 중국 내 사회환경 및 제도, 교육과 의식 등을 포함한 소프트파워의 변화를 통해 중국인의 민족주의 의식을 강화하며 대외적으로 중국에 우호적인 세력이나 분위기를 조성하기 위해 노력한다. 이에 따라, 동아시아와 세계는 구매력이 있는 중국 관광객을 선호하며 그 영향력도 강화되고 있고, 중국 정부와 민간인들의 국제기구 참가와 활동도 꾸준히 증가하고 있다. 게다가, 중국 기업들과 민간인들의 아시아 내 투자와 (신)이민은 중국과 중국인들의 영향력을 증가시키는 요인으로 작용하고 있다. 비록, 중국인들의 이민이나 투자는 현지 주민들에게 부정적인 모습을 보이기는 하지만 경제적 이익이라는 측면에서 중국인들을 무시하거나 입국 거부하기는 힘든 상황이라고 볼 수 있다. 또한, 정부와 기업의 지원으로 중국 NGO들의 활동도 강화되고 있으며, 동아시아 국제사회는 중국과 중국인이라는 이미지와 그 실제적 영향력이 강화되고 있다고 볼 수 있다.[60] 예를 들어, 한국의 서울, 부산, 제주도 등지의 여러 곳이 과거 미군과 미국인들의 경제적 혜택을 보았지만, 현재는 한국 전역이 중국인 투자와 관광객의 영향을 받는 점을

생각하면 쉽게 이해될 것으로 보인다.[61]

Ⅳ. 결론: 중국의 회색지대 전략과 한국의 대응

현재 동아시아는 인구, 영토, 경제 강대국인 중국의 확장정책에 따라 미국 본토와 떨어져 있는 서태평양에서 미국과 중국의 마찰이 일어나고 있다. 이는 동아시아의 중국과 일부 국가에 대한 미국의 관리정책의 효과가 떨어지고, 아시아라는 지역이 이념적 대립보다 경제적 이익에 더 중점을 두는 현상 때문으로 보인다. 그리고 중국이 주는 경제적 이득이 미국이 주는 것보다 크기 때문으로, 이는 중국의 경제적 발전과 그 영향력이 현재 아시아에서 큰 영향을 미치고 있다는 것이다. 최근, 필리핀이 '코로나19' 백신과 관련하여 영해 분쟁을 거론하며 협력을 원하는 내용도 그러한 현상으로 보인다. 이는 중국을 포함한 아시아의 일부 국가들은 꾸준한 경제발전을 기초로 국내 통치방식을 유지하며 이를 기초로 한 대외정책을 펼치는 상황이기에 나타나는 현상으로 경제를 무시할 수 없는 현실적 문제가 국가 간에 존재한다는 것이다. 이러한 이유에서 미국 자체에서도 아시아에서 미국은 새로운 도전에 직면하고 있다고 판단하고 있는 것으로 보인다. 그러나 미국이 아시아에서 그 영향력이 축소되는 경우 아시아에는 새로운 도전국에 의해 새로운 국제 질서가 만들어지면서 내부적 분쟁과 갈등이 고조될 수도

---

60 Tarun Chhabra, Rush Doshi, Ryan Hass, and Emilie Kimball, "Global China: Domains of strategic competition," *BROOKINGS*, September 2019.

61 《헤럴드경제》, "중국인 관광객 영향력, 이 정도? 유통업계, 앞다퉈 요우커 모시기," 2014년 9월 15일자.

있다는 우려도 존재한다.

즉, 중국의 국력(경제력, 군사력, 국제사회에 대한 영향력)의 확대와 더불어 태평양 건너에 있는 미국이 서태평양에서 군사·안보, 정보관리 능력과 동맹 구조를 통해 동아시아 전체에 영향을 미치는 힘은 과거에 대비해 약해졌다고 보는 시각도 있다. 중국은 바로 이러한 미국 힘의 공백을 자신들의 전략 공간으로 보고 있다. 미국은 전 세계 동맹들과 함께 현상변경국가들을 제어하기 위한 전략을 펼치고 있는데, 역내 국제관계를 고려한 국가들이 미국의 방위비 증가 요구에 불편함을 표하고 있는 것은 경제적인 문제도 있지만, 중국과 같은 국가들과 관계를 고려한 면도 있다는 것이다. 바꾸어 말하면, 동아시아 미국의 동맹국이나 우방국인 한국과 일본 그리고 싱가포르나 필리핀 등 국가들이 자국이 처한 위치나 중국과의 관계에서 현실적인 국가이익을 고려하는 문제가 중국과 미국과의 관계에 모순으로 나타나는 부분이라 할 수 있다.

동아시아 역내 국가들은 역내 대외관계에서 경제적 이익을 고려하며, 자국의 민족(애국)주의 정서나 국내 정치 환경을 역내 국제관계에서 복합적으로 활용하고 있다. 즉, 자국 국내 정치에 도움이 되는 경제적 요소와 안보적 요소를 적절하게 활용하며 대외관계를 유지한다는 것이다. 특히, 민주주의 제도로 선거를 통해 지도자를 선출하는 경우 이러한 국내 정치·경제에 상황에 지도자는 더욱 민감하게 반응한다는 것이다. 이는 공산당 당대회를 통해 선출되는 중국 지도자도 국내 정치의 주요 요소를 기반으로 대외관계를 추진하며, 선거로 지도자를 선출하는 한국이나 일본 및 필리핀과 같은 국가들도 국내 정치와 대외관계의 관계는 어느 정도 유사한 상황이며, 미국도 마찬가지라고 할 수 있다. 그리고 북한이나 베트남 같은 국가도 지도자(그룹)가 국내 정치 상황을 기초로 국제정치에서 경제적 이익과 안보 전략을 활용하는 전략을 펼친다고 할 수 있다. 즉, 동아시아 국제정치에서 경제적 이익은 안보적 이익만큼 중요하게 고려된다는 것이다.

이러한 상황에서, 중국은 대륙국가에서 강대국이 되기 위해 해양국가로 변화를 도모하는 상황이다. 이는 중국의 항공모함 건조를 포함한 해군력, 미사일과 공군력 및 사이버 및 우주 관리능력을 강화하는 일면을 보아도 쉽게 이해할 수 있다. 이러한 의미에서 중국은 해양영토와 해안과 해양의 안전을 위해 전방위적 전략을 펼치고 있다. 예를 들어, 퇴역 군인과 경찰을 중심으로 한 민병대의 운영관리라는 것과 농민과 어민을 위주로 한 비상업적 군가 권력으로의 활용하는 부분과 잘 교육된 엘리트를 활용한 사이버공간 장악과 또한 각종 분야에서의 NGO 활동의 독려 등은 중국 정부가 하드파워와 소프트파워를 결합한 국가경쟁력 강화를 통해 강대국의 길로 나가려는 모습이라 할 수 있다.

이러한 상황에서 동아시아에서 꾸준하게 영향력을 발휘하던 미국의 영향력은 상대적으로 축소되고 있다고 볼 수 있다. 제2차 세계대전과 한국전쟁 그리고 베트남전쟁을 거치면서 가치관을 통한 동맹 및 우방 관계로 아시아에서 영향을 미치던 미국의 영향력이 축소되고 있다는 것이다. 예를 들어, 한미관계가 약 75년이 되었다고 하더라도 한국과 수교가 27년밖에 되지 않는 중국의 영향력과 비교해도 상대적으로 중국의 영향력이 짧은 시간에 증대하고 있다고 볼 수 있다. 이는 한국 국내 정치 현황과 사회현상 그리고 한·중관계의 교류사례만 보더라도 중국과 중국인의 영향력이 우리 정치, 경제와 사회, 국가에 미치는 정도와 어떠한지 알 수 있는 것이다. 이는 앞으로 한중관계의 활발한 교류 속에 더 많은 마찰이 양국 혹은 다자간에 일어날 수 있다는 것을 예시한다고 할 수 있다.

이러한 측면에서 보면 해양 영유권 분쟁은 현재 일본과의 경쟁뿐만 아니라 중국과도 꾸준하게 대응해야 할 우리의 과제라고 할 수 있다. 이러한 측면에서 분쟁지역에 대한 우리의 선제적 철저한 연구와 관리가 중요하다고 본다. 국제적으로 현재의 동맹체제를 활용하는 것도 중요하지만, 자국의 영해와 영공에 대한 안보 능력을 높이는 것이 우선시 되어야 하며, 분쟁을 유발하는 국가에 대한 적절한 자체 제어력이 필요하다고 본다.

현재 중국은 현재는 2개의 항모와 이에 상응하는 해상, 항공 군사력을 구비하고 있다. 이는 잠재적으로 타이완 수복이라는 목적을 이루기 위한 전략이자 중국이 대륙국가에서 해양국가로 나가기 위한 준비 과정이라고 할 수 있다. 또한, 중국은 남중국해에서 자국의 영향력을 강화하기 위한 전략으로 남사군도 등에 자국의 군사기지를 건설해 왔고, 자국과 연관된 지역의 항공식별구역과 공해와 영해의 중간을 자주 넘나들며 자국 전략을 내보이고 있다. 또한, 자국 인민들에게 영토, 영해, 영공에 대한 민족의식을 강화하며 자국의 안보와 자국의 영향력 확대라는 의미에서 자국 인구들의 주변국 이민을 보이지 않게 방관하며 돕고 있다. 중국은 이 해양에서의 영향력을 군사, 산업, 상업, 어업을 포함한 모든 영역에서 민관이 하나가 되어 움직이고 있다고 볼 수 있다.

중국의 영해와 영토 분쟁의 특징은 군사력과 인구 이동 및 상호교류를 통해 자국에 유리한 환경을 구사하여 주권 안정과 영향력 확대를 도모하는 전략인 회색지대 전술에 있다. 그리고 현재 가장 강한 전술은 경제력을 동반한 '일대일로' 전략이라 할 수 있을 것이다. 중국의 분쟁지역에서의 전술은 군사력을 포함한 종합 국력을 회색지대에 투여하는 것과 동시에 민간인을 동원한 유격전과 인해전술과 같은 전략으로 연결된다는 것이다. 얼마 전 중국에서 흥행한 영화인 전량(戰狼)이라는 영화도[62] 이와 비슷한 내용으로

62 战狼은 1, 2가 상영되었는데, 인도와 국경분쟁을 주제로 그리고 해상에서의 중국이 자국의 선박을 보호하는 주제로 중국에서 성황리 상영되었고, 현재 제3편을 준비하고 있다고 한다. 이는 중국이 애국심을 고취하고 해양과 분쟁지역의 영

민족의식을 높이기 위한 영화가 아니었나 한다. 중국은 해양이나 분쟁지역에 대한 중국의 회색지대 전략과 더불어 인구의 이동을 통해 중국문화 및 경제적 영향력을 확대하고 있는데 이도 회색지대 전술의 하나로 볼 수 있다. 영화 전랑에서 나오는 중국과 인도의 분쟁이 현실이 되었다는 것은 중국의 영화를 통한 민족의식 고조가 현실적 국경분쟁의 정책으로 연결되었다는 것을 보여주는 사례라고 할 수 있다.

중국인들의 해외 이주와 그 영향력에 대한 예로는, 과거 동남아를 시작으로 세계로 나갔던 중국인이 이제는 그 지역에서 영향력 있는 국민이나 화교들이 되었고 현재는 새롭게 이민 간 중국인이 자연적으로 혹은 정부의 정책에 따라 현지에 새로운 차이나타운을 형성하고 있는 사례로 이해하면 쉬울 것이다. 한국에 관련된 예라면, 한국의 대도시와 제주도에 있는 중국인 집단촌과 거리만 보아도 쉽게 이해할 수 있는 내용일 것이다. 한국 대도시와 제주도의 중국인 사회는 이미 반관반민 조직이 효과적으로 운영되고 있다고 할 수 있다. 이러한 중국인들의 점진적 진출은 결국 해외에 중국 국내와 비슷한 중국문화를 기초로 중국에 유리한 중국인 지역사회를 만들고 결국 중국에 도움이 되는 세력으로 중국의 국력 확대로 연결된다고 볼 수 있다. 이러한 중국의 회색지대 전략은 군민과 정부가 유기적으로 협력하여 상대방이 주의를 기울이지 않는 시기에 천천히 자국에 유리한 지점에 많은 중국인이 이전하여 활동하게 하는 전략인데, 이는 경제력과 인구를 기본으로 정부의 대외정책과 그 궤를 같이하며 형성된다는 것이다. 즉, 이러한 중국에 유리한 해외 거점의 형성은 결국 중국의 대외전략의 거점 역할을 할 수

토의 중요성을 애국심에 호소하는 영화라고 볼 수 있다. 관련 자료는 영화전문 채널 아이치이(爱奇艺)에서 해외에서도 무료도 볼 수 있다. https://www.iqiyi.com/v_19rrnqxz7k.html(검색일: 2020년 4월 27일)

있다는 것이다. 해양에서의 중국의 전략도 이와같이 천천히 그리고 부지부식 중에 진행된다고 볼 수 있다.

우리나라는 영토의 한계에 따른 해양주권이 매우 중요한 국가인데, 주변 해양국가인 일본과 그리고 해양국가로 나가려는 중국의 전략에 우리의 해양영토는 도전받고 있다고 볼 수 있다. 그리고 현재 우리의 해양을 물리적으로 장악하기 위한 군사력도 주변 국가에 비해 상대적으로 뒤떨어진 상태이다. 그나마 애국심이 강한 것은 우리의 장점이라 본다.

한국과 중국 그리고 일본이 주권이 서로 마주치는 동북아 해양은 3국이 서로 교류와 마찰 및 전쟁을 치렀던 곳으로, 과거 각 국가 국민의 교류 터전이었다. 그러나 현재 이 지역에서 나타나는 중국과 일본의 전략은 때로는 군사력으로 때로는 회색지대 전략으로 우리의 해양 권익을 침략하고 있다. 사실, 회색지대 갈등은 중국만 아니라 일본도 한국의 해양과 영토에 투사하고 있는 상태다. 특히, 일본은 국내 정치와 국제여론을 중심으로 한 회색지대 전술을 구사하고 있다. 중국은 한국과 국교 수교와 경제교류로 상호의존이 증대하는 과정에서도 회색지대 갈등을 이용한 회색지대 전술을 한반도 해역이 투사해 오고 있다. 그리고 인구 이동을 활용한 중국의 영향력은 한국에 이민 오거나 투자나 생업 혹은 관광을 위해 온 중국인들이 한국 내에서 차이나타운 등 집단거주지를 형성하면서 그 영향력이 더욱 강화되고 있다. 게다가, 중국 정부는 어선이 우리나라 영해 침입을 반복하는 것에 적극적으로 제재하지 않으며 우리 영해에 대한 중국식 '간 보기'도 해오고 있다. 이러한 여러 종류의 중국의 한국에 대한 회색지대 전술을 현명하게 대처하며 한국의 온전한 영토와 영해를 지키는 것은 매우 중요한 과제이자 온전한 영토를 후세에 물려주는 것은 우리의 현재 책임이라 본다.

이 글 뒷부분에서는 중국의 한국 영토와 해양에 대한 회색지대 전략을 한국이 어떻게 슬기롭게 극복할 수 있는지 연구 결과와 인터넷 자료에 기초해 관련 한국과 중국의 전문가와 인터뷰를 통해 알아본 내용으로 결론을 대신하려 한다.

첫째, 한국 전문가들의 의견은 해양주권과 해양을 통한 발전이 필요한 한국의 미래에 있어 우리의 영해와 해양영토는 결국 우리가 지켜내야 한다고 주장한다. 그러나 가장 먼저 관심이 가는 것은 주변국에 비해 열악한 우리의 군사력을 보충할 수 있는 해군력과 해상통제력의 강화를 주장하고 내용이다. 여기에는 항공기의 작전시간을 늘릴 수 있는 공중급유기, 상륙함과 첨단 레이더 및 활용 가능한 공항 건설 등도 포함된다. 특히, 해양 안보를 주장하는 측에서는 이러한 것이 기본이 되어야 한다고 본다. 또한, 해경의 경비 능력을 향상시킬 수 있는 장비의 선진화도 중요하다고 주장한다. 즉, 중국의 회색지대 전략을 효율적으로 대처하기 위해서는 해양경찰의 장비 개선이 필요하고 해경의 관련 부서와의 유기적인 협력이 이루어져야 한다고 주장한다. 이를 보완하기 위한 무인기의 개발과 경항공모함의 건조도 필요하다고 한다.

둘째는, 민간차원에서의 우리의 해양영토에 대한 중요성을 알리고, 주변국의 회색지대 전술로 우리 영토에 대한 침략을 정확하게 인식해야 한다는 교육과 홍보를 강화해야 한다는 주장이 많다. 독도에 대한 문제뿐만 아니라, 중국과 밀접한 관련이 있는 이어도에 대한 문제는 더욱 시급한 일이라고 주장하는 제도주민도 많다. 특히, '이어도 연구회'의 이러한 주장은 많은 연구에서 나오는 주장이다. 이어도 문제와 관련 해역에 대한 문제는 전체 한국인에 홍보가 필요하다고 주장하는 이유는 이 지역에 한국의 해양 발전에 매우 중요한 해역이기 때문이라고 한다.

셋째, 중국의 회색지대 전략은 중국이 전통적으로 중원(中原)지역에서 외부로 확대되는 한족(漢族)의 역사적 문화통합이라는 면에서 진행되어 온 것이라고 한다. 문화와 경제의 통합을 통한 영토의 확대를 인구의 이동으로 진행해 오면서 새로운 영토와 영해를 확대해 왔다는 것이 중국 연구자들의 주장이다. 중국인들의 주장에 따르면, 천천히 그리고 은밀히 이전하면서 그곳에서 천천히 받아들이게 하는 경제적 활동과 교류는 중국문화와 영토를 확대한 중국인의 개척정신에 근거한다고 하며, 중국의 역사는 이렇게 변해 왔다고 한다. 즉, 중국인들은 이전(확장)을 통해 그 경제와 정치 영토를 확대해 왔다는 것이다. 이러한 측면에서 보면, 중국인들은 회색지대 전술(양배추 전략)을 당연한 자연의 이치로 생각한다는 것이다. 그리고 중국 역사기록에 나오는 지명은 중국의 영토라는 자신들의 근거에 기반하는 민족주의 정신이 강하다. 이러한 중국인들의 특성을 고려하면, 한국의 영토와 영해에 대한 국제사회에 대한 홍보는 철저하게 사료와 현안 자료 연구를 통해 영어만 아니라 중국어 및 여러 국제적 언어로 홍보하는 것이 중요하다는 것이다.

넷째, 중국의 회색지대 전술은 때론 중국 정부 통제로 조직적으로 나타나는데, 여기에는 군사력, 과학기술력, 경제력 그리고 민족정신에 근거한 애국심이 복합적으로 연결되어 있다는 것이다. 이러한 의미에서 본다면, 이는 동맹을 통한 군사적 안보 강화도 중요하지만, 한국이 국제적 법을 준수하는 국가이기에 국제법이나 판례에 도움이 될 수 있는 관련 영토에 대한 자료를 구체적으로 만들어 가는 것도 중요할 것이다. 이러한 판단은 최근 필리핀과 중국 사이에서 나온 판례를 보아도 쉽게 이해할 수 있다. 한국 영해와 해양영토를 구체적으로 연구하고 분석하여 한국에 맞는 전략을 구비하는 것이 필요할 것이다.

다섯째, 중국 회색지대 전략을 국제사회에서 한국에 유리하게 유지하기 위해서는 한국의 해양영토와 해양주권이 중국의 회색지대 전략으로 침해를 받는다고 알리는 것이 중요하다고 한다. 비정치적인 방법으로 국제사회에 NGO를 통한 홍보 활동을 늘리는 것도 좋을 것이고, 언론을 통해 구체적 보도로 이어가는 것도 중요하다고 한다. 그러나 이것이 중국과의 국가

관계에 훼손이 되지 않도록 적절한 수준을 유지하는 것도 중요할 것이다. 최근 환경오염에 따른 한국의 꾸준한 보도와 연구가 결국 중국의 협력을 유도했다는 것을 참고해도 좋을 것이다. 즉, 중국을 자극하지 않으며 우리의 주장을 우리도 민간의 역량을 최대로 활용하는 것이 중요하다는 것이다.

여섯째, 안보와 군사적인 문제에 있어서 중국과의 문제가 한·미동맹이나 한·미·일 협력의 이슈와 중첩되는지 판단하며 관련 이슈를 양자 간 혹은 다자간 문제로 나누어 중국과 양자가 협의할 수 있는 것은 양자 간에 다자간 협력이 우리에게 도움이 되는 다자간 협력이라는 틀로 우리의 이익을 극대화하는 것이 좋을 것이다. 그러나 이것이 국제적 문제이고 외부의 협력이 필요한 경우에는 국제여론과 같은 소프트파워를 동원한 협력이나 혹은 군사력과 같은 하드파워를 동원한 협력을 할 수 있다는 점도 기억해야 할 것이다.

일곱째, 한중 간 갈등을 해결해야 할 때, 우리는 한국 내 중국인들이 집단 거주하는 지역에서의 중국 민족주의 정서가 격화되지 않도록 적절한 법적 조치와 질서 유지도 해야 할 것이다. 이들이 한국문화를 좋아하고 융합되게 할 수 있는 프로그램을 만들어 한국 사회와 동화되게 하는 일도 중요하며 민족주의적인 정서를 갖는 중국인들이 국제적 질서에 대한 이해와 한국의 입장을 충분히 이해하게 만드는 직간접적 교육도 중요할 것으로 본다. 즉, 한국문화와 역사 그리고 현안 내용을 국내에 거주하거나 한국을 여행 오는 사람들에게 잘 홍보하는 것이 중요할 것이다.

여덟째, 중국 회색지대 전략에 노출된 국민인 어민과 농민들 그리고 시민들에게 중국의 회색지대 전략에 대한 사전교육과 대비책을 교육하는 것도 중요하다고 본다. 특히, 우리의 어선들이나 상선들도 이러한 중국의 회색지대 전략에는 적절한 협력과 대처를 할 수 있게 하는 교육도 필요할 것이다. 동시에 이러한 중국의 도발적 행위에 대한 현장 녹화 등을 통해 국제사회에 알리는 것도 중요할 것이다.

아홉째, 중국인들과 중국 정부에 대한 감성과 이성 그리고 그들의 관습과 중국법을 자세히 연구하여, 그들의 법의 범위에서 어긋나는 것이 무엇인지 확인하며 동시에 한국법과 국제법을 상호 비교하여 합리적으로 중국 정부와 인민들에 대한 법적 대응도 필요할 것이다.

열째, 한국과 중국의 교류를 강화하고 서로 지도부나 사회 유력 인사들의 교류를 통해 서로 소통할 수 있는 공간을 만드는 것도 중요하다. 중국에서 영향력 있는 중국인들을 한국으로 초청하거나 관광 오게 하여 그들에게 간접적으로 한국의 입장을 전하는 것도 방법으로 보인다. 교류라는 인문적 기초에 서로에 대한 이해를 경제문제와 법적 근거로 서로 인지하게 하는 작업이 중요할 것으로 보인다. 그리고 기존에 서로 협의한 내용이 효과적으로 작용할 수 있도록 하는 관리도 필요하다고 본다. 일반적으로 중국은 자국에 불리하거나 혹은 고의로 연락에 회신하지 않은 경우가 많은데, 이에 대한 제재를 할 수 있는 연관된 레버리지 확보가 중요할 것이다.

한국과 중국의 교류와 마찰은 최근만의 일은 아니다. 지정학적으로 한반도와 중국대륙의 관계가 그러했다. 그리고 중국의 한반도와 그 해역에 대한 영향력 확보도 어제오늘의 일은 아니라고 본다. 중국과 인접해 있는 한국의 지정학적 입장에서 오랜 역사적 경험에 근거해 중국의 회색지대 전술이 한국과 한국인에게 그리 큰 영향을 미치지는 못할 것으로 본다. 그러나 중국의 영향력 확대와 우리나라와 해양으로 접하고 있다는 점을 고려하면 '유비무환(有備無患)'의 자세는 필수라고 본다. 우리 국민성의 특성인 애국·애족 정신과 더불어 남북한 대립으로 형성된 우리의 군사력은 한국의 영토와 영해 수호에 적지 않은 역할을 할 것이다. 그러나 필요불가결한 안보를 위한 군사력과 (해양)경찰력을 강화할 필요가 있다고 본다. 여하튼, 중국인들이 일반적으로 자연적인 전략이라고 생각하는 회색지대 전술에 말려들지 않기 위해서는 동맹관계와 국제관계를 활용하는 국제협력 외에도 자국의 기본 안보력과 애국심을 강화하는 것은 필수적 조건이라고 본다.

참고문헌

권경성. "한국방공식별구역 우습게 아는 중국 군용기."《한국일보》2018년 4월 28일자.

김동수·정맹석·홍성표. "중국의 해양전략과 연계한 중국방공식별구역(CADIZ) 운영 분석과 우리의 대응방안."『항공우주시스템공학회지』제11권 제2호(2017).

김민석. "2025년 미국 '유령함대'와 중국 항모전단이 맞선다."《중앙일보》2020년 1월 31일자.

김주환. "육군 예산 해군으로 전환… '해양 패권' 눈독."《국방일보》2015년 9월 13일자.

김태성·이상현. "중국의 군사력 증강(强軍夢)에 따른 한국의 전략적 대응방향: 한국의 안보정책방향과 군사대응전략을 중심으로."『한국동북아논총』제23권 제3호(2018).

김효정. "이어도·불법조업 해결될까…한중 해양경계협상 주목."《연합뉴스》2015년 12월 14일자.

문예성. "中, 영유권 분쟁서 살라미 전술 구사… 일본, 장기전 대비 日 언론."《NEWSIS》2014년 8월 20일자.

박지숙. "미·중 해양패권 경쟁과 '회색지대 전략'."『KIMS Periscope』제142호. 한국해양전략연구소(2018).

백우열·이기태·이재현·정구연.『쿼드 국가의 인도–태평양 전략과 한국의 대응』(서울: 아산정책연구원, 2019), pp. 10–15.

변창구. "중국의 동아시아 해양전략과 남중국해 분쟁."『한국동북아논총』제71권(2014).

서보혁. "불안한 미중관계와 한반도의 미래. 내일을 여는 역사."『내일을 여는 역사』52(2013.9).

서정경. “신자유주의 시각에서 본 미·중 경제협력: 전략경제대화(Strategic Economic Dialogue)를 사례로.” 『국제정치논총』 49권 1호(2009).

신경환. “중국의 G2 부상에 따른 주변국 전략변화 추이와 지역경제 영향 연구.” 『글로벌경영학회지』 제15권 제6호(2018).

양낙규. “中도련전략 위한 핵심전력 전력화.” 《아시아경제》 2013년 1월 30일자.

오승렬. “中 휘감는 불확실성의 그림자.” 《세계일보》 2007년 3월 31일자.

왕함. “중국의 대(對)한국 외교정책 분석: 2007년~2017년.” 동국대학교 대학원 정치학과 석사학위논문(2019).

유가. “21세기 미중관계와 동아시아 안보질서: 세력전이 이론의 비판적 검토.” 인천대학교 석사학위논문(2013).

유가. “미중관계와 동아시아 국제질서: 지정학적 전략으로서의 재균형과 역균형.” 인천대학교 대학원 정치외교학과 박사학위논문(2020).

유동원, “자원 노린 中 양배추 전략 국제 중재재판으로 제동,” 『국방일보』, 2019년 9월 27일자.

이기완. “사드와 AIIB를 둘러싼 미중관계와 한국.” 『국제정치연구』 제18집 1호(2015).

이영학. “중국공산당 대외전략의 변화, 특징 및 전망: 개혁개방 이래 역대 당대회 정치보고에 대한 분석을 중심으로.” 『현대중국연구』 14권 1호(2012).

이정진. “정부, 中 이어도 영토주장 시정 요구.” 《연합뉴스》 2008년 8월 8일자.

인민망 한국어판. “세계 10대 하역량 자랑하는 항구 중 7곳이 중국 항구.” 2017년 6월 22일자. http://kr.people.com.cn/n3/2017/0622/c203281-9231957.html(검색일: 2020년 4월 20일).

정구연. “미중 세력전이와 미국 해양전략의 변화: 회색지대갈등을 중심으로.” 『국가전략』 24권 3호(2018).

조너던 D. 스펜스 지음. 김희교 옮김. 『현대중국을 찾아서 1』(서울: 이산, 2002).

풍엽. “중국 다자외교와 미중관계: 아시아태평양 역내 갈등관계의 고찰.” 성균관대학교 일반대학원 석사학위 논문(2019).

한기천. “중국 군용기 방공식별구역 진입, 가볍게 볼 일 아니다.”《연합뉴스》 2017년 12월 18일자.

《헤럴드경제》. “중국인 관광객 영향력, 이 정도? 유통업계, 앞다퉈 요우커 모시기.” 2014년 9월 15일자.

홍병문. “북중 접경지역 개발 탄력…中이 한반도 해빙 최대 수혜.”《서울경제》 2018년 8월 16일자.

JTBC뉴스. “중재재판소 중국, 남중국해 영유권 주장 근거 없다.” 2016년 7월 12일자.

观察者网. “浙江民兵渔船队海上值勤 完成重大军事任务立二等功.”《新浪军事.》2016年02月04日. http://mil.news.sina.com.cn/china/2016-02-04/doc-ifxpfhzq2433439.shtml(검색일: 2020년 4월 19일).

国际在线. “解放军报评论员:凝神聚力共筑中国梦强军梦.” https://baijiahao.baidu.com/s?id=1649618715345995903&wfr=spider&for=pc(검색일: 2020년 4월 20일).

刘雪岩(长江商学院) 编辑. “构建后新自由主义时代的经济发展模式: 长江商学院项兵院长第三次受邀哈佛中国论坛主题演讲(2019年4月30日).” MBA China. https://www.mbachina.com/html/ckgsb/201905/186772.html(검색일: 2020년 4월 20일).

刘星华. “军事地理视角下中国近海海域的利弊态势.”『铁军』, 2013年 第11期(2013). http://www.tiejunmedia.com/article/details/id/689.html(검색일: 2020년 4월 19일).

刘融·陈千禧. “国家发改委五方面介绍新中国成立70年来经济成就(2019年8月29日).” 人民网. https://baijiahao.baidu.com/s?id=1643176269854258974&wfr=spider&for=pc(검색일: 2020년 4월 19일).

每日頭條. “金門戰役(1949年10月)我軍為何會全軍覆滅?” 2015年5月30日. https://kknews.cc/zh-tw/history/5g2jp2.html(검색일: 2020년 4월 19

일).

迷彩虎视频. “突破第一岛链, 进军太平洋, 你知道中国需要面对多么严峻的现实?” https://baijiahao.baidu.com/s?id=1663902311911229733&wfr=spider&for=pc (검색일: 2020년 4월 19일).

环球网. “吴胜利卸任海军司令 在南海问题上屡次强硬表态(2017年01月21日).” 『新浪军事』. http://mil.news.sina.com.cn/2017-01-21/doc-ifxzuswr9875596.shtml(검색일: 2020년 4월 19일).

央视网. “〔2019中国记忆〕日本档案解密历史 甲午海战中这群中国战士视死如归.” 『CCTV节目官网』 2019年06月08日. http://tv.cctv.com/2019/06/08/VIDEIBLWsS8QLWSknUzRR2oK190608.shtml(검색일: 2020년 4월 19일).

张晓东. “近期中国海洋军事战略之观察与展望: 从2015年度最新发布的白皮书说起.” 『中国社会科学网』, 2016年04月19日. http://www.cssn.cn/jsx/201604/t20160419_2973132_1.shtml?COLLCC=2204501489&(검색일: 2020년 4월 19일).

钟荷. “韩国开展大规模海洋调查 将出动全部调查船对沿岸海域进行精密调查.” 2014年4月去4日. 『中国海洋信息网』. http://www.nmdis.org.cn/c/2014-04-01/54417.shtml(검색일: 2020년 4월 26일).

陈菲. “甲午战争打破洋务运动的强国之梦.” 『书院报道腾讯文化』. 2014. https://cul.qq.com/a/20140723/049122.htm(검색일: 2020년 4월 19일).

BBC Chinese.com. “中國民族主義何去何從?近年來,民族主義在中國表現強烈°(2008年02月15日).” http://news.bbc.co.uk/chinese/trad/hi/newsid_7240000/newsid_7244700/7244777.stm(검색일: 2020년 4월 20일).

Armada, Inicio. “Beijing's South China Sea Aggression Is a Warning to Taiwan,” *Opinion Global*, August 16, 2019.

Bay, Austin. “On Point: Beijing Exploits Pandemic to Probe the South China

Sea," *Strategy Page: The News as History*, April 8, 2020.

Bosco, Joseph. "China, Russia, North Korea, Iran: Confronting the new axis of aggression and evil." *THE HILL* June 1, 2020. https://thehill.com/opinion/international/476899-china-russia-north-korea-iran-confronting-the-new-axis-of-aggression-and-evil(검색일: 2020년 4월 22일).

Chhabra, Tarun, Rush Doshi, Ryan Hass, and Emilie Kimball. "Global China: Domains of strategic competition." BROOKINGS, September 2019.

Congressional Research Service. "U.S.-China Strategic Competition in South and East China Seas: Background and Issues for Congress." (Updated April 24, 2020), https://fas.org/sgp/crs/row/R42784.pdf(검색일: 2020년 4월 26일).

Copley, Gregory R.. "China Is Waging A New Kind Of War Against The U.S. (Apr 21, 2020)." OIL PRICE.COM. https://oilprice.com/Energy/Energy-General/China-Is-Waging-A-New-Kind-Of-War-Against-The-US.html(검색일: 2020년 4월 20일).

Council on Foreign Relations. "U.S. Relations With China." https://www.cfr.org/timeline/us-relations-china(검색일: 2020년 4월 27일).

Jennings, Peter. "Preparing for the crisis after the crisis(April 18, 2020)." *THE STRATEGIST*. Austrian Strategic Policy Institute. https://www.aspistrategist.org.au/preparing-for-the-crisis-after-the-crisis/(검색일: 2020년 4월 20일).

Lundy, Derek. "How to Respond to China's 'Salami Tactics' in South China Sea." *The National Interest*, July 11, 2016.

Ochmanek, David and Lowell H. Schwartz. "Nuclear-Armed Regional Adversaries- How Deterrable Are They Likely to Be?" RAND Corporation. https://www.rand.org/pubs/research_briefs/RB9368.html(검색일: 2020

년 4월 20일).

Oh, Kwan–Chi. "East Asian Security Issues: A Summary Review. *Korean Journal of Defense Analysis*, 25 Mar 2009.

Sisci, Francesco. "China's rise may not be inevitable." *Asia Times*, March 14, 2020.

Tiezzi, Shannon. "Who Is (and Who Isn't) Attending China's 2nd Belt and Road Forum?" *The Diplomat,* April 27, 2019.

Zhu, Yuchao. "Performance Legitimacy and China's Political Adaptation Strategy." *Journal of Chinese Political Science* Vol. 16 (2011).

제7장
중국의 해양 회색지대 전략에 대한 일본의 대응*

이상현

Ⅰ. 들어가며

2020년 들어 코로나19 사태로 전 세계가 혼란스러운 가운데, 남중국해와 동중국해를 무대로 전개되는 중국의 해양공세는 해를 거듭할수록 강화되고 있는 형국이다. 이처럼 중국이 공세적인 해양진출을 펼치는 데 있어 첨병의 역할을 하는 것이 준해군에 해당하는 해경(海警, China Coast Guard)과 해상민병(海上民兵, Maritime Militia)이다. 중국은 해경과 해상민병을 앞세운 회색지대 전략을 통해 무력충돌의 임계점을 넘지 않는 선에서 전시와 평시의 구분이 애매모호한 방식으로 현상변경을 시도하고 이를 통해 자국의 해상 안보이익을 달성해 오고 있다.

---

* 이 논문은 2020년 『일본연구논총』 제52권에 게재되었음.

먼저 인근 동남아국가들과 영유권 분쟁을 벌이고 있는 남중국해의 동향을 보게 되면, 중국은 각국이 코로나19에 대한 대응으로 분주한 틈을 노려 이 해역에서의 실효지배를 한층 강화하는 추세다. 4월 18일 하이난성 산사시(三沙市)에 시사(영어명 파라셀)제도 및 주변 해역을 관할하는 시사구(西沙区)와 난사(영어명 스프레틀리)제도 및 그 해역을 관할하는 난사구(南沙区)를 새로운 행정구로 설치한 것이 대표적인 사례라 하겠다.[1] 4월 중순에는 미군항모 시어도어 루즈벨트(USS Theodore Roosevelt)가 코로나19의 영향으로 괌에서 발이 묶여 있는 사이, 랴오닝(遼寧)을 앞세운 항공모함 전단이 남중국해에서 군사훈련을 실시했고, 7월 초에는 수일간에 걸쳐 베트남과 영유권 분쟁을 벌이는 시사제도 해역에서 군사훈련을 실시했다.[2] 미 해군은 이러한 중국을 견제하기 위해 5월 20일 항공모함의 항행 재개를 선언했고, 7월 4일에는 남중국해에 원자력 항공모함 2척을 파견하여 대규모 군사훈련을 실시했다. 급기야 7월 13일에는 폼페이오(Mike Pompeo) 미 국무장관이 "남중국해의 대부분 지역에 해당하는 중국의 해양권익에 관한 주장은 완전히 위법이다"는 성명을 발표했다.[3] 이는 남중국해의 영유권 분쟁에 중립적이던 미국 정부가 공식적으로는 처음으로 남중국해에 대한 중국의 영유권 주장을 완전히 부정한 것으로 남중국해를 둘러싼 미중 갈등이 또 다른 단계에 접어들었음을 의미한다고 하겠다.

한편, 중국의 거침없는 해양공세는 남중국해에 이어 센카쿠열도(중국명

---

1 "中国, 南シナ海に新行政区を設置 ベトナムは反発,"『日本経済新聞』(電子版), 2020/04/20.

2 "中国, 東シナ海でも軍事演習 3海域同時で影響力誇示,"『日本経済新聞』(電子版), 2020/07/05.

3 "南シナ海巡る中国主張′米が公式に否定 完全に違法,"『日本経済新聞』(電子版), 2020/07/14.

댜오위다오)가 위치하는 동중국해에서도 한층 강화되고 있다. 4월 중순에는 중국해군의 항공모함 랴오닝호가 오키나와 본토와 미야코지마(宮古島) 간 해역을 통과하여 태평양으로 진출한 뒤 다시 이 해역을 통해 북상함으로써 처음으로 이 해역을 왕복한 사실이 밝혀졌다.[4] 5월 8일에는 센카쿠열도 영해에 진입한 중국해경국 소속 선박 4척이 조업중이던 일본 어선을 추격하는 사건이 발생했으며,[5] 7월 22일에는 중국해경국 소속 선박 4척이 센카쿠열도 부근의 접속수역 항행을 시작한 이후 역대 최장인 100일을 기록하여, 2019년의 64일을 갈아 치웠다. 방위성이 7월 14일 발표한 2020년 방위백서는 중국의 센카쿠열도 주변 영해 침입에 대해 "힘을 배경으로 한 일방적인 현상변경 시도를 '집요하게' 계속하고 있어, 심히 우려스러운 상황이다"고 지적하면서 '집요하게'라는 표현을 처음으로 사용했다.[6]

이처럼 2012년 일본의 센카쿠열도 국유화 선언으로 강화된 동중국해에서의 중국의 해상공세는 북한의 핵미사일 개발과 더불어 일본의 안보를 심각하게 저해하는 위협요인으로 부상했다. 중국의 해상공세에서 비롯된 일본에서의 회색지대에 대한 논의는 2000년대 중반 무렵부터 안보 전문가들 사이에서 논의가 시작되었고, 2010년에는 정부의 공식문건에도 등장했다. 일본의 최상위 전략문건으로 센카쿠 국유화 이듬해에 수립된 「국가안전보장전략(国家安全保障戦略, NSS)」에는 중국의 무장세력에 의한 센카쿠 상륙을 상정하여 평시도 유사시도 아닌 회색지대 사태에 대한 대처 필요성

---

4 "中国空母が沖縄―宮古北上 11日に南下'往復は初," 『日本経済新聞』(電子版), 2020/04/29.

5 "中国船が領海侵入'日本漁船を追尾 尖閣周辺で," 『日本経済新聞』(電子版), 2020/05/09.

6 防衛省(2020), 『防衛白書(令和2年版)』, p. 73.

이 제시되었다.[7] 그리하여 2010년대 중반 국회를 무대로 평화안보법제 제정을 둘러싼 논의가 전개될 때에도 회색지대사태는 집단적 자위권 도입 여부와 더불어 핵심의제 중 하나로 제기되었다. 하지만 회색지대사태에 대한 자위대의 역할확대가 오히려 군사적 위기를 초래할 수 있다는 인식이 정부여당을 중심으로 확산되면서 법제정은 유보되었고, 이후 일본은 해양경찰인 해상보안청을 중심으로 독자적인 해상 억지력 강화를 위한 전략적 해상보안체제 구축에 역량을 집중시키는 양상을 보이고 있다.

점차 강화되는 중국의 해양공세에 일본은 어떻게 대처하고 있는가? 이 글에서는 일본 특유의 개념인 회색지대가 무엇인지를 살펴본 뒤 회색지대사태에 대처하기 위한 일본 정치권의 법제도적 논의와 전략적 해상보안체제 구축을 위한 일본 정부의 대처방안을 검토하고 이것이 한국에 주는 함의를 도출하고자 했다.

Ⅱ. 해양국가 일본과 중국의 회색지대 전략

1. 해양국가 일본

일본은 국토보다도 해양에서 광범위한 권리를 보유한 국가이다. 일본의 국토 면적은 38만km^{2}로 세계에서 60위이지만 영해와 배타적 경제수역(EEZ)을 합치면 약 447만km^{2}로 세계 6위이다. 또 일본은 원유나 석탄, 철광석과 같은 자원과 국민생활에 필요한 원자재의 대부분을 해외로부터의

7 国家安全保障会議決定·閣議決定(平成25年12月17日),「国家安全保障戦略について」, p. 10.

수입에 의존하는 무역국가이며, 무역량의 99.6%를 해상운송이 담당한다는 점에서 해상무역국가이다. 따라서 중동의 페르시아만, 아덴만에서 인도양, 말라카해협, 남중국해를 걸쳐 일본근해로 이어지는 광대한 해역의 해상 교통로(sea-lane, シーレーン)는 일본의 국가안보에 있어 핵심적인 요소이며, 해상교통로의 안전확보야말로 일본의 평화와 번영의 기초가 되는 것이다. 2018년에 수립된 방위계획 대강은 해양국가 일본과 해상교통로의 중요성을 다음과 같이 기술하고 있다.

> 사면이 바다로 둘러싸여 긴 해안선을 가진 일본은 본토에서 떨어진 다수의 도서 및 광대한 배타적 경제수역을 보유하고 있으며, 여기에는 반드시 지켜야 할 국민의 생명, 신체, 재산, 영토, 영해, 영공 및 각종 자원이 넓게 존재한다. 또 해양국가이며, 자원 및 식량의 대부분을 해외와의 무역에 의존하는 일본에게 있어, 법의 지배, 항행의 자유 등 기본적 룰에 기초한 '개방적이고 안정된 해양'질서를 강화하고 해상교통 및 항공교통의 안전을 확보하는 것이 평화와 번영의 기초이다.[8]

다음으로, 국가 최상위 전략문건으로 2013년 아베 정권하에서 수립된 '국가안전보장전략(NSS)'을 보게 되면 국가안보의 기본이념을 기술한 대목에서 일본의 국가정체성에 대한 언급이 나온다.[9] 여기서는 일본의 국가정체

8 国家安全保障会議決定·閣議決定(平成30年12月8日), 「平成31年度以降に係る防衛計画の大綱について」, p. 6.

9 国家安全保障会議決定·閣議決定(平成25年12月17日), 「国家安全保障戦略について」, p. 2.

성으로 강한 경제력과 높은 기술력을 보유한 경제대국, 전수방위와 비핵3원칙을 견지해 온 평화국가와 더불어 해상무역과 해양자원개발을 통해 경제발전을 이룩한 해양국가란 점이 강조되어 있다.

이렇듯 해양국가로서의 자기정체성을 추구하는 일본은 종합적인 해양정책 추진을 위해 2007년 「해양기본법」을 제정했으며, 이 법에 기초하여 5년마다 「해양기본계획」을 수립해 오고 있다. 2018년에 수립한 제3기 해양기본계획은 종합적인 해양안보를 중시하여 해양자원개발을 중시한 이전 계획들과 달리 영역경비나 원거리도서방위 등 해양안보를 전면에 내세운 것이 특징이다.[10] 이는 중국 해경선의 영해 침입이나 중국해군의 활동반경 확대, 북한의 일본의 EEZ해역에 대한 탄도미사일 발사 등 최근의 해양안보 환경의 변화를 반영한 조치로, 구체적인 대응책으로는 해상보안관련 체제강화, 위협의 조기탐지를 위한 해양상황파악(MDA: Maritime Domain Awareness)체제 확립, 국경원거리 도서의 보전 관리 등이 제시되어 있다.[11]

한편, 해양국가 일본은 2010년대 중반부터 「자유롭고 개방된 인도태평양(FOIP: Free and Open Indo-Pacific)」 전략을 추진해 오고 있다. 새로운 지역질서 구상인 FOIP는 아베 수상이 2016년 제6차 아프리카개발회의(TICAD)에서 행한 기조연설에서 처음으로 제시했다. 아베 수상은 이 연설에서 인도 태평양이라는 지역개념이 태평양과 인도양은 물론 아시아와 아프리카까지도 아우르는 개념이라는 점을 밝힌 뒤, 이 지역의 자유롭고 개방된 국제질서를 유지해 나가기 위해 일본이 적극 대응해 나가겠다는 방침을 천명

---

10 "資源開発から安保重視への転換 海洋基本計画を閣議決定,"『日本経済新聞』(電子版), 2018/05/15.

11 笹川平和財団海洋政策研究所(2019),『海洋白書2019』, p. 118.

했다.[12]

일본 정부가 아직 체계적으로 설명된 문서를 제시하지 않고 있다는 아쉬움이 있기는 하지만, 일본 외무성이 공개한 문건에 의하면 FOIP는 (1) 국제질서의 기본 원칙인 법의 지배, 항행의 자유, 자유무역 등의 보급, 정착, (2) 연결성 향상 등에 의한 경제적 번영 추구, (3) 평화와 안정의 확보 등 3가지 축으로 구성된다.[13]

여기서 주목할 점은 FOIP가 해양을 무대로 한 이념이며, 그 배경에는 2000년대 후반부터 강화되기 시작한 중국의 적극적인 해양진출이 영향을 주었다는 것이다.[14] 요컨대 일본 입장에서는 남중국해에서의 인공섬 건설과 군사거점화 그리고 동중국해 센카쿠열도 주변 해역에서의 중국 해군과 해경의 공세적인 활동은 항행의 자유와 안정적인 해상교통로 이용을 심각하게 위협하는 요인으로 인식되었다는 점이다. 따라서 해양안보와 항행의 자유 확보는 FOIP의 핵심 요소로 3가지 축 중 하나인 평화와 안정의 확보에 반영되어 있으며, 후술하듯이, 일본 정부는 동남아 연안국에 대한 해상보안 역량강화 지원, 해상법집행능력 강화 등의 방법을 통해 해양의 안정을 유지하는 노력을 해오고 있다.[15]

---

12 防衛研究所(2017), 『東アジア戦略概観2017』, ジャパンタイムズ. p. 229.

13 外務省(2019), 『外交青書2019』, p. 24.

14 防衛研究所(2020), 『東アジア戦略概観2020』 ジャパンタイムズ, pp. 192-194.

15 外務省(2020.5), 「自由で開かれたインド太平洋に向けた日本の取組」, p. 7.

2. 회색지대 개념

1) 회색지대의 정의 및 특징

회색지대는 새로운 개념이 아닌 과거에도 국제관계를 설명함에 있어 존재했던 개념으로 특히 미·소간의 전면전이 발생하지 않은 냉전 시기에 이와 관련된 활동이 현저했던 개념이다. 이런 이유로 조셉 보텔(Joseph Votel) 장군은 냉전을 45년간의 회색지대 투쟁으로 묘사했고, 필 카푸스타(Phil Kapusta)에 의하면 비정규전(irregular warfare), 저강도 분쟁(low-intensity conflict), 비대칭전(asymmetric warfare), 군사공작(military operation) 등의 용어가 회색지대 분쟁을 표현하는 용어로 사용되었다고 한다.[16] 이런 가운데 2010년을 전후하여 중국과 러시아의 무력충돌을 야기하지 않는 수준의 도발을 분석하기 위한 개념으로 군사안보 연구자들의 주목을 끌게 되면서 재개념화가 이루어지게 되었다.

대다수 연구자들이 언급하듯이, 미국의 공식문건 중에서 새로운 안보영역으로 회색지대(gray zone) 개념을 언급한 것은 2010년에 공개된 4년 주기 국방검토보고서(QDR: Quarrennial Defense Review)가 처음이다.[17] QDR은 미래의 전략 환경을 언급하면서 '완전한 전쟁도 아니고 완전한 평화도 아닌 애매모호한 회색지역(gray area)'에서의 도전을 지적했다. 이후 다수의 안보 연구자들이 회색지대 관련 연구성과를 발표해 오고 있지만, 아직까지 회색

---

16 Michael Green. et al., *Countering Coercion in Maritime Asia: The Theory and Pratice of Gray Zone Deterrence* (Washington D.C.: CSIS, 2017), p. 22.

17 U.S. Department of Defense(2010), Quadrennial Defense Review Report, p. 73. https://archive.defense.gov/qdr/QDR%20as%20of%2029JAN10%201600.pdf (검색일: 2020.8.16.).

지대에 대한 확립된 정의가 존재하지 않는다. 다만 최근 전략국제문제연구소(CSIS)와 RAND 연구소 등 미국의 싱크탱크가 발간한 자료는 회색지대에 대한 개념적 이해에 도움을 준다. 먼저 CSIS는 회색지대 전략(gray zone strategy)을 "직접적이고 상당한 수준의 무력 사용을 피하면서 자신의 안보 목표를 달성하고자 하는 일련의 시도"로 정의하며, 회색지대 전략을 추구하는 자는 전쟁의 임계점을 넘지 않으려 한다는 점을 지적한다.[18] 다음으로 RAND연구소는"평화와 전쟁 사이에 존재하는 작전 공간(operational space)으로 군사적 대응을 유발할 수 있는 임계점(threshold) 아래에서 현상변경을 시도하는 강압적 행위이며, 이러한 행위는 종종 군사와 비군사의 경계와 책임소재가 모호하다"고 정의한다.[19]

회색지대 전략의 전형적인 특징으로 다음과 같은 3가지를 들 수 있다.[20] 첫 번째 특징은 회색지대에서는 분쟁 당사국 사이에 존재하는 이익(Interests)과 역량(Capability)의 비대칭성(Asymmetry)이 발생한다는 점이다. 이익의 비대칭성이란 분쟁 당사국 간에는 어떤 목표에 대한 이익의 강도가 비대칭적이며 회색지대 전략을 추구하는 국가가 이익경쟁을 유리하게 끌고 갈 가능성이 높다는 것이며, 역량의 비대칭성이란 회색지대 전략을 추구하는 국가는 힘의 상대적 열세를 극복하면서 확전의 위험성을 피하기 위해 군사와 비군사의 영역이 명확하지 않은 소규모의 비대칭 전술을 사용한다는 것이다.[21]

---

18 Green(2017), p. 21.

19 Lyle J. Morris et al., *Gaining Competitive Advantage in the Gray Zone: Resopnse Options for Coercive Aggression Below the Threshold of Major War* (Santa Monica, CA: RAND Corporation, 2019), p. 8

20 Green(2017), pp. 29-34.

21 반길주(2020), "동북아국가의 한국에 대한 회색지대 전략과 한국의 대응방안,"

둘째로 회색지대 전략을 추구하는 국가는 자신의 정체와 의도를 숨기기 위해 전략적 애매모호성(Ambiguity)을 추구한다는 점이다. 위협의 주체와 책임소재는 물론 군사와 비군사의 경계가 불명확하기 때문에 경쟁국의 입장에서는 직접적인 군사적 대응이 어려워지고, 따라서 회색지대 전략을 추구하는 국가는 현상변경의 기정사실화를 통해 소기의 목적을 달성하게 되는 것이다.

세 번째가 전략적 점진주의(Incrementalism)이다. 목표달성을 위한 군사력 행사는 경쟁국가의 군사적 반격을 초래할 수 있기 때문에 회색지대 전략을 추구하는 국가는 경쟁국의 보복을 초래할 수 있는 전쟁의 문턱이나 레드라인(redline)을 넘지 않으면서 장기간에 걸쳐 단계적인 접근을 통하여 자신의 목적을 달성한다.

2) 일본 특유의 회색지대 개념

미국과 마찬가지로 일본에서도 회색지대를 언급한 정부 공식문건이 등장하는 것은 2010년 들어서다. 민주당 정권 시절인 2010년에 방위계획 대강(일본 방위정책의 기본방침을 제시하는 전략문서)을 개정할 목적으로 설치한 '새로운 시대의 안전보장과 방위력에 관한 간담회'가 제출한 보고서 「새로운 시대의 일본의 안전보장과 방위력 장래구상–평화창조국가를 지향하며」에 회색지대에 대한 언급이 처음으로 등장한다.[22]

『한국군사』 제7호, pp. 41-42.

22 新たな時代の安全保障と防衛力に関する懇談会, 「新たな時代における日本の安全保障と防衛力の将来構想―平和創造国家を目指して」(2010年8月), p. 5.

> 글로벌화에 의해 주요국 간의 전쟁 개연성은 큰 폭으로 낮아졌다고는 하지만, 군사적인 경쟁, 대립, 분쟁이 없어진 것은 아니다. 명백한 전쟁이 아니라 주권, 영토, 자원, 에너지 등에 대해 평시와 유사시의 중간영역에 위치하는 분쟁은 오히려 증가하는 경향을 보이고 있다. 이러한 회색지대에서 비롯된 분쟁이 주요국을 끌어들여 당사자의 의도를 넘어서는 대립이 되는 위험성에 대해서도 충분히 인식해 둘 필요가 있다.

간담회 보고서의 이러한 기술에는 2009년 남중국해에서 발생한 임페커블(Impaccable)호 사건(남중국해에서 감시업무를 수행중이던 미해군 정보수집함에 대해 중국어선단이 진로를 방해하며 공격적인 행동을 한 사건)이 영향을 미쳤다는 합리적인 추론이 가능하다. 한편 간담회 보고서를 반영하여 작성된 2010년 방위대강에도 회색지대에 대한 기술이 포함되었는데, 간담회 보고서의 기술이 전쟁과 평화의 중간영역인 '시간적 공간'으로서의 회색지대라고 한다면, 방위대강의 기술은 무력분쟁에 이르지 않는 대립이나 분쟁이라고 하여 회색지대의 '사태양상'을 강조하고 있다는 점에서 약간의 차이를 보인다.[23]

> 글로벌한 안보환경의 추세는 상호의존관계가 한층 진전되면서 주요국 간의 대규모전쟁 개연성은 저하한 한편 일국에서 생긴 혼란 및 안보상의 문제의 영향이 즉각 세계로 파급되는 위험이 고조되고 있다. 또 민족, 종교대립 등에 의한 지역분쟁에 더해 영토, 주권, 경제권

23 武居智久·齋藤雄介(2019), p. 57.

익 등을 둘러싸고, 무력분쟁에 이르지 않는 대립이나 분쟁, 이른바 회색지대 분쟁은 증가하는 경향이다.[24]

제2차 아베정권하에서 책정된 2013년 방위대강에서도 회색지대는 핵심개념으로 등장한다. 2013년 방위대강은 일본을 둘러싼 안보환경을 서술한 대목에서 2010년 방위대강과 마찬가지로 회색지대사태가 증가하는 경향을 언급한 뒤, '영토 및 주권, 해양에서의 경제권익 등을 둘러싼 회색지대 사태가 장기화하는 경향을 보이고 있어, 이것이 보다 중대한 사태로 전이될 가능성이 우려되고 있다'라는 현실인식을 보이고 있다.[25] 2010년 방위대강과 비교하여 회색지대사태에 대한 장기화와 중대사태로의 악화 가능성을 언급하고 있다는 점에서 보다 엄중한 현실인식을 반영하고 있다고 하겠다. 아울러 2010년 방위대강에서 사용되었던 '회색지대 분쟁(グレーゾーン紛争, gray zone conflict)'이란 영어식 표현은 사라지고, '회색지대 사태(グレーゾーン事態)'라는 일본 특유의 용어가 등장했다는 점에도 주목할 필요가 있다. 이는 〈표 7-1〉에서도 볼 수 있듯이 존립위기사태, 중요영향사태, 무력공격사태와 마찬가지로 회색지대사태를 일본이 국가안보상 처할 수 있는 여러 사태 중 하나로 인식하기 시작했음을 의미한다고 하겠다.

2014년 방위백서에서부터는 각주에서 일본의 주어진 상황과 경험에 입각한 보다 구체적인 기술이 등장하게 되는데, 이것을 회색지대에 대한 일본 방위성의 정의로 볼 수 있을 것이다.

이른바 회색지대 사태는 순전히 평시도 유사시도 아닌 폭넓은 상

24 「平成23年度以降に係わる防衛計画の大綱について」(平成22年12月17日)

25 「平成26年度以降に係わる防衛計画の大綱について」 (平成25年12月17日), pp. 1-2.

황을 단적으로 표현한 것이지만, 예를 들면 아래와 같은 상황이 있을 수 있다고 생각해 볼 수 있다. ① 국가들 간에 영토, 주권, 해양을 포함한 경제권익 등에 대해서 주장의 대립이 있으며, ② 이러한 대립에 관해 적어도 한쪽 당사자가 자국의 주장, 요구를 내세우거나 다른 당사자에게 수용할 것을 당사자 간의 외교적 교섭 등에만 의하지 않고, ③ 적어도 한쪽 당사자가 그러한 주장·요구의 수용을 강요하기 위해, 무력공격에 해당하지 않는 범위에서 실력조직 등을 활용하여 문제에 관련된 지역에서 빈번히 존재감을 나타내거나, 현상변경을 시도하거나 현상 그 자체를 변경하거나 하는 행위를 한다.[26]

여기에서 드러나는 일본 특유의 회색지대의 특징은 첫째, 분쟁의 영역은 영토, 주권, 해양을 포함한 경제권익이고, 둘째, 분쟁 해결방식으로는 외교적 교섭을 통한 평화적 문제해결이 아닌 다른 방식을 동원한다는 점이며, 셋째, 분쟁의 양상은 무력공격에 이르지 않는 범위 내에서의 실력조직 등을 동원한 현상변경 시도라는 점이다.

이상의 검토에 입각해서 일본 특유의 회색지대사태 개념을 다시 정리해 보면 '영토 및 주권, 경제권익을 둘러싸고 완전히 평시도 전시도 아닌 중간영역에서 무력공격에 이르지 않는 분쟁이 발생하고 있는 상태'라고 정의할 수 있다. 즉 타국으로부터 무력공격을 받은 '유사'시로 인정할 수 없지만, 그렇다고 해서 '평시'라고도 말할 수 없는 전쟁과 평화의 중간 상태인 것이다. 따라서 회색지대사태는 일본이 무력분쟁의 당사자로 자위대가 자위권을 근거로 무력행사를 할 수 있는 사태는 아니며, 치안유지를 담당하는 해

26 防衛省(2014), 『防衛白書(平成26年度版)』, 日経印刷, p. 2.

상보안청 및 경찰이 통상적인 경찰력으로 대처해야 하는 상황인 것이다. 하지만 여기서 문제가 되는 것은 다양한 회색지대 사태 중에서 통상적인 경찰력으로는 그 대응에 한계가 있을 수 있는 사태에 대해서는 어떠한 대처를 할 것인가다. 구체적인 사례로는 무장한 어민이 일본의 원거리 도서를 점거하거나, 무장공작선 등이 일본의 영해 내에서 불법활동을 지속하는 경우가 여기에 해당한다.

회색지대사태의 경우 자위대가 필요한 무력을 행사할 수 있는 방위출동(防衛出動) 요건을 충족시키지 않기 때문에, 기본적으로 치안유지를 담당하는 해상보안청 및 경찰이 대응을 담당하게 된다. 물론 통상적인 경찰력으로 치안유지에 한계가 있을 시에는 치안출동(治安出動)[27]이나 해상경비행동(海上警備行動)[28]을 발령하여 자위대가 경찰권을 행사할 수 있지만, 무기사용은 경찰관직무집행법 및 해상보안청법에 의거하여 정당방위나 긴급피난 시에만 제한적으로 허용되기 때문에 충분한 대응이 불가능한 상황에 처해지는 것이다. 따라서 회색지대사태는 일본이 가진 법제도의 취약점을 노리는 것이기 때문에 상당히 대처가 어려운 사태라 할 수 있다. 여기서 말하는 법제도의 취약점이란 기존의 일본 방위법제가 평시와 유사시에 대한 대처를 전제로 한 것이기 때문에 제3의 영역인 회색지대 사태에 효과적으로 대처하기 위한 적절한 행동규정이 존재하지 않는다는 것을 의미한다.[29]

---

27 치안출동은 '간접침략 기타 긴급사태시에 일반 경찰력으로는 치안을 유지할 수 없다고 인정될 경우' 내각총리대신의 발령으로 실시된다(자위대법 78조 제1항).

28 해상경비행동은 '해상에서의 인명 또는 재산 보호 또는 치안유지를 위해 특별한 필요가 있을 경우' 내각총리대신의 승인 및 방위대신의 발령을 거쳐 개시된다(자위대법 82조). 해상경비행동의 무기사용은 경찰관직무집행법 제7조를 준용한다.

29 日本安全保障戦略研究所編(2016), 『中国の海洋進出を抑え込む-日本の対中防衛戦略』, 東京: 国書刊行会, p. 143.

후술하겠지만, 이런 연유로 일본 자민당은 2014년 안전보장관련법 관련 논의가 진행될 당시 회색지대사태 관련 법을 제정하고 사태에 따라서는 자위대에게 그에 부합한 무력 사용 권한을 부여하겠다는 방침이었지만, 연립정당인 공명당의 반대에 부딪혀 법제정을 유보하고 전화각료회의 도입 등 운용상의 개선을 통해 신속히 대응하는 방향으로 3건의 각료회의 결정을 내린 경위가 있다.

〈표 7-1〉 각종사태에서의 대응조직 및 법적 근거

사태 심각도	저				고
	평시	회색지대사태	중요영향사태	존립위기사태	무력공격사태
사태 구분	국가간 무력행사 등이 없는 평상상태	평상시도 아니지만 유사시라고도 인정할 수 없는 사태	방치하면 일본에 대한 무력공격으로 파급되는 사태	타국이 무력공격을 받아 일본의 존립 및 국민의 생명 등에 대한 명백한 위기가 발생한 사태	일본에 대한 직접적인 무력공격이 발생한 사태
상정 사례	국내테러, 치안이 악화된 국가에서의 자국민 구출	무장집단에 의한 원거리도서 점거, 무장공작선 등에 의한 불법행위 발생	한반도, 대만해협 등 주변지역에서의 무력분쟁 발생	국제해협에서의 기뢰부설, 동맹국에 대한 탄도미사일 공격 등 발생	일본에 대한 무력공격 발생
대응 조직	경찰/해상보안청 등		자위대		
무기 사용 및 출동 시의 근거	경찰관직무집행법		중요영향사태법에 의한 자위대 출동	무력공격/ 존립위기사태법에 따른 집단적 자위권 행사	무력공격/ 존립위기사태법에 따른 개별적 자위권 행사
	재해파견 등에 의한 자위대 출동	해상경비행동 등에 의한 자위대 출동			

자료: 渡部悦和(2018).『日本の有事—国はどうする'あなたはどうする?』東京 : ワニブックス新書. pp. 184–185.

아래에서는 지금까지 검토한 회색지대 사태가 현실 공간에서는 구체적으로 어떻게 발생하고 있는지를 센카쿠 열도를 둘러싼 중국의 해양공세를 중심으로 그 실상을 살펴보기로 한다.

3. 중국의 해양 회색지대 전략과 동중국해

회색지대사태의 대표적인 사례가 센카쿠열도를 둘러싼 중국의 해상공세이다. 그리고 중국이 해양 회색지대 전략을 전개함에 있어 첨병의 역할을 하는 것이 준해군에 해당하는 중국해경과 해상민병이다.

1) 중국의 해양회색지대 전략의 첨병: 중국해경과 해상민병

중국의 연안경비대에 해당하는 중국해경은 비교적 최근인 2013년에 창설되었다. 원래 중국에는 오룡(五龍)이라 불리는 5개의 해상법집행 기관, 즉 중국공안 변방해경 산하의 해경(海警), 국토자원부 국가해양국의 해감(海監), 농업부 어업국의 어정(漁政), 교통운수부 해사국의 해순(海巡) 그리고 해관총서의 해관(海關) 등이 영해경비, EEZ 보전, 밀수단속, 해상교통정리, 수색구조 등의 해상 감시활동을 담당해 왔다. 그러다가 2013년 해순을 제외한 4개의 기관을 통합하여 해상경비를 담당하는 중국해경을 국무원 국가해양국 산하에 설치하게 된 것이다.[30] 그로부터 5년 뒤인 2018년에는 중국해경이 국무원에서 분리되어 군의 최고지도기관인 중앙군사위원회 산하의 인민무장경찰부대(무경)에 편입되면서 사실상 군의 지휘하에 들어가

30 竹田いさみ(2019), 『海の地政学−覇権をめぐる400年史』 東京：中公新書, pp. 221−222; 下平拓哉(2018), 『日本の海上権力』, 成文堂, pp. 46−48.

게 되었다.[31] 이로써 중국해경은 마찬가지로 중앙군사위원회의 지휘하에 있는 인민해방군과의 통합운용이 가능해지게 되었다.[32] 2020년 방위백서는 중국해경이 보유 선박의 대형화와 무장화를 추진하고 있으며, 1000톤 이상의 순시선을 130척 이상 보유하는 등 규모 면에서는 세계 최대 규모의 해상 법집행기관인 것으로 분석한다.[33]

중국이 일으킨 해상분쟁이나 사건에서 첨병을 역할을 담당하고 있는 해상민병은 대륙연안이나 도서에서 바다를 무대로 활동하는 민병(民兵, Minbing)이다.[34] 해상민병은 어민이나 도서 주민 등 해상관련 업무에 종사하는 자들로 구성되며, 평소에는 생업에 종사하다가 필요시에 소집되어 훈련이나 연습에 동원된다. 미해군분석센터(Center for Naval Analyses: CNA)는 그 규모를 인원 75만 명, 보유선박 14만 척으로 추정한다.[35] 주중 방위주재관과 미해군대학 연락관을 역임한 일본의 해양전문가 야마모토 가쓰야(山本勝也)에 의하면 해상민병은 지역특성 및 직업에 따라 다양한 임무를 수행한다.[36] 예컨대 도서 주민들은 해군이나 해경의 해상정찰이나 감시활동을 지원하고, 항만노동자들은 법집행활동을 지원하며, 해운업 종사자들은 연

31 김석균(2018.8.11.), "중국해경, 군사조직으로 변신하는가?-3가지 중요 시사점," 『KIMS Periscope』 제131호.

32 竹田いさみ(2019), pp. 222-223.

33 防衛省(2020), 『防衛白書(令和2年版)』, 日経印刷, pp. 65-66.

34 중국의 민병은 정규군의 일부로 중화인민공화국 병역법에 규정되어 있다는 점에서 '비국가주체에 의한 무장조직'을 뜻하는 일반적인 의미의 민병과 다르다는 점을 인식할 필요가 있다.

35 Andrew S. Erickson and Conor M. Kennedy. 2016. "China's Maritime Militia." p. 2. (https://www.cna.org/cna_files/pdf/Chinas-Maritime-Militia.pdf, 검색일: 2020.8.20.),

36 山本勝也(2019), 「中国の海上民兵と人道」, 『海外事情』 3·4月号, p. 72.

료, 탄약 등 보급물자 운송을 담당하는 식이다. 이 외에도 해경을 도와 해상사고 발생시의 재난구조와 사고처리에도 관여한다.

중국 해상민병 연구의 권위자인 엔드류 에릭슨(Andrew S, Erickson)은 2013년 시진핑 집권을 전후한 시기에 남중국해를 무대로 활동하는 해상민병의 경우 이전과 달리 훨씬 전문적이고 전업적인 형태를 띠고 있음을 지적한다. 대표적인 사례가 파라셀 군도에 위치한 중국 최남단 산사(三沙)시의 산사민병인데, 이들은 분쟁해역에 대한 영토주권 수호, 정찰, 해난구조, 군사작전 지원 등의 임무를 수행하며 고액의 보수로 인민해방군 출신의 퇴역군인을 영입하여 조직 강화를 도모함은 물론 다수의 대형어선을 조달하여 첨단설비로 무장하는 등 군사화를 서두르고 있다고 한다.[37] 이 외에도 하이난성(海南省)의 지방정부는 민병 어선들에게 수천만 원의 연료 보조금을 지급하며, 중앙성부는 중국의 위성위치확인시스템(GPS)인 베이더우(北斗)를 지원하여 동료 어선들과의 단체행동은 물론 중국해경과의 합동작전도 가능한 체제를 갖추었다고 한다. 이렇듯 전문화되고 정예화된 해상민병은 외견상 어민인지 해상민병인지 정체가 애매모호한 점을 활용하여 군사적 충돌은 피하되 중국의 해상 영유권을 수호하는 회색지대 전략의 수단으로 중국해군이나 해경보다 최전선에서 해상권익의 수호자로 활동하고 있다. 남중국해에서 이들이 관여한 대표적인 사건으로는 2009년 발생한 임페커블호 사건, 2012년 스카보러(scarborough Shoal) 사건, 2014년 파라셀 군도 해역의 해저자원 채굴사건, 2015년 라센(Lassen)함 사건을 들 수 있으며, 동

37 Andrew S. Erickson and Conor M. Kennedy, "Riding A New Wave of Professionalization and Militarization: Sansha City's Maritime Militia" CIMSEC, September 1, 2016 http://cimsec.org/riding-new-wave-professionalization-militarization-sansha-citys-maritime-militia/27689 (검색일: 2020.8.20)

중국해의 경우 공식적으로는 확인되지 않았지만, 일부 전문가와 언론들은 후술하는 2010년 9월 사건과 2016년 8월 사건에 해상민병이 관여한 것으로 추측하고 있다.[38]

2) 센카쿠열도를 둘러싼 중국의 해양공세

중국의 센카쿠 열도에 대한 회색지대 전략은 2010년 9월에 발생한 센카쿠열도 주변 영해에서 해양순시선과 중국어선이 충돌한 사건을 계기로 본격화되었다. 이 사건은 일본 영해에서 조업 중이던 중국어선이 해상보안청 순시선의 경고를 받자 순시선 2척을 들이받아 충돌한 사건으로, 문제는 어업협정의 암묵적 합의를 깨고 선장을 포함한 12명의 선원을 공무집행 방해로 체포한 데 있었다. 중일 신어업협정의 기본 원칙은 영유권 문제를 보류하는 것으로, 이 원칙대로라면 일본 민주당 정부는 영해를 침범한 중국어선을 강제퇴각시키는 형태로 문제를 관리해 나갔어야 했다.[39] 중국 정부는 일본의 자국 선장 체포를 센카쿠열도에 대한 영유권을 행사한 것으로 인식했고, 결국 중국도 영유권 행사를 위해 해경선이 종래 빈도를 넘어 센카쿠열도 주변 해역을 항행하는 방식으로 대응조치에 나서게 된 것이다.

2012년 9월 11일 일본 민주당 정부가 센카쿠열도 국유화 조치를 실시한 이후 중국해경선은 악천후를 제외하고 상시적으로 접속수역에 진입하

---

38 James Kraska & Michael Monti. 2017, 「中国の海上民兵と国際法」, 『島嶼研究ジャーナル』 第7巻 1号. p. 89; "中国公船、尖閣接続水域·領海に最多の15隻," 『日本経済新聞』(電子版), 2016/08/08 ; "中国、尖閣で圧力強める 3日連続で公船領海に," 『日本経済新聞』(電子版), 2016/08/10

39 최희식(2018), "아베정권의 외교안보정책: 해양안전보장을 중심으로," 『국방연구』 제61권 4호, p. 122.

고, 매월 3회 정도의 빈도로 센카쿠 열도 주변 영해 침범이 이루어졌다. 2015년 12월 22일에는 기관포를 탑재한 해경선이 접속수역을 진입했고, 26일에는 영해에도 침범했다. 2016년 8월 5일부터 9일까지의 5일간에는 수백 척의 중국어선이 센카쿠열도 주변 해역으로 몰려와 영해와 접속수역을 진입했고, 어선의 뒤를 이어 다수의 중국 해경선이 영해를 침범하는 사건이 발생했다. 센카쿠 주변 해역에 출현한 중국해경선이 이전에는 3척 정도였다면 2016년 사건의 경우 무려 15척에 달했고, 이 중 일부가 기관포 등으로 무장한 무장 선박이었다는 점에서 일본에 미친 충격은 컸다.

〈표 7-2〉 중국해경선의 센카쿠열도 주변 접속수역에서의 확인상황

연도	확인일수	해경선 수
2012	79	407
2013	232	819
2014	243	729
2015	240	709
2016	211	752
2017	171	696
2018	158	607
2019	282	1,097

자료: 防衛省.『(令和2年版)防衛白書』. p. 74.

앞서 언급했듯이, 2018년에는 중국해경이 중앙군사위원회 소속의 인민무장경찰부대(무경)에 편입되었는데, 이는 사실상 해상법집행기관인 중국해경이 군의 지휘하에 들어간 것을 의미한다. 이를 계기로 중국해경선에 의한 센카쿠 주변의 영해 및 접속수역 항행은 급증하는 경향을 보여주고 있다.[40] 2019년에는 중국 해경선의 접속수역 항행이 282일, 총 1097척으로 과거 최다를 기록했고, 영해 침입도 32일, 총 126척으로 2013년에 이은 두 번

째 최다 수치를 기록했다.[41]

〈표 7-3〉 동중국해에서의 중국의 해상공세

연도	주요사건
1971년 12월	중국이 센카쿠열도에 대한 영유권 주장을 시작
1978년 4월	약 100척의 중국어선이 센카쿠열도 영해 진입을 반복함
1992년	중국영해법에서 센카쿠열도를 중국영토로 규정
2010년 9월	중국어선이 영해 내에서 해상보안청 순시선과 고의로 충돌
2012년 1월	센카쿠열도를 중국의 핵심이익으로 표명
2014년 11월	수백 척의 중국어선이 오가사와라제도 인근수역에서 산호를 불법채취
2016년 8월	수백 척의 중국어선과 해경선이 센카쿠열도 주변 영해와 접속수역+6 침범
2018년 7월	중국해경이 인민무장경찰부대에 편입

자료: 필자작성

중국해경선에 이어 중국어선도 센카쿠 주변 해역에서 항행을 계속하고 있는데, 영해 근처에서 해상보안청 순시선이 퇴거경고를 한 어선은 2010년에는 430척이었는데 반해 2019년에는 137척으로 감소하는 경향을 보이고 있다.

40 "拡大するグレーゾン事態 対処は万全か 中国公船'軍指揮下に置く改革," 『産経ニュース』, 2018/07/04.; "中国公船の尖閣領海侵入'再び活発化 透ける習氏の思惑." 『朝日新聞』, 2019/06/24.

41 "尖閣不法上陸を警戒'武装集団対応も 県警に離島警備隊," 『朝日新聞』, 2019/04/02.

Ⅲ. 중국의 해상도발에 대한 일본의 대응

1. 안보법제 제정 과정에서의 회색지대를 둘러싼 논의

여기에서는 2014년에서 2015년에 걸쳐 이루어진 안보법제 제정과정에서 회색지대 관련 논의가 어떻게 전개되었는지에 대해서 검토해 보기로 한다. 2014년 7월 1일에 이루어진 안보법제정비에 관한 각의 결정인「국가존립을 완수하고 국민을 지키기 위한 빈틈없는 안전보장법제 정비에 대해」는 안보법제 정비를 위한 정부의 기본방침을 제시한 것으로, 그 내용은 크게 (1)「무력공격에 이르지 않는 침해」에 대한 대처, (2)국제사회의 평화와 안정을 위한 공헌 확대, (3)헌법 제9조 하에 허용되는 자위 조치 등 3개의 축으로 구성된 것이었다.[42] 이 중'무력공격에 이르지 않는 침해에 대한 대처'가 회색지대 사태와 관련된 것이라 할 수 있는데, 이 각의 결정에는 구체적 사례로 ①원거리 도서주변지역 등에서의 외부로부터 무력공격에 이르지 않는 침해가 발생하여, 근방에 경찰력이 존재하지 않는 경우 및 경찰기관이 즉각 대응할 수 없는 경우, ②일본 방위를 위한 활동에 실제로 종사하는 미군부대에 대해 공격이 발생하여, 이것이 상황에 따라서는 무력공격으로까지 확대되어 가는 사태 등이 제시되었다.

---

42 国家安全保障会議決定·閣議決定(2014年7月2日),「国の存立を全うし国民を守るための切れ目のない安全保障法制の整備について」.

〈표 7-4〉 2015년 5월에 이뤄진 회색지대사태 관련 3개 각의결정의 세부내용

유 형	주요 내용
① 국제법상 무해통항이 아닌 항행을 하는 외국군함에 대한 대처	– 해상경비행동을 발령하고, 자위대 부대에 의한 실시가 기본 – 방위성, 외무성, 해상보안청은 긴밀하고 신속하게 정보공유, 조정, 협력 – 해상경비행동발령을 위해 각의를 개최할 필요가 있음
② 무장집단의 불법상륙에 대한 대처	– 무장집단, 그 개연성이 매우 높은 집단이, 원거리도서에 불법적으로 상륙할 우려가 높거나 상륙할 경우 – 해상경비행동/치안출동 등의 발령을 위해 각의를 개최할 필요가 있음
③ 공해상에서의 민간선박에 대한 침해행위에의 대처	– 일본의 민간선박이 침해행위를 실제로 받고 있을 것 – 긴급한 해적대처행동 또는 해상경비행동 발령을 위해 각의를 개최할 필요가 있음
ㅁ 공통사항: 특히 긴급한 판단이 필요, 신속한 임시각의 개최가 곤란한 경우, 총리의 주재로 전화 등에 의한 각의결정이 가능해 짐(연락이 되지 못한 국무대신에게는 사후 신속히 연락을 함)	

자료: 防衛省(2019)『防衛白書(令和元年版)』日経印刷

이후 국회에서 1년여에 걸친 여야의 논의과정을 거쳐 2015년 9월 9일 평화안전법제가 마련되었고, 「무력공격에 이르지 않는 침해②(평시에 활동하는 미군 등에 대한 무기 등 방호)」와 관련해서는 자위대법 제95조에 새로운 2항 규정을 추가하는 개정을 통해 법정비가 이루어졌다.[43] 반면 「무력공격에 이르지 않는 침해①」에 대해서는 새로운 법정비가 보류되었다. 그 대신 경찰이나 해상보안청 등 통상적인 경찰력만으로 대처가 불가능한 사태에 대해서는 자위대의 신속한 출동이 가능하도록 전화각료회의 도입 등 운용개선을 통해 신속히 대응하는 방향으로 5월 14일 3건의 각의 결정이 이루어졌다. 여기서 회색지대 관련 각의 결정이 이루어진 3개의 구체적 사례는 (1)

43 森川幸一(2016),「グレーゾーン事態対処の射程とその法的性質」,『国際問題』第648号 1·2月号, pp. 31-33;

국제법상의 무해통항이 아닌 항행을 하는 외국군함에 대한 대처, (2) 무장집단의 불법상륙에 대한 대처, (3) 공해상에서의 민간선박에 대한 침해행위에의 대처를 말하며 세부 내용은 〈표 7-4〉와 같다.

〈표 7-4〉에도 나와 있듯이, 3건의 각의결정의 공통적인 특징은 해상경비행동, 치안출동, 해적대처행동 등의 발령에 필요한 내각총리대신의 승인을 얻기 위해 각료회의를 개최할 필요가 있을 때, 긴급한 판단을 필요로 하고 신속한 임시각료회의 개최가 곤란한 경우에는 총리 주재하에 전화 등으로 각 국무대신들의 양해를 얻어 각료회의 결정을 내릴 수 있도록 했다는 점이다.

이처럼 정부 여당이 신법제정을 미루고 운용상의 개선을 통해 신속히 대응한다는 방침을 정한 데 반해, 야당인 민주당 및 유신당은 안보법 국회 심의가 시작된 2015년 7월 영역경비법안을 공동 제출했다. 이 영역경비법안의 골자는 영해 원거리 도서 등에서 경찰 대처가 불가능한 사태에 대해 자위대가 처음부터 경찰을 대신하여 대처하되, 이를 위해 원거리 도서 등의 영역경비구역을 정하고 이 구역에서는 평상시에도 자위대에게 경찰관직무집행법 및 해상보안청법상의 권한을 부여한다는 것이다.[44] 이에 대해 일본의 정부여당은 자위대가 평시부터 경찰기관과 함께 경찰권을 행사할 경우, 일본측이 사태를 군사영역으로까지 악화시켰다는 구실을 줄 우려가 있다는 논리를 내세워 야당의 영역경비법안을 비판했다. 요컨대 아베내각이 원거리도서 관련 회색지대사태에 대한 신법제정을 보류한 데에는 중국의 해

44 영역경비법안의 주요 내용에 대해서는 『わが国及び国際社会の平和安全法制に関する特別委員会議録第十八号』(2015年 7月 8日)에서 오시마 아쓰시(大島敦) 의원의 발언을 참조 国会会議議事録検索システムhttps://kokkai.ndl.go.jp/#/detail?minId=118903929X01820150708&current=5(검색일:2020.8.21)

양공세에 대한 군사적 대응강화가 오히려 센카쿠열도를 포함한 남서제도에서의 군사적 위기를 초래할 수 있다는 인식이 존재하고 있었던 것이다. 후술하듯이, 결국 아베내각은 원거리도서와 관련해서는 자위대의 역할 확대를 골자로 하는 회색지대관련 법제정을 유보하고 해양경찰인 해상보안청이 제일선에서 회색지대사태에 대처한다는 방침하에, 전략적 해상보안체제 구축과 독자적인 해상 억지력 강화에 역량을 집중시키는 양상을 보이고 있다.

〈표 7-5〉 회색지대 대응을 둘러싼 정부와 야당의 입장 차이

정부 방안	민주/유신안(영역경비법)
원거리도서 등에서 의심선박의 영해침범이 발생할 경우	
o 해상보안청이 대응 o 대응이 불가능할 경우 →전화각료회의에서 명령을 신속화 →자위대에 출동명령	o 사전에 영역경비구역을 설정(최장 5년) o 구역내라면 평상시에도 자위대도 해상보안청과 함께 활동이 가능하도록 함.

자료: 「尖閣問題 海上保安庁などが手に終えない場合どうする?」『朝日新聞』2015年 8月7日.

2. 전략적 해상보안·안보체제 구축을 위한 노력

1) 해상보안체제의 강화

일본은 자국을 둘러싼 해양안보 정세가 긴박성을 더하면서 해상보안청을 필두로 한 해상보안체제를 급속히 강화하는 모양새다. 무엇보다도 해양에서의 회색지대 사태에 대처하기 위한 영역경비를 제일선에서 담당하는 해상보안청의 역량강화를 우선시하고 있다. 먼저 2012년에는 해상보안청의 근거법이라 할 수 있는 해상보안청법이 개정되면서 경찰관의 신속한 범죄대응이 곤란한 원거리 도서의 경우 해상보안관에게도 육상에서의 범죄에 대

응할 수 있는 권한이 임시적으로 허용되었다. 더불어 같은 해 9월 센카쿠 국유화 조치 이후 중국 해경선에 의한 영해 진입이 상시화되자, 해상보안청은 전국에서 순시선을 파견받는 등 영해경비를 위한 대응을 추진하기 시작하여 2016년 2월에는 600명의 해상보안관과 대형순시선 14척에 의한 '센카쿠영해경비 전담체제(尖閣領海警備専従体制)'를 확립하게 된다.

한편으로, 2016년'해상보안체제강화에 관한 관계각료회의'가 결정한 '해양보안체제강화방침(海洋保安体制強化に関する方針)'은 해양보안체제 강화에 큰 기폭제가 되었다.[45] 이 방침은 해상보안체제 강화의 방향성을 제시하기 위해 수립된 것으로 각료급회의에서 결정된 것이 해상보안청 창설 이후 처음 있는 일이었다는 점에서도 해상보안을 둘러싼 일본의 위기의식이 어느 정도인지를 가늠해 볼 수 있다.[46] 이 방침은 센카쿠 영해경비체제의 강화를 필두로 해양감시체제의 강화, 원자력발전소 등 테러대처·중요사안 대응체제의 강화, 해양조사체제의 강화, 기반정비 등 5가지 축으로 구성되어 있다. 이를 통해 해상보안청의 법집행능력 및 해양감시능력, 해양조사능력 강화를 도모해 나간다는 것이다. 아울러 동 방침에는 중국 해경선의 대형화/무장화에 대응하기 위한 대형순시선 증강, 해상보안청의 예산 확충 및 인원 증강 방침도 반영되었다.

2018년부터는 해양 정보수집체제 강화를 위한 해양상황파악(MDA)체제 구축에도 나서고 있다. 직접적인 계기는 2018년 수립된「제3기 해양기본계획」이다. 이 계획에는 범정부차원에서 종합적인 해양안보를 추진해 나간다는 방침과 함께 이를 위해 위협을 조기에 탐지하기 위한 MDA체제를 구

45 海上保安体制強化に関する関係閣僚会議決定,「海上保安体制強化に関する方針について」, 2016年12月21日.

46 海上保安庁(2018),『海上保安レポート2018』, 日経印刷.

축해 나간다는 방침이 제시되었다. 보다 구체적으로는 향후 '자위대, 해상보안청 및 내각관방의 내각정보조사실 등이 보유하는 함정, 순시선, 측량선, 항공기, 정보수집위성 및 연안부설치 레이더 등의 효율적 운용, JAXA가 보유하는 각종 위성 및 민간의 소형위성, 동맹국 및 우호국과의 연대를 통한 정보수집체제 강화를 통해 MDA 역량을 강화한다는 계획이다.[47]

해상보안청의 역량강화와 더불어 일본 정부가 서두르는 것이 원거리 도서지역 경비 강화를 위한 부대편성이다. 2020년 4월 1일에는 센카쿠제도를 비롯한 원거리도서 경비를 목적으로 한 오키나와 현경(沖縄県警) 소속의 국경원거리도서경비대(国境離島警備隊)가 151명 규모로 발족했다. 원거리도서 대응을 전문으로 하는 최초의 경찰부대로 주요임무는 무장집단이 원거리도서에 불법 상륙하여 점거하는 사태에 대비하는 것이다. 2020년 4월 현재는 경찰관이 해상보안청 순시선을 타고 센카쿠 주변 경계활동을 수행하고 있지만, 20여 명이 탑승 가능한 대형 헬리콥터를 연말까지 배치할 예정이다.

회색지대사태 대처능력 강화를 위한 해상보안청과 해상자위대의 협력강화도 추진되고 있다. 2015년에는 해상보안청과 해상자위대의 협력하에 일본 영해에서 불온한 움직임을 보이는 타국 군함에 대처하기 위한 해상 공동훈련이 실시되었다.[48] 이 훈련에서는 해상보안청이 선박의 위치나 속도 등의 정보를 파악하고 해상경비행동이 발령된 후에는 해상자위대가 후속대응에 나선다는 점을 확인했다. 이듬해인 2016년부터는 무장어민의 원거리 도서 불법상륙을 가정한 훈련이 경찰과 해상보안청, 자위대 등 3개 기관의 공

47 閣議決定(2018), 『海洋基本計画』, 2018年5月, pp. 56-57.

48 "対武装漁民 初の共同訓練—警察·海保·自衛隊 離島上陸想定," 『東京新聞』, 2016/11/13

동참여하에 3년 동안 지속적으로 실시되었다.[49] 이 훈련에서는 무장어민이 몰려온다는 가정하에 먼저 해상보안청이 해상에서 어선들을 규제하고, 이후 경찰이 원거리도서에 상륙한 어민들에 대처하고, 마지막으로 치안출동이 발령된 후에는 자위대가 상륙하여 섬을 탈환한다는 점을 확인했다.

2) 자위대의 해상억지력 강화

여기서는 일본방위정책의 기본방침을 제시한 전략문건인 방위대강을 통해 회색지대사태에 대한 억지력 강화를 위한 방위성/자위대의 대응방안을 검토해 보기로 한다.

글로벌 안보환경의 추세로 회색지대분쟁의 증가 경향을 제시한 2010년 빙위대강은 이에 대한 대처방안으로 동적방위력 개념을 제시했는데, 여기서 말하는 동적억지 개념은 중국이 해공역에서 전개하는 회색지대 전략을 기동전개능력 강화와 자위대의 정보수집·경계감시·정찰(ISR: intelligence, surveillance, reconnaissance) 활동 강화를 통해 대처한다는 것이었다.[50]

반면, 회색지대사태의 장기화와 사태악화 가능성을 제시한 2013년 방위대강은 동중국해에서의 중국의 해상공세에 대처하고 남서제도 방위를 강화하기 위해 동적방위력을 대신하는 '통합기동방위력' 개념을 제시했다. 통합기동방위력은 육해공 자위대의 통합운용을 강화하고, 남서제도의 방위태세 강화를 위해 해상우세·항공우세 확보를 중시하며, 다양한 상황에 빈틈없이 기동적으로 대처할 수 있는 방위력을 구축한다는 것이다. 이와 관련하

49 "離島防衛´夜間も訓練 海保´警察´自衛隊が合同で実施,"『産経ニュース』, 2018/07/06

50 防衛研究所編(2014),『東アジア戦略概観』, 防衛省防衛研究所, pp. 56-59.

여 2013년 방위대강에는 도서부 공격에 대한 대처방안으로 본격적인 수륙양용작전능력을 새롭게 정비한다는 방침이 제시되었다.

이 방침에 따라 일본판 해병대라 불리는 육상자위대 소속의 수륙기동단이 원거리 도서지역 억지력 강화를 위한 일환으로 2018년 3월 2400명 규모로 발족했다.[51] 중국의 해양패권에 맞서고 남서제도방위를 위해 발족한 자위대 최초의 수륙양용작전부대로 주된 임무는 타국으로부터의 원거리도서 침공이 있을 경우 신속히 출동하여 탈환작전을 담당하는 것이다.

2018년 방위대강에서도 현재 일본이 처한 안보환경의 특징으로 회색지대사태를 언급하고 있는데, 주목할 점은 '명확한 징후가 없는 채 보다 중대한 사태로 급속히 발전해 갈 위험성을 안고 있다'고 하여 2013년 방위대강보다 더욱 엄중한 현실인식이 반영되었다는 점이다.[52] 한편 2018년 방위대강은 우주와 사이버 등의 신영역이 사활적으로 중요하다고 규정한 뒤 육해공을 포함한 모든 영역을 횡단적으로 연계시킨 새로운 방위개념으로 '다차원통합방위력'을 제시했다. 여기서 다차원통합방위력이 수행해야 할 6가지 역할 중 하나로 제시된 것이 '평시부터 회색지대사태에 대한 대응'이다. 구체적으로는 '적극적인 공동훈련·연습 및 해외에서의 기항 등을 통해 평소부터 존재감을 높이고, 우리의 의도와 능력을 보임과 동시에 이러한 자위대 부대에 의한 활동을 포함한 전략적인 소통을 외교와 일체가 되어 추진한다', '영공 침범 및 영해침입과 같은 우리의 주권을 침해하는 행위에 대해 경찰기관 등과 연계를 통해 즉시에 적절한 조치를 취한다'는 방침이 제시되었

51 "変われないなら消える 日本版海兵隊の挑戦,"『日本経済新聞』(電子版), 2019/07/08.

52 「平成31年度以降に係る防衛計画の大綱」(国家安全保障会議決定·閣議決定, 2018年12月8日), p. 3

다.[53]

3) 회색지대사태에 대한 미일 공동대처

미국은 2004년 국무성 부보도관이 회견에서 센카쿠열도가 유사시 미국의 일본 방위의무를 규정한 미일안보조약 제5조의 적용대상임을 언급했으며, 2010년에는 힐러리 클린턴(Hillary Clinton) 국무장관이 센카쿠에 대한 안보조약 적용을 선언한 적이 있다. 트럼프 정권하에서는 2017년 8월 17일 트럼프 정권 들어 처음으로 열린 미일 국방/외무 각료회의 후의 공동회견에서 렉스 틸러슨(Rex W. Tillerson) 국무장관이 센카쿠열도가 제5조의 적용대상임을 재확인했다.[54]

회색지대사태에 대한 미일 공동대처와 관련해서는 2015년 안보법제 제정과정에서 일본방위에 종사하는 미군이 무력공격에 이르지 않는 침해를 받고 미국의 요청이나 동의가 있는 경우에 미군 방호를 위해 자위대의 무기사용이 가능하도록 자위대법이 개정되었다는 점은 앞서 언급한 대로다. 아울러 2013년 발표된 방위대강에는 미일동맹의 억지력 및 대처력 강화를 위해 '회색지대사태에 대한 협력을 포함하여 평시에서 각종 사태에 이르기까지 빈틈없는 협력태세를 구축한다'는 것을 명시했고[55], 2015년 발표된 「미일 방위협력을 위한 지침」에서는 급변하는 안보환경에 대처하기 위해 '평시부터 긴급사태까지 모든 단계에서 자위대와 미군에 의해 실시되는 활동과 관

53 国家安全保障会議決定·閣議決定(2018), pp. 10-11.

54 "安保政策 受け身から転換,"『日本経済新聞』(電子版). 2017/09/15.

55 「平成26年以降に係る防衛計画の大綱」(平成25年12月17日 国家安全保障会議決定·閣議決定), p. 8.

련한 정책면 및 운용면 조정을 강화한다'는 방침이 확인되었다.[56] 그러나 현재로서는 무력공격보다 낮은 단계인 회색지대 사태에 대해서는 일본이 해상보안청 등 경찰력을 동원하여 단독으로 대응하지 않을 수 없으며, 회색지대 사태에 대처하기 위한 공동훈련이나 대처능력 강화에 대한 논의가 향후 미일 간에 필요할 것으로 보인다.

단 한 가지 주목할 점은 2018년 11월 미 국방부의 랜디 슈라이버(Randy Schreiver) 동아태 차관보가 정규해군이 아닌 해상민병을 동원하여 도발을 하는 중국의 해양 회색지대 전술에 대해서 강경대응을 해 나갈 방침임을 선언했다는 것이다. 슈라이버는 21일 산케이신문과의 인터뷰에서 센카쿠 주변의 중국 해경선이나 해상민병이 승선한 어선이 중국의 영유권을 주장하여 일본을 압박할 목적으로 활동한다면, 중국해군과 구별하지 않겠다고 언급했다.[57] 이는 중국의 회색지대 전략의 첨병이라 할 수 있는 해상민병을 중국해군과 같은 정규군으로 해석해 경찰력의 행사가 아닌 군사적 대응을 해 나갈 것임을 선언한 것으로, 중국의 회색지대 전략을 좌시하지 않고 강경대응해 나간다는 방침을 천명한 것이다. 이로써 향후 동중국해를 둘러싼 미중 간 우발적인 군사충돌 가능성도 현실화되었다고 할 수 있다.

4) 아세안국가들과의 해상보안 협력

일본은 자유롭고 개방된 인도태평양 전략하에 일본의 생명선인 해양교통로가 통과하는 인도태평양 연안 국가들과의 해상보안 협력에도 힘을 기

---

56 「日米防衛協力のための指針」, 2015年4月27日, p. 2.

57 "シュライバー国防次官補'民兵漁船「中国海軍と区別しない」'," 『産経ニュース』, 2018/11/22.

울이고 있다. 이를 위해 해상보안청은 2017년 10월 총무부 산하의 국제위기관리관에 모바일 코퍼레이션 팀(モバイルコーポレーションチーム, MCT)이라고 하는 전담팀을 신설하여 동남아 연안국의 해상법집행기관에 대한 역량강화 지원을 전략적으로 추진하고 있다. 특히 동남아 연안국에 대한 해상법집행 관련 기자재 공여 및 인재육성 활동을 활발히 전개해 나가고 있는데, 구체적 활동을 보게 되면 동남아 연안국에 순시선 27척, 소형고속정 13척, 연안감시레이더 11기를 제공했으며, 현지 해상법집행 기관에 대한 장기전문가 파견, 공여한 순시선을 활용한 법집행 훈련, 미일 합동으로 공여한 고속정의 운항과 보수에 관한 지도 등을 실시하고 있다.[58]

그중에서도 특히 남중국해를 둘러싸고 중국과 영유권 분쟁하에 있으며 중국 해상민병의 활동이 활발한 남중국해 연안의 필리핀과 베트남에 대한 지원이 두드러진다. 먼저 일본은 필리핀의 해상법집행을 담당하는 연안경비대 강화를 위해 순시선 12척, 소형고속정 13척, 연안감시 레이더를 무상 제공하고 해상법집행 역량강화를 위한 연수를 실시했으며, 해양안보 역량강화 차원에서는 함선정비 지도, 국제항공법 연수, 해상자위대 연습기 TC-90을 이전했다.[59] 또 일본은 베트남의 어업감시기관과 해양경찰의 역량강화를 위해 순시선 6척, 중고선 7척 및 관련 기자재를 무상으로 공여했고, 해상범죄 단속 관련 연수를 실시했다.

58 外務省(2020.5)「自由で開かれたインド太平洋に向けた日本の取組」p. 7.

59 外務省「自由で開かれたインド太平洋：基本的な考え方」p. 5. https://www.mofa.go.jp/mofaj/files/000430631.pdf (検査日：2020.8.9.)

3. 향후 과제

일본의 많은 연구자들이 지적하듯이, 결국 평시와 유사시의 중간영역에서 발생하는 수많은 사례들 중에서 일본의 안보와 직결되는 회색지대사태는 '경찰권과 자위권의 사이에 존재하는 빈틈을 어떻게 메울 것인가'라는 문제에 집약된다고 하겠다.[60]

중국이 21세기 중반까지 중국군을 세계일류군으로 만든다는 목표하에 급속히 군사력을 강화시키고 있는 현실을 고려했을 때 반응형의 대응으로 일관하기보다는 공세적인 대응의 필요성이 제기되는 것은 시간의 문제라고 보인다. 현재 중국의 강화되는 해양공세에 대해 일본이 향후 선택할 수 있는 공세적인 대응으로는 두 가지를 고려해 볼 수 있다.

하나는 경찰법집행기관인 해상보안청의 역량과 권한을 확대하여 미국의 해안경비대(USCG)와 같은 준군사적인 성격의 조직으로 탈바꿈시키는 것이다.[61] 중국해경이 인민무장경찰부대에 편입되어 군의 지휘하에 들어가고 해경선의 대형화와 무장화를 통해 해상 역량을 급속히 강화되어 가는 상황에서 순수 경찰력인 해상보안청으로 중국해경에 대항하기에는 역량의 한계가 현저해 보인다.

또 하나는 평시 자위대에 대한 새로운 임무부여를 골자로 하는 영역경비법안을 도입하여 2015년 평화안보법제 제정 당시에 유보시켰던 법적 기반 정비를 다시 추진하는 것이다. 여기서 문제는 자위대의 임무수행에 필요

---

60 日本安全保障戦略研究所編(2016), pp. 132-133; 神保謙(2017), p. 37;

61 해안경비대는 5군(육군, 해군, 공군, 해병대 및 해안경비대) 중 하나로 평시엔 국토안보부 소속으로 해안 경비 및 구난 구조 활동을 담당하다가 전시가 되면 해군의 지휘하에 들어간다.

한 무기사용 기준을 어디까지 허용할 것인지에 대한 논의가 핵심적인 쟁점이 될 것이다. 2015년 평화안보법제 제정 당시 자민당은 당초 영역경비법안 마련에 긍정적이었지만, 연립여당인 공민당의 반대로 좌절되었다는 점, 그리고 야당인 민주당 계열의 정당과 유신당이 적극적이라는 점을 고려한다면 향후 일본 정치지형의 변화와 동북아 안보정세의 변화에 따라 도입 여부가 결정될 것으로 보인다.

Ⅳ. 시사점 및 함의

마지막으로 회색지대사태에 대한 일본의 대응이 한국에 주는 함의를 살펴본 뒤 이글을 맺기로 한다.

중국의 남중국해에서의 해상공세와 비교했을 때, 동중국해에 나타나는 특징은 남중국해에 비해 절제된 모습을 보이고 있다는 점이다. 중국이 남사군도의 도서를 군사거점화한 과정을 보게 되면, 가장 먼저 실시하는 것이 도서 주변 해역에서의 해양조사활동이다. 다음으로 중국 함정의 주변 해역에서의 활동이 이어지고 난 뒤 무장어민 등이 상륙하고, 이를 해군이 지원하는 형태로 도서점거를 한 뒤 항만시설 등을 건설하여 군사거점화하는 방식을 보여 왔다. 반면 동중국해의 센카쿠 해역에서는 해양조사에 이어 해경선 및 해군함정의 활동까지는 진행되었지만, 무장어민이 상륙하여 도서를 점거하는 단계에는 이르지 않고 있다.[62]

그럼에도 불구하고 일본은 남중국해에서의 중국의 회색지대 전략이 동중국해에서도 그대로 적용될 수 있다는 전제하에 적극적으로 대응방안 마련을 서둘렀고, 이러한 일본의 대응은 법적 기반 정비, 해상보안체제의 강화, 동남아 연안국과의 해상보안 협력으로 현실화되었다. 본론에서 살펴봤

듯이, 법적 기반 정비와 관련하여 원거리 도서지역에서 발생할 수 있는 회색지대사태에 대해서는 법제정을 유보했지만, 해상보안청의 경찰력만으로는 대처할 수 없는 3가지 구체적인 사례에 대해서는 전화각료회의 도입을 통한 운용상의 개선을 통해 자위대의 신속한 출동을 담보하는 방향으로 방침을 결정했다. 해상보안체제 강화를 위해서는 센카쿠영해경비 전담체제 수립, 해상보안청과 해상자위대의 협력강화, 국경낙도경비대 창설 등의 방안을 도입했고, 동남아 연안국과의 해상보안 협력을 위한 방안으로는 동남아 연안국의 해상법집행기관에 대한 역량강화 추진을 위한 모바일 코퍼레이션팀(MCT) 설치, 중국과 영유권 분쟁 중인 베트남과 필리핀에 대한 지원 강화를 추진해 오고 있다.

한편 중국이 동남중국해의 영유권을 둘러싸고 동남아 연안국과 일본을 상대로 해상도발을 강화하고 있는 상황에서 해양 경계획정 체결을 남겨두고 있는 한국으로까지 공세를 확대할 가능성은 희박해 보인다. 다만 미중 신냉전의 첨예한 갈등하에서 선택의 순간을 맞이하고 있는 한국 정부의 향후 결정에 따라서는 중국과의 대치관계 또는 중국의 보복을 받는 상황을 염두에 둘 필요가 있다. 이때 동중국해에 위치한 이어도의 관할권을 둘러싼 한중간 갈등이 양국 간 해양분쟁의 씨앗이 될 수도 있다는 점을 인식하고 대처방안을 수립해 놓을 필요가 있는 것이다. 이런 점에서 동중국해에서의 중국의 해양공세와 이에 맞선 일본의 대응은 우리에게 시사하는 바가 크다.

단 중국은 지난 2016년부터 2018년까지 3년간 이어도 인근해역 및 한중해양경계 미획정 지역에 100여 차례에 걸쳐 해경선과 함정을 파견하기는

62 森本敏編(2016), 『"海洋国家" 中国にニッポンはどう立ち向かうか』, 東京: 日本実業出版社, p. 185.

했지만, 그 이상의 공세적 대응 움직임은 보이지 않고 있다.[63] 이렇다고 봤을 때 현재로서는 중국으로부터의 직접적이고 노골적인 도발이 없는 상황이기 때문에 일본의 전략적 해상보안체제 강화 방침을 이어도 해상과학기지에 단순 적용하는 것은 오히려 중국을 자극할 수 있다는 점에서 신중한 대응이 요구된다.

우선은 해양경찰청이 마련해 놓고 있는 위기대응 매뉴얼에 중국의 해양 회색지대 전략에 대한 대응 부분도 반영하여 변화된 현실에 맞게 수정 보완해 나가는 작업을 서둘러야 할 것이다.[64]

이에 더해 남중국해에서와 같이 해상민병을 첨병으로 내세운 해양공세를 이어도 주변 해역에서 전개할 가능성이 있을 수도 있다는 점을 고려할 필요가 있다. 따라서 그 실체가 불분명한 해상민병의 동태파악을 위해 미국은 물론 중국의 회색지대 전략의 위협에 직면해 있는 베트남, 필리핀, 일본 등과의 정보협력을 서두를 필요가 있을 것이다.

나아가 이어도 인근 주변 해역을 포함하여 한반도 주변 해역에 대한 포괄적인 해양 정보수집 및 분석 체계를 강화할 필요가 있다. 여기서 참고가 되는 것이 본론에서 언급한 일본의 대응방식이다. 일본은 해양안보 강화를 위한 기반사업으로 해양상황파악(MDA)체제의 확립을 서두르고 있다. 이는 해양과 관련된 정보 수집, 집약, 공유 체제를 해양 안보 분야에 한정하지 않고 해양 환경보전, 해양산업진흥, 과학기술 발전 등 해양과 관련된 다양한 분야로 확대하여 해양과 관련한 상황을 종합적이고도 효율적으로 관

63 이서항(2019), "중국 해상민병대의 실체와 회색지대 전략- 한국에 대한 함의," 『이어도저널』 제16권, p. 16.

64 한국의 해양경비와 해양주권 수호를 위한 정부정책은 해양경찰청, 2018. 『해양경찰백서2018』, p. 104-141 참조

리해 나간다는 구상이다.[65] 우리도 이러한 종합적인 정보수집 및 집약·공유 체제를 도입하여 중국을 자극하지 않는 방식으로 주변 해역에 대한 종합적인 상황파악 시스템을 강화해 나갈 필요가 있을 것이다.

---

65 閣議決定(2018), pp. 17-18.

참고문헌

1. 정부문서

安全保障会議·閣議決定.“平成23年度以降に係わる防衛計画の大綱.” 2010年12月10日.

安全保障の法的基盤の再構築に関する懇談会.“『安全保障の法的基盤の再構築に関する懇談会』報告書.” 2014年5月15日.

海上保安体制強化に関する関係閣僚会議決定.“海上保安体制強化に関する方針.” 2016年12月21日.

海上保安庁.『海上保安レポート2018』. 2019年.

海上保安庁.“海上保安体制強化の取組状況.” 平成30年12月18日.

外務省.『外交青書2019』. 2019.

外務省.“自由で開かれたインド太平洋に向けた日本の取組.” 2020.5.

国家安全保障会議決定·閣議決定.“国家安全保障戦略.” 2013年12月17日.

国家安全保障会議·閣議決定.“平成26年度以降に係わる防衛計画の大綱.” 2013年12月17日.

国家安全保障会議決定·閣議決定.“国の存立を全うし, 国民を守るための切れ目のない安全保障法制の整備について.” 2014年7月1日.

国家安全保障会議決定·閣議決定.“平成31年度以降に係る防衛計画の大綱.” 2018年12月8日.

防衛省.『防衛白書(平成29年度版)』. 日経印刷, 2017.

防衛省.『防衛白書(平成30年度版)』. 日経印刷, 2018.

防衛省.『防衛白書(令和元年版)』. 日経印刷, 2019.

防衛省.『防衛白書(令和２年版)』. 日経印刷, 2020.

U.S. Department of Defense. Quadrennial Defense Review Report, 2010.

2. 저서 및 논문

고경민. “한/중간 이어도 분쟁과 유형별 대응방안.” 『국가안보와 전략』 제16권 3호, 2016.

김두승. “아베정권의 해양안보전략: 평가와 안보적 함의.” 『주간국방논단』 12월 4일, 2017.

김석수. “남중국해와 일본의 해양안보.” 『일본연구』 제67호, 2016.

김석수. “아베 정부의 인도-태평양 구상의 전개과정.” 『세계지역연구논총』 제37집 2호, 2019.

김주형. “중국의 남중국해 해양관할권 강화정책과 실행에 관한 연구.” 『해양정책연구』 제33권 제1호, 2018.

김지용. “세력전이와 해양패권 쟁탈전: 공공재·전환재 경쟁을 중심으로.” 『글로벌정치연구』 제12권 제2호, 2019.

김창곤. “한반도 주변의 회색지대(the Gray Zone)위협과 대응방향.” 『군사연구』 제149집, 2020.

남창희. “서태평양에서의 미중 세력경쟁과 자위대의 역할확대.” 『국방연구』 제58권 4호, 2015.

반길주. “동북아국가의 한국에 대한 회색지대 전략과 한국의 대응방안.” 『한국군사』 제7호, 2020.

이상현. “중국 해상민병의 부상과 일본의 대응.” 『이어도저널』 제16권, 2019.

이서항. “중국의 새 어민세력 ‘해상민병’을 경계하자.” 한국해양전략연구소. 『KIMS Periscope』 No. 76, 3월 21일, 2017.

임유석·노호래. “해양주권수호를 위한 해양안보정책 비교 연구.” 『한국테러학회보』 제13권 제1호, 2020.

정구연. “미중 세력전이와 미국 해양전력의 변화: 회색지대갈등을 중심으로.” 『국가전략』 제24권 3호, 2018.

조은일. “아베시기 일본의 ‘자유롭고 열린 인도-태평양’ 지역전략.” 『한국과 국제정치』 제36권 제2호, 2020.

최현호. "중국 해상무력의 새로운 축–중국해경과 해상민병대." 『국방과 기술』 11월호, 2017.

최희식. "아베정권의 외교안보정책: 해양안전보장을 중심으로." 『국방연구』 제61권 4호, 2018.

Green, Michael et al.. *Countering Coercion in Maritime Asia: The Theory and Pratice of Gray Zone Deterrence.* Washington D.C.: CSIS, 2017.

Morris, Lyle J. et al.. *Gaining Competitive Advantage in the Gray Zone: Resopnse Options for Coercive Aggression Below the Threshold of Major War.* Santa Monica, CA: RAND Corporation, 2019.

Erickson, Andrew S. and Kennedy, Conor M. "China's Maritime Militia." 2016. https://www.cna.org/cna_files/pdf/Chinas–Maritime–Militia.pdf.

Erickson, Andrew S. and Kennedy, Conor M. "Riding A New Wave of Professionalization and Militarization: Sansha City's Maritime Militia." CIMSEC September 1, 2016 http://cimsec.org/riding–new–wave–professionalization–militarization–sansha–citys–maritime–militia/27689.

アンドリュー·S·エリクソン+ライアン·D·マーティンソン編. 『中国の海洋強国戦略ーグレーゾーン作戦と展開』. 東京: 原書房, 2020.

海洋政策研究所. 『海洋白書2017』. 笹川平和財団, 2018.

竹田いさみ. 『海の地政学ー覇権をめぐる400年史』. 東京:中公新書, 2019.

渡部悦和. 『日本の有事ー国はどうする'あなたはどうする?』. 東京:ワニブックス新書, 2018.

森本敏編. 『"海洋国家"中国にニッポンはどう立ち向かうか』. 東京:日本実業出版社, 2016.

世界平和研究所編. 『希望の日米同盟』. 東京:中央公論新社, 2016.

日本安全保障戦略研究所編. 『中国の海洋進出を抑え込むー日本の対中防衛戦略』. 東京: 国書刊行会, 2016.

防衛研究所.『東アジア戦略概観 2020』. 東京： ジャパンタイムズ, 2020.
森川幸一.「グレーゾーン事態対処の射程とその法的性質」.『国際問題』第648号 1·2月号, 2016.
香田洋二.「領域警備法を制定する必要性について」.『チャンネルNippon』, 2015.7.8.
武居智久·齋藤雄介.「グレーゾーンにおける日米同盟の潜在的脆弱生ーグレーゾーンのなかの4つのグレーゾーン」.『海幹校戦略研究』第9巻 第1号, 2019年7月.
神保謙.「シームレスな安全保障体制への課題ーグレーゾーン事態からのエスカレーションを巡って」.『安全保障のリアリティ·チェック』. 日本国際問題研究所, 2017年3月.

3. 신문기사

「尖閣問題, 海上保安庁などが手に終えない場合どうする?」.《朝日新聞》2015年8月7日.
「変われないなら消える 日本版海兵隊の挑戦」.《日本経済新聞》2019年7月7日.
「尖閣不法上陸を警戒, 武装集団対応も 県警に離島警備隊」.《朝日新聞》2020年4月2日.
「接続水域内に潜水艦, 奄美大島周辺 防衛省」.《日本経済新聞》2020年6月20日.
"中国, 南シナ海に新行政区を設置 ベトナムは反発."《日本経済新聞》(電子版) 2020年4月20日.
"中国, 東シナ海でも軍事演習 3海域同時で影響力誇示."《日本経済新聞》(電子版) 2020年7月05日.
"南シナ海巡る中国主張, 米が公式に否定 完全に違法."《日本経済新聞》(電子版) 2020年7月14日.
"中国空母が沖縄ー宮古北上 11日に南下'往復は初."《日本経済新聞》(電子

版) 2020年4月29日.
"中国船が領海侵入, 日本漁船を追尾 尖閣周辺で."《日本経済新聞》(電子版) 2020年5月9日.
"資源開発から安保重視への転換 海洋基本計画を閣議決定."『日本経済新聞』(電子版) 2018年5月15日.
"中国公船, 尖閣接続水域·領海に最多の15隻."《日本経済新聞》(電子版) 2016年8月8日.
"中国, 尖閣で圧力強める 3日連続で公船領海に."《日本経済新聞》(電子版) 2016年8月10日.
"対武装漁民 初の共同訓練—警察·海保·自衛隊 離島上陸想定."《東京新聞》2016年11月13日.
"離島防衛, 夜間も訓練 海保, 警察, 自衛隊が合同で実施."《産経ニュース》2018年7月6日.
"変われないなら消える 日本版海兵隊の挑戦."《日本経済新聞》(電子版) 2019年7月8日.
"安保政策 受け身から転換."《日本経済新聞》(電子版) 2017年9月15日.
"シュライバー国防次官補, 民兵漁船「中国海軍と区別しない」."《産経ニュース》2018年11月22日.
「尖閣問題 海上保安庁などが手に終えない場合どうする?」.《朝日新聞》2015年8月7日.
"拡大するグレーゾン事態 対処は万全か 中国公船'軍指揮下に置く改革."《産経ニュース》2018年7月4日.
"中国公船の尖閣領海侵入'再び活発化 透ける習氏の思惑."《朝日新聞》2019年6月24日.
"尖閣不法上陸を警戒'武装集団対応も 県警に離島警備隊."《朝日新聞》2019年4月2日.

4. 웹사이트

防衛省 https://www.mod.go.jp/.

外務省 https://www.mofa.go.jp/.

海上保安庁 https://www.kaiho.mlit.go.jp/.

国会議事録検索システム https://kokkai.ndl.go.jp/#/.

제4부
독도 수비대의 경험과 이어도분쟁 대응

제8장
한국의 해상민병:
독도의용수비대의 경험

이정우

Ⅰ. 서론

우리의 독도뿐만 아니라 세계 곳곳에서 영토를 둘러싼 분쟁과 갈등은 계속되고 있다. 대표적으로 센카쿠열도(중국명: 댜오위다오)와 쿠릴열도 그리고 남중국해의 여러 암초들을 둘러싼 관련국들의 외교적·군사적 행위가 수십 년을 지속하고 있다.

이 지역들에서는 항상 군사적 긴장감이 조성되고 있는데, 미국이 주도하는 이른바 '항행의 자유' 작전(FONOPs)을 제외하고는 대부분 비군사적 주체가 경계를 맡고 있어서 그나마 군사 충돌의 위험성이 조절되고 있다. 예를 들어, 독도의 경우에도 해군이 경계를 맡는 것이 아니라 일차적으로 경찰 소속의 '독도경비대'가 경계를 담당하고 있다. 또한 우리가 뉴스에서 많이 접하듯이, "중국의 '공선'이 센카쿠열도에 침범했다"에서 공선은 중국 군함이 아닌 주로 해경을 의미한다. 이에 대한 대응을 하는 것도 일본 해상자위대가 아니라 일본 해상보안청(해경)이다.

그런데 근래 들어 중국의 해양 시민군(the maritime militia) 또는 준군사부대(the paramilitary forces)가 남중국해에서 활개하고 있다고 소식이 들려온다. 미국 전략국제문제연구소(CSIS) 산하 아시아해양투명성이니셔티브(Director of Asia Maritime Transparency Initiative)의 그레고리 폴링(Gregory Poling) 소장은, 중국이 지난 수년간 해군이나 해경 선박뿐 아니라 해양 시민군 또는 준군사부대를 활용해 남중국해를 24시간 일주일 내내 꾸준히 점유했다고 말한다. 그는 이 해양 시민군 또는 준군사부대는 얼핏 일반 어선 같아 보이는데, 사실 그렇게 가볍게 볼 존재가 아니며 사실상 중국 군대 내의 아주 작은 일부분이라고 주장한다.[1]

폴링 소장은 2019년 8월 시점의 수비 암초(Subi Reef)를 촬영한 위성사진 자료를 통해, 수비 암초 인근에 200여 척의 선박이 모습을 드러냈는데 이들 선박의 크기가 약 51m 정도로 필리핀이나 다른 주변국의 어선보다 훨씬 컸다고 설명했다. 그는 이들 중 어느 한 척도 실제로 고기를 잡고 있지는 않으며, 모두 중국의 해양 시민군으로서 다른 선박들을 위협하는 일을 했다고 말한다. 미국 국방부의 분석에 따르면, 중국의 해양 시민군은 "동원이 가능한 민간인 군대로서 정부 인가를 받은 세계 유일의 해양 시민군"으로 보인다. 미국 국방부는 이러한 해양 시민군 활동은 중국 해양민병대(PAFMM, People's Armed Forces Maritime Militia)에 의해 수행되고 있으며, 중국 정부는 이를 활용하여 논란이 되는 수역에서 분쟁의 위험을 줄이면서

1 Gregory Poling, "How Significant Is the New U.S. South China Sea Policy?" https://amti.csis.org/how-significant-is-the-new-u-s-south-china-south-policy/ (검색일: 2020. 8. 15).

그들의 목적을 추구하고 있다고 판단하고 있다.[2] 이와 같은 중국의 해양민병에 관한 국내의 논의로는 이서항 교수의 주장이 대표적인데, 중국의 해상민병은 이제 정규 해군(PLAN), 해경(CCG)과 함께 제3의 해상병력이라고 주장한다.[3]

한편, 현재 중국은 남중국해에 동중국해에서 여러 국가들과 마찰을 빚으면서 기존 미국 주도의 해양질서에 대해 도전을 하면서 이른바 회색지대(gray zone) 전략을 사용하고 있다. 회색지대라는 것은 전시와 평시 개념의 중간 영역으로서, 정규군의 군사력을 사용하는 것이 아닌 점진적(gradual)이고 애매모호한(ambiguous) 방식으로 현상을 변경하여 소기의 목표를 달성하고자 하는 것을 의미한다. 따라서 중국은 분쟁지역에서 전면적인 무력충돌을 회피하면서 반복적인 일상화를 통해 변화를 기정사실화하려는 전략을 사용하고 있는데, 이때 사용되는 전략적 주체가 바로 해상민병이다. 이에 대응하는 쪽에서는 외형상 중국 어민의 행동에 대해 군사적 대응을 할 수 없고, 경찰이나 해상보안청과 같은 비군사적 주체가 대응을 해야 한다. 중국(중화인민공화국) 건국 초기에 창설된 해상민병은 현재 세계 최대의 어선단으로 편제되어 있다. 최근 들어 해상민병의 중요성이 더해져 건축 자재의 운반에서부터 정보 수집에 이르기까지 폭넓은 임무를 완수하고 있다. 해상민병의 최정예부대는 필요할 경우 기뢰나 대공미사일을 이용해 '해상인민전쟁'으로 불리는 게릴라 공격을 할 수 있도록 훈련되어 있다고 전해진다.

---

2 Frances Mangosing, "Why China's 'fishing fleet' in the South China Sea is a cause for concern," https://globalnation.inquirer.net/171877/why-chinas-fishing-fleet-in-the-south-china-sea-is-a-cause-for-concern/ (검색일: 2020. 5. 10).

3 이서항, "중국의 새 어민세력 '해상민병'을 경계하자," 한국해양전략연구소, 『KIMS Periscope』 76호, 2017년 3월 21일.

어선 1척에 해상민병 20~30명이 승선해 있다고 가정하면, 200척이면 4,000~6,000명이 된다. 따라서 일본은 중국의 회색지대 전략에 대해 민감하게 대응하고 있는데, 지난 2014년 오가사와라제도 주변에 집결한 200척 이상의 불법조업 중국어선에 대한 대응에서 실패한 경험이 뼈저리기 때문이다. 이때 해상보안청은 10명에 달하는 중국인 선장을 체포했지만, 나머지 어선에 대해서는 별다른 조치를 하지 못하고 단지 영해에서 쫓아내는 것밖에 할 수 없었다.[4]

이렇듯 분쟁지역, 특히 해상 영토분쟁에 있어서 해상민병과 회색지대 전략의 결합은 중국의 현상변경 도전에서 유용한 수단으로 사용되고 있다. 여기에서 우리는 그 역할과 의미는 같지 않지만, 우리의 영토 수호를 위해 민간이 활동한 사례를 떠올리게 된다. 바로 '독도의용수비대'이다. 독도의용수비대가 중국의 해양민병과 가장 큰 차이점은, 남중국해에서 중국이 우월한 세력을 바탕으로 전술적으로 해상민병을 운영하는 것이라면, 독도의용수비대는 한민족 역사에서 국가가 위기에 빠질 때마다 거사를 도모한 의병과도 같이, 한국전쟁 후반기의 열악한 안보 상황에도 불구하고 일본의 침탈로부터 독도를 수호하기 위해 자발적으로 조직된 민간조직이었다는 점에서 큰 차이를 가진다. 즉, 우월한 힘을 바탕으로 한 국가 주도의 어용조직이 아니라, 가혹한 상황에서도 조국의 영토를 지키겠다는 숭고한 의지의 민간 무력조직이었다는 점에서, 전략적 선택이 아니라 생존과 영토 수호의 발현이라고 볼 수 있다.

이 글에서는 독도의용수비대의 활동 사항과 그 업적을 되돌아보는 것을 통해, 영토 수호의 정신과 민간의 역할에 대해 다시 한번 우리의 의지를

4 https://news.livedoor.com/article/detail/18332170/ (검색일: 2020. 6. 10)

성찰하는 계기를 가지고자 한다. 독도의용수비대는 자신의 생활 터전과 국토 보호의 목적으로 민간 주도로 울릉도 출신대원을 모집하여, 사재를 들여서까지 독도를 수비하여, 수차례의 발포를 통하여 일본의 침입을 방지함으로써 대한민국 영토 수호에 헌신적으로 노력했다. 이들의 숭고한 노력이 없었다면, 독도 영유권에 대한 우리의 입장은 현재보다 매우 위축된 상황에 처해 있었을 것이다. 현재 중국의 해상민병이 해양영토 확장을 위한 중국 정부의 공세적 전략의 수단이 되어 있는 것과는 달리, 독도의용수비대의 경우는 폐허화된 전쟁의 가혹한 상황에서 삶의 터를 지키려는 생존의 의지와 국토 수호의 정신으로 수세적·필사적인 민병이었다는 점에서 큰 차이를 가진다.

Ⅱ. 독도의 수난과 독도의용수비대의 창설

우리나라 동쪽 끝 영토인 독도는 역사적으로 한반도에서 전쟁이 벌어져 우리나라가 어려움이 있을 때마다, 침해를 받았는데, 그 가해자는 항상 일본이었다. 16세기 말 임진왜란이 끝난 뒤에도 동해안 일대를 침범했던 일본 왜구들은 울릉도 및 독도에 대한 침범을 계속했다. 이때 일어난 사건이 유명한 1696년의 안용복(安龍福) 사건이다.

러·일전쟁(1904~05) 시기에는 당시 대한제국 정부가 중립을 선언했으나, 일본이 중립선언을 무시하고 한반도에 대군을 불법적으로 상륙시켰다. 일본군이 1905년 1월 초 만주 여순항을 점령하자, 승기를 잡은 것으로 판단한 일본 정부는, 1905년 1월 28일 대한제국의 독도를 불법적으로 자국 영토에 편입시킬 것을 의결했다. 당시 일본에서 '마쓰시마'(松島)로 호칭되어 오던 '독도'를 '다케시마'(竹島)로 그 호칭을 변경하여, 시마네현 관할로 결정한 것이다.

1945년 해방이 되면서 독도는 원상복귀의 차원에서 한국의 영토가 되는 것이 당연한 것이었지만, 일본은 포기하지 않았고 간헐적으로 독도에 대한 영유권 주장을 제기했다. 이에 따라 한국은 전쟁이 한창임에도 1952년 1월 18일, '대한민국 인접해양의 주권에 관한 대통령선언'을 발표하여 독도를 포함한 우리의 해양주권이 대한민국에 있음을 선언했다. 대한민국 수립 이전 일본을 점령한 미군이 한때 독도를 전투기 사격장으로 사용했는데, 한국 정부가 항의하여 1953년 2월 27일, 미국이 독도를 전투기 사격 연습장에서 제외한다고 발표하기도 했다. 이후 일본은 이를 계기로 독도를 호시탐탐 침범해오기 시작했다. 만약 이때 일본이 독도를 실효 지배했다면, 아마도 현재의 독도 상황은 크게 다를 수도 있었을 것이다. 즉, 혼란한 상황에서 독도의용수비대가 창설되고 적극적으로 독도에 대한 영유권을 주장하지 않았다면, 한국전쟁이라는 비극 속에서 우리의 동쪽 끝 영토가 남의 땅이 되었을지 모를 일이다.

한국전쟁 시기에 일본은, 한국이 온 국력을 전선에 투입하고 있던 틈을 이용하여, 독도에 일본 땅이라는 "島根縣 隱岐郡 五箇村 竹島" 푯말을 세우고, 울릉도 어민들의 독도 주변 수역의 한국인 조업을 막았다.[5] 이러한 푯말 설치는 독도에 대한 실효적 지배수단의 일환으로서, 일본 정부가 독도에 대한 자국관할 의지를 대외에 표방하려고 한 것이라 할 수 있다.

---

5 1953년 6월 28일의 일본의 4차 불법 침범의 예를 살펴보면, 일본 함정 두 척이 독도로 침범해 들어와 정박한 후 30여 명이 상륙하여 미리 만들어 온 일본 영토 푯말을 설치했다. 또한 "일본 국민 및 정당한 수속을 한 사람 이외에는 일본 정부의 허가 없이 들어옴을 금한다."는 게시판도 두 개나 설치했다. 독도의용수비대기념사업회, 『독도를 지켜낸 33인의 의병』(독도의용수비대기념사업회, 2014), p. 13.

독도의용수비대는 이와 같은 일본의 독도 침탈에 맞서 시기인 1952년 8월 20일 개최된 울릉도 군민회관에서 대한민국 재향군인회 울릉군 연합분회의 창설과 함께 이루어졌다. 재향군인회 울릉군 연합분회 회장으로 선출된 홍순칠(洪淳七)은 평소 품고 있던 생각에 따라 당일 회의에서 '독도의용수비대 창설'을 발의했고, 이견 없이 의결되었다. 홍순칠 회장이 '독도 사수'를 역설함에 따라, 뜻을 같이한 의병지원자 50명이 규합되었고, 의병지원자 회의를 통해 홍순칠이 독도의용수비대 대장으로 선출되었다.[6]

독도의용수비대 창설의 역사적 배경은 다음과 같다. 앞서 언급했듯이 1952년 1월 18일 한국 정부는 인접 해양에 대한 대통령선언(평화선)을 발표했다. 이승만 라인으로 잘 알려진 이 평화선은 1952년 공식 명칭이 「대한민국 인접해양에 대한 대통령선언」으로 한국 정부가 설정한 수역이다. 대개 한반도 주변수역 50~100해리 범위로 국제해양법협약에 새로 도입된 개념인 배타적 경제수역(EEZ)의 외측 한계보다 안쪽에 위치해 있으며 독도를 라인 안쪽에 포함시키고 있다. 한국 정부의 이러한 선언에 대해 일본 외무성은 열흘 뒤인 1월 28일에 한국에 대해 항의를 하고, 독도에서 조업 중인 울릉도 어선들이 일본인들에 의해 쫓겨나는 사태가 벌어졌다.

한편, 당시 중공군 포로의 배낭에 울릉도 오징어가 발견되자 UN군 사령부는 울릉도 오징어에 대해 수출금지를 명령했고, 울릉도 오징어잡이 배들은 오징어 조업을 포기할 수밖에 없었다. 당시 울릉도는 전쟁으로 인해 육지로부터 식량의 공급이 급격히 줄고 쌀·보리·옥수수 등의 식량 자급률이 30%도 채 미치질 못했다. 오징어를 잡을 수 없었던 울릉도 어민들은 독도 근해로 나아가 비교적 수익성이 좋은 미역이나 소라, 전복, 홍합, 우럭 등

6 홍순칠, 『이 땅이 뉘 땅인데!: 독도의용수비대 홍순칠 대장의 수기』(서울: 혜안, 1997), p. 201.

을 잡아 생계를 이어가야 했다. 그런데, 일본의 독도 침탈로 이마저도 힘들게 되자 울릉도 주민들의 생존은 중대한 위협에 빠지게 되었다. 당시 한국 정부로서는 본토에서의 전쟁으로 독도에까지 신경을 쓸 여력이 없었으므로, 울릉군에 대해 민간 방위대라도 조직하여 독도를 지킬 것을 당부하는 정도의 대응밖에 할 수 없었다. 이에 홍성국 당시 울릉군수는 전쟁에서 부상하여 고향으로 돌아 온 육촌동생 홍순칠 예비역 육군상사와 협의하여 재향군인회 울릉 연합분회 및 독도의용수비대를 결성하게 된다.[7]

전쟁으로 인한 한국 정부의 혼란을 틈타 독도를 침탈당하게 되자 홍순칠 대장은 전투에 경험 있는 예비역을 소집하여, 최초 50명의 인원으로 울릉군 도동국민학교 운동장에서 독도의용수비대 발대식을 가졌다. 이후 학교 운동장에서 밤낮으로 실전에 따른 훈련으로 현역 군부대와 같은 주특기별로 1전투대, 2전투대 등으로 구성했다.

그런데 독도를 지키려면 준비해야 할 것들이 꼭 있었다. 일본에 맞서 무력으로 싸울 용감한 용사들은 물론이고, 이들과 싸울 무기, 독도에 머물며 임무를 수행할 동안 먹을 식량, 그리고 의복과 의약품 등 이었다. 하지만 자발적으로 일어나 벌이는 의병 활동이기 때문에 누가 특별히 지원해 주는 것이 아니어서 대부분은 스스로 구해야 하는 어려움이 있었다.[8]

우선, 울릉경찰서로부터 무기 일부를 빌리고 울릉군청의 지원을 다소 받았다. 그러나 그것만으로는 턱없이 부족했다. 고민에 빠진 홍순칠은 유산으로 물려받은 논과 밭의 일부를 팔아 그 돈으로 오징어를 사서 부산에 가

7 독도의용수비대의 창설 배경과 관련해서는 나홍주, “독도의용수비대의 국토수호 정신 고찰,” 독도의용수비대기념사업회 설립기념 「독도의용수비대의 역사적 의의와 국도수호 정신 계승」 학술회의 자료집, 2009년 11월 26일, pp. 34-40 참조.

8 위의 글, p. 40.

져다가 되판 돈으로 기관총 2정을 비롯해 필요한 무기와 물품을 구입했고, 병사구사령부(현 병무청)로부터 M1소총 2정을 비롯한 무기들을 받았다. 비로소 최소한의 무기와 장비가 갖추어졌다.

이후 우여곡절 끝에 확정된 독도의용수비대 편성 및 무기는 다음과 같다. 의용대 편성으로는, 대장 1명·부관 1명, 제1전투대 15명, 제2전투대 15명, 울릉보급대 3명, 교육 및 예비대 5명, 수송(선원) 5명 등 총 45명이었다. 이들의 무기는 60mm 박격포 1문, 직사포 1문, 중기관총 2정, M1소총 10정, 실탄 24,000발, 수류탄 50발, 4.5구경 권총 2정, 0.5t급 보트 1척, 통신용 전서구(homing pigeon: 통신용 비둘기) 3마리 등이었다.[9]

형식상 독도의용수비대는 울릉도 청년들이 자율적으로 고향 땅인 독도를 수호하기 위하여 조직한 순수 민간단체였다. 그러나 그 실질적 활약 내용과 그 의의는 단순히 '고향땅 지키기'가 아닌 국토 수호라는 국가의 의무를 대리 수행한 과거 의병의 전통적 역할과 다르지 않았다. 오직 자신들의 삶의 터전인 국토 수호라는 유일한 목적으로 마실 물조차 없는 돌섬에 주둔하고, 독도에 침입해 온 일본순시선 등에 대항하여 목숨을 걸고 그들을 퇴거시킨 그 성과는 최전방 수색대 또는 특수부대와 같은 역할을 했다고 평가할 수 있다.

Ⅲ. 독도의용수비대 주요 활동사항

1952년 9월의 미군에 의한 독도 폭격사건 등 여러 사건이 있은 후, 훈

9 이예균, "독도의용수비대의 활동사항과 의의," 위의 학술회의 자료집, p. 80.

련을 마친 홍순칠 대장의 독도의용수비대는 드디어 1953년 4월 20일에 독도에 상륙하여 국기게양대를 설치했다. 다음날 아침 국기게양식을 거행함으로써 제2차 세계대전 이후 독도에 대한 한국의 실효적 점유에 의한 지배가 시작되었다. 이후 독도의용수비대는 4차에 걸쳐 일본경비정의 독도 접근을 격퇴시켰다. 제1차 격퇴는 1953년 5월 28일에, 제2차 격퇴는 1953년 6월 25일에 제3차 1953년 8월 22일에 그리고 제4차 격퇴는 1954년 4월 21일에 발생했다. 독도의용수비대의 독도에 대한 실효적 점유는 1956년 12월 25일에 독도경비대에 그 임무를 인계할 때까지 계속되었다. 독도의용수비대의 주요 활동사항 및 그 시기 독도 관련 주요 사건들을 날짜별·사안별로 살펴보면 다음과 같다.[10]

1. 1953년 5월 28일의 독도의용수비대의 일본경비정 제1차 격퇴는, 일본의 1천 톤급 회색 경비정이 독도의 해안 150m까지 접근해 온 것을 기관총과 M1 소총의 발사로 격퇴시킨 일이다. 이에 대해 일본 정부는 1953년 6월 22일 한국 정부에 항의 구술서를 보내왔다. 6월 26일 한국 정부는 이를 반박하는 구술서를 일본외무성에 전했다.
2. 1953년 6월 25일의 독도의용수비대의 일본경비정 제2차 격퇴는, 일본 국기를 휘날리며 일본 경비정이 독도의용수비대가 막사가 있는 독도의 서도 앞을 지나 가제바위 옆에 정선했는데, 독도의용수비대는 기관총 발포를 했고, 이후 일본 경비정은 동도 쪽으로 돌아 퇴각했다.

10 나홍주, 앞의 글, pp. 42-59의 내용 정리 및 언론 보도 정리.

3. 한국전쟁이 끝난 직후인 1953년 8월 23일의 독도의용수비대의 일본경비정 제3차 격퇴는, 일본 해상보안청 소속 경비정 "오끼호"가 동도 5,000m 지점까지 접근해 온 것을, 독도의용수비대가 선미에 기관총 사격을 가하자 진로를 바꾸어 퇴각한 사건이다.
4. 1954년 4월 21일에 김종원 경찰국장이 독도의용수비대를 위문 차 방문했다. 위문단은 경찰악대 20여 명을 합쳐 50여명으로 구성되어 있었으며, 여기에는 경상북도 의회 부의장도 포함되어 있었다.
5. 1954년 4월 22일 독도의용수비대의 일본경비정 제4차 격퇴는, 일본경비정 PS9함·PS11함 및 PS16함 3척이 동·서·남 3방향에서 독도를 향해 오고 있었다. 약 500m 거리로 접근했을 때 박격포와 기관총 사격으로 이를 격퇴했다. PS16호는 박격포탄에 명중되어 격퇴되었다.
6. 한국 교통부는 독도에 등대를 건설하고 1954년 8월 18일 12시에 점등을 개시했다. 이에 한국 외무부는 1954년 8월 18일 각국 공관에 "한국 동해에 있는 한국의 영토인 독도에 한국 정부가 등대를 설치했으며, 동 등대는 1954년 8월 10일 12시에 점등을 개시했음을 통고하는 영광을 가진다"는 내용의 통보를 했다. 이후 일본 정부에 대한 위 내용의 통보는 1954년 9월 15일에 있었다.
7. 1954년 9월 25일 일본 외무성은 독도문제를 국제사법재판소에 제소하여 해결하자는 제의를 해왔다. 독도문제를 국제사법재판소에 제소하여 해결하자는 일본 정부의 제의에 대해 변영태 당시 외무장관은 "독도는 일본의 한국침략에 대한 최초의 희생물이다. 해방과 함께 독도는 다시 우리 품에 안겼다. 독도는 한국 독립의 상징이다. 이 섬에 손을 대는 자는 모든 한민족의 완강한 저항을 각오하라 … 일본이 독도의 탈취를 꾀하는 것은 한국 재침략을 의미할 것이다."

라고 표명했다. 또한 1954년 10월 28일 주일 한국대표부는 일본의 제의를 거절한다는 구술서를 일본외무성에 전달했다. 거절 이유로는 "일본 정부의 제의는 사법절차를 가장한 또 다른 허위의 시도에 불과하다. 한국은 독도에 대한 영유권을 갖고 있으며 한국이 또한 어떤 국제사법재판소에 의해 그의 권리를 증명하여야 할 이유가 없다. … 일본은 독도의 영유권 문제에 대해 한국과의 관계에서 대등한 위치로 놓으려고 의도하는 것이다."라고 되어 있다.

8. 1955년 5월 한국 외무부는 외교문제총서 제11호로 『독도문제 개론』을 출간했다, 두 개의 장과 부록으로 편성된 이 책은 총 219쪽으로서, 독도의 영유권이 한국에 귀속되어 있음이 명확히 밝히고 있다.
9. 한국 정부는 1955년 7월 8일에 독도등대를 재건축하고 이를 작동시켰다. 1955년 8월 8일 주일 한국대표부는 이 사실을 일본외무성에 통보하는 구술서를 전달했다. 이에 대해 1955년 8월 16일 일본 정부는 이를 부정하는 항의를 한국 정부에 해왔다. 이에 대해 1955년 8월 31일 주일 한국대표부는 일본외무성에 등대 설치의 합법성을 재천명하는 구술서를 전달했다.
10. 독도의용수비대는 1956년 12월 30일에 경찰 병력으로 구성된 독도경비대에게 임무를 인계했다. 울릉경찰서장은 홍순칠 대장으로부터 독도의 경비를 인수하는 「독도방위인수인계서」에 서명했다. 이 과정에서 독도의용수비대원 10명이 독도경찰경비대에 편입되었다. 이 '독도경비대'가 현재까지 독도를 실효적으로 점유하고 있다.

독도경비대는 독도의용수비대로부터 임무를 인계받을 당시 울릉경찰서 소속이었으며, 1977년 12월 30일 이후 독도경비대 대원들은 일반 경찰과 전투경찰로 구성되게 되었으며, 독도 경비 보강을 위해 경북지방경찰청 소속 독도경비대와 울릉도 경비를 전담하고 있는 318전투경찰대와 통합하여 1996년 6월 27일 창설한 울릉경비대 예하에 독도경비대를 두고 사실상 경북지방경찰청 직속으로 두고 있다.[11] 현재 우리가 TV에서 애국가 배경화면 등으로 볼 수 있는 독도경비대가 바로 이들이며, 지금 독도경비대가 우리의 영토를 굳건히 지키고 있을 수 있는 토대와 원류는 바로 독도의용수비대이다.

Ⅳ. 독도의용수비대 활동의 의의

독도의용수비대의 활약은 우리의 영토를 민간의 힘으로 지킨 최근의 사례로서 주목할 만한 것이다. 해방과 전쟁이라는 절체절명의 시기에서 이들의 노력이 없었다면, 현재 독도에 대한 한국의 실효적 지배는 매우 힘든 상황이었을 수 있다. 독도의용수비대의 정신은 전통적 의병정신의 현대적 출현, 전쟁 상이용사들의 향토애 정신, 스스로를 희생한 국토수호정신 등으로 정리된다. 우리 민족은 위기의 시기에 항상 국민(백성)들이 일어나 나라를 구하기 위해 희생하는 모습을 보여 왔다. 독도의 경우도 마찬가지이다. 전란의 위기 속에서도 우리 민초들은 스스로 내 고장·내 나라를 지키기 위해 스스로 분연히 일어나 후세에게 부끄럽지 않은 선대가 되어 주었다.

여기에서는 얼마 전 작고한 나홍주 흥사단 독도수호본부 공동대표의 정리에 따라, 독도의용수비대 활동의 역할과 의의에 대해 알아보기로 한다.

---

11 독도경비대의 현황에 대해서는 독도경비대 웹사이트에 자세히 설명되어 있다. https://www.gbpolice.go.kr/dokdo/index.do/ (검색일: 2020. 7. 25).

나홍주 대표는 지난 2009년 독도의용수비대 기념사업회가 주최한 「독도의용수비대의 역사적 의의와 국도수호정신 계승」이라는 학술회의에서 "독도의용수비대의 국토수호정신 고찰"을 통해 독도의용수비대의 국토수호정신을 다음과 같이 정리했다.[12]

첫째, 독도의용수비대의 국토수호정신은 반만년의 유구한 우리역사와 백의민족의 고유문화를 지켜오는 과정에서 990여 회의 외침을 받으면서도, 우리 영토·문화·말과 글을 유지하여 온 우리 민족의 전통적 의병(義兵)정신에서 그 연원을 찾을 수 있을 것이다. 나라가 외침을 받게 되면, 국토수호를 관군에만 의지하지 아니하고 선비는 붓을 던지고, 서민들은 생업을 버리고, 빈부귀천·남녀노소 구분 없이 함께 총궐기하여 목숨을 걸고 싸워서 외적을 물리치고, 국토를 수호했던 의병정신이다.

둘째, 결사대적 국토수호정신이다. 국토 수호를 위하여 목숨을 아끼지 않는다는 남다른 결사적 투쟁정신이 없었다면, 독도의용수비대가 전통적 의병전투에서는 찾아볼 수 없는 생존의 악조건, 즉 마실 물도 없고, 거주민도 없고, 생필품도 구할 수 없는 우리 동쪽 땅끝 낙도에서 무한정 주둔을 결심하고, 또 주둔하면서, 불법침입 중무장 일본순시선에 대하여 감히 발포할 수 없었을지 모른다. 그러나 그들은 홍순칠 대장의 발포명령이 떨어지자, 일사분란하게 망설임 없이 즉각 발포했던 것이다.

셋째, 임전무퇴(臨戰無退)의 정신이다. 한국전쟁에서 싸운 역전의 용사들로 구성된 독도 주둔 전투조 대원들의 풍부한 실전경험과 국토수호정신으로 무장된 임전무퇴정신이 없었다면, 독도의용수비대가, 특히 1954년 11

12 나홍주, 앞의 글, pp. 63-70의 내용을 요약·정리함.

월 21일 제4차 발포의 경우처럼 3척의 일본 순시선이 포위하듯이 독도의용수비대를 향하여 다가오고, 공중에는 폭탄을 적재한 국적 미상의 비행기가 머리 위를 날고 있는 상황에서 홍대장의 발포명령인 권총 1발의 신호총성에 따라 "독도가 떠나가듯" 일사분란의 발포를 기대하기 어려웠을 것이다.

넷째, 자유·민주시민사회의 핵심적 덕목인 자구정신(自救精神) 발휘이다. "권리 위에 잠자는 자는 법도 구제하지 못한다"는 명언이 있다. 독도가 아무리 역사적·국제법적으로 우리 땅이지만, 외부로부터 어떤 불법침입이 있을 때, 스스로 일어나서 우선 국제법상 자기방어권(right of self—defense) 차원에서 자구책을 강구함이 당연한 것이다. 더욱이 울릉도 도민들에게는 문전옥답과 같은 생활의 터전인 국토 수호를 위하여 울릉도 청년들이 국가가 명령하기 전에 스스로 궐기하여 자구책을 강구한 것은 천부의 권리이며, 자구정신의 백미라 할 수 있다.

다섯째, 물욕 등을 떠나 오직 '의로움'만을 좇는 것을 생명으로 하는 '선비' 정신의 발로이다. 국토 수호의 의로움만 추구하고, 그에 대한 어떤 대가도 바라지 않고, 모든 개인적 욕구를 버리고, 황량한 바위섬 독도 주둔을 결심하고, 목숨을 건 독도침입 일본 순시선에 대한 발포 등은 우리 전통인 '의로움을 좇으며 목숨을 거는 선비정신' 이 아닐 수 없다.

여섯째, 모범적 재향군인정신의 발로라 할 수 있다. 우리나라 헌법상 모든 남성은 만 19세가 되면 국방의 의무가 부여 된다. 군에서 소정의 현역 근무를 마치고, 제대군인들은 각 지역 소속 재향군인이 된다. 이들 재향군인들이야말로 사회 각 분야의 종사자들로서 막강한 예비국방력이 되어 유사시 국토수호의 역군이 된다. 특히, 독도의용수비대 전투조 대원으로서 독도에서 자급자족하며 수호 역할을 한 것은 진정 대한민국 재향군인회의 표상이라고 할 수 있다.

일곱째, 숭고한 애국애족의 민족정신의 발로이다. 독도의용수비대가 독도주둔 3년 8개월간을 마친, 1956년 12월에 총 대원수는 33명이었다. 이들 33명의 대원들은 독도주둔 전투조 대원을 포함하여, 무보수로 보급품을 울릉도에서 독도까지 운송한 삼사호를 운영하며 수송을 담당한 운송대, 울릉도에서 예산부족으로 어려움을 겪으면서도, 보급품을 조달하여 왔던 보급대원 등 모든 대원들을 통틀어 말한 것이다. 이들의 행동은 아무런 대가 없이, 그동안 맡은바 각 분야에서 오직 국토 수호를 위하여 소임을 다 한 것은 숭고한 애국애족의 민족정신의 발로라고 할 수 있다.

여덟째, 극일(克日) 정신의 표상이다. 독도는 역사적·국제법적 및 실효적 지배에서 볼 때, 엄연한 대한민국의 영토이다. 그런데 일본은 독도에 대한 탐욕을 버리지 못하고, 자국 영토라고 터무니없는 주장을 지속하고 있다. 계속되는 일본의 이런 강압적 주장에 굴하지 않고 한국 정부는 독도가 우리 영토라는 주장을 한 번도 굽히지 않았다. 한국 정부의 이러한 태도는 실제로 우리 국민이 독도를 지키고 있었기 때문에 가능한 것이었다.

이상에서 살펴본 것과 같이, 독도의용수비대의 짧지만 힘겨웠던 국토수호의 역사적 활동은 우리 민족이 유구한 역사 속에서 몸에 밴 숭고한 덕목들이 총 결집한 것이라고 할 수 있다. 근대국가의 이론적 초석이 되는 사회계약론에 따르면, 외부로부터 국민의 안위를 보호하는 일차적 책임은 국가에게 부과된다. 또한 베스트팔렌조약(Peace Treaty of Westfalen, 1648년) 이후 국가는 자신의 영토에 대한 배타적 권리를 가지고 이를 지킬 의무와 권한을 가진다. 그런데 강대국에 둘러싸인 힘없는 국가의 백성들은, 국가에게 미루지 않고, 스스로 자신을 지키고 또한 국토를 지키는 자발성을 보여 왔다. 병역 비리가 사라지지 않고 또한 그와 관련된 특혜가 횡행하는 시대에 살고 있는 우리들은, 어려운 시기에 가혹한 환경 속에서 자신을 희생하며, 국토를 수호한 독도의용수비대 대원들의 숭고한 정신에 고개를 숙이지 않을 수 없다.

V. 결론

근대국가의 출현 이래 영토에 대한 규정은 과거에 비해 훨씬 명확해졌다. 그러나 제국주의 식민정책 및 제2차 세계대전 종전의 미해결 유산은 여전히 지속되고 있다. 특히, 많은 국가가 주로 해상에서 작은 섬·암초를 두고 영토 분쟁을 벌이고 있다. 독도의용수비대의 혁혁한 활동에도 불구하고 한국 역시 여전히 일본과 독도 영유권에 대한 분쟁에 지속적으로 휘말리고 있으며, 현재 일본 정부는 아이들의 교과서에 독도를 자기네 땅이라고 가르치고 있다. 독도 영유권에 대한 분쟁은 아직 끝나지 않았고 지속될 것임을 강력하게 암시한다.

만약 앞으로 한일 간에 독도에 대한 무력분쟁이 일어난다면, 독도의용수비대의 발포 수준 대응이 아니라 첨단 해·공군의 대결로 이어질 수도 있다. 냉전 시기 북방 3각인 북·중·소와 남방 3각인 한·미·일의 다자간 대립 때문에 우방국 간의 영토분쟁은 격렬한 양상으로 비화되지는 않았다. 더 큰 안보 위협 앞에서 내부의 작은 분쟁이 억제되었기 때문이다. 그러나 우방과 적국의 구분이 혼재되어 있는 현재의 다자간·중층적 구조 속에서 한국의 독도 및 이어도에 대한 국토 수호의 임무는 보다 복잡하고 또한 일촉즉발의 가능성이 높아지고 있는 상황이다. 갈등이 응축되는 동안 아무 일도 하지 않는다면, 결국 그 갈등은 폭발할 것이고 그 결과는 큰 피해로 이어질 수 있다.

특히 미중 패권갈등의 현 국제질서 속에서 다른 부문·지역에서의 분쟁의 불똥이 우리의 독도와 이어도로 튈 가능성도 제기되고 있는 실정이다.

영토 문제는 실제로 그 영토의 중요성과는 별도로 해당국가의 정체성 및 국가목표와 연계되는 경우가 많기 때문에 쉽게 타협되거나 합의될 가능성이 낮다. 결국 독도·이어도의 영토문제 역시 단기간에 해결될 사안이 아니라 실효적 지배의 지속성을 통해 국토수호의 사명을 다해야 하는 것이 국가의 의무이다.

그런데 현대의 다양한 이해관계 속에서 국민들은 '작은' 영토에 대해 큰 관심을 두지 않는 경향이 있다. 오랫동안 지속되는 분쟁이고 또한 내가 관심을 갖는다고 크게 달라지지 않을 것이라는 생각 때문이다. 그러나 앞서 언급했듯이 미래의 영토분쟁은 과거보다는 더 큰 규모로 이루어질 것이고, 그 피해는 국가와 국민들에게 훨씬 더 크게 이루어질 것이다. 특히, 한국으로서는 현재 일본 우익정권과의 관계에 있어서, 여러 가지 면에서 마찰을 빚고 있고, 과거사에 대한 양국의 서로 다른 해석 또한 평행선을 달리고 있다. 이러한 갈등 국면에서 독도 영유권 문제가 본격화된다면, 양국관계는 악화일로를 걸을 가능성이 높다. 한편, 이어도의 경우는 중국과의 갈등이 우려되는데, 아직 큰 충돌은 없었지만 중국이 본격적으로 영유권을 주장하는 경우에 2017년 싸드(THAAD) 배치에 따른 보복에서 나타난 바와 같이 그 여파가 생각보다 클 수 있음을 명심해야 할 것이다.

따라서 독도의용수비대의 지난 활동이 우리에게 주는 현재적 교훈은, 아무리 어려운 상황이라도 국토에 대한 소중함과 수호정신을 잃으면 안 된다는 것이고, 필요한 경우 희생을 감수하더라도 국토수호의 적극적 대응이 필요하다는 것이다. 우리 국민 모두가 독도의용수비대 대원이 된다는 마음으로, 독도문제에 대한 관심을 기울이고 또한 이어도의 현황과 중요성에 대한 사회적 인식을 높이는 것이 중요하다. 역사적으로 국토수호에 소홀한 국가는 그 수명을 다하지 못했고 또한 번영을 이루지도 못했다는 점을 잊지 말아야 할 것이다. 정부가 당연히 알아서 잘 할 것이라는 생각을 넘어, 독도와 이어도 등 국토의 작은 부분에 대해서도 국민들이 소중한 관심을 기울일 때, 국가도 더 많은 예산을 들여 국토수호의 중요성에 자신의 의무를 투여할 것이다. 국가가 무엇을 해주기에 앞서 우리 국민들이 스스로 자신이 서 있는 분야에서 국토를 사랑하고 지키려는 마음을 가지는 것이 중요하다.

마지막으로 해상민병으로서 독도의용수비대의 역할은 활약상은 독도와 이어도 및 우리 영해에서 벌어질 이른바 일본과 중국에 의한 회색지대 전략에서 대응전략의 일환으로서 좋은 본보기가 될 수 있다. 중국의 해상민병과 같이 국가주도의 치밀한 계획 속에 현상변경을 시도하는 것이 아니더라도, 현상을 유지하고 국토를 수호하고, 상대의 전술에 대응하는 차원에서 지역 어민들의 유기적인 신고체계를 구축하고 유사시 동원 가능한 조직망을 구축하는 것이 필요할 수 있다. 영토 수호의 대의에는 국민 모두의 노력과 의지가 있어야 할 것이기 때문이다.

참고문헌

김명기. 『독도의용수비대와 국제법』. 명지대학교 출판부, 1998.

김윤배·김점구·한성민. "독도의용수비대의 활동시기에 대한 재검토." 『내일을 여는 역사』 여름43호, 2011.

김종식 편. 『낱낱이 파헤친 독도사(전5권)』. 보학당, 2009.

김탁환. 『독도평전: 다큐멘터리와 소설을 넘어선 역사읽기』. 서울: 휴머니스트, 2001.

김호동. "독도의용수비대 정신 계승을 위한 제안." 『독도연구』 제9권, 2010.

김화경. 『독도의 역사』. 영남대학교출판부, 2011.

나홍주. "독도의용수비대의 국토수호정신 고찰." 독도의용수비대 기념사업회 학술회의(2009년 11월 26일).

나홍주. 『독도의용수비대의 독도주둔 활약과 그 국제법적 고찰』. 서울: 책과사람들, 2007.

독도의용수비대기념사업회. 『독도를 지켜낸 33인의 의병』. 독도의용수비대기념사업회, 2014.

동북아역사재단 독도연구소. 『독도 영토주권과 해양영토』. 동북아역사재단, 2018.

박인식. 『독도』. 대원사, 2005.

신용하. 『독도, 130문 130답』. 『월간조선』 별책부록, 2011.

영남대학교 독도연구소. 『독도 영유권 확립을 위한 연구』 1–7. 영남대학교 독도연구소.

영남대학교 민족문화연구소. 『독도를 보는 한 눈금 차이』, 2006.

외무부. 『독도문제 개론』. 『외교문제 총서』 제11호, 1955.

유하영. "독도의용수비대의 실효적 지배와 국가 관할권." 독도의용수비대 기념사업회 학술회의(2009년 11월 26일).

이동원. "독도의용수비대의 활동에 대한 법적 고찰." 『독도논총』 제5권, 2010.
이서항. "중국의 새 어민세력 '해상민병'을 경계하자." 한국해양전략연구소. 『KIMS Periscope』 76호, 2017년 3월 21일.
이예균. "독도의용수비대의 활동사항과 의의." 독도의용수비대 기념사업회 학술회의(2009년 11월 26일).
이진호. 『독도 영유권 분쟁: 과거 현재 그리고 미래』. 한국학술정보, 2011.
전국사회교과연구회. 『독도를 부탁해』. 2011.
채형복·전현수·추연식·이정태. 『독도학: 독도영유권 확보를 위한 다학문적 이해와 접근』. 동방문화사, 2017.
호사카 유지. 『독도 1500년의 역사』. 교보문고, 2016.

제9장
중국의 회색지대 전략과 이어도 분쟁 대응방안

고경민

Ⅰ. 서론

동아시아 해양에서는 해양영토를 둘러싼 분쟁이 지속되고 있다. 동중국해에서는 중국·일본·한국이, 남중국해에서는 중국·필리핀·베트남·대만 등이 도서영유권이나 해양관할권을 둘러싸고 협상과 분쟁에 직면하고 있다. 특히 중국의 해양영토에 대한 야심을 주목해야 할 필요가 있다.

동중국해에서 중국은 2010년 센카쿠열도/댜오위다오 근처에서 발생한 선박 충돌과 2012년 일본의 '센카쿠열도 국유화' 조치로 영유권을 둘러싸고 일본과 치열한 공방을 벌였다. 또 중국은 2012년 3월 이어도 주변 해역을 해양감시선과 항공기의 정기순찰대상에 포함시키겠다고 공식 발표하고, 2013년 11월 23일 이어도 상공을 '방공식별구역'(Air Defense Identification Zone: ADIZ)으로 선포하면서 이어도 주변수역과 상공의 긴장이 지속되고 있다.

남중국해에서도 중국은 2011년 5월 중국 순시선의 베트남 석유·가스

탐사선의 케이블 절단으로 베트남과 무력충돌 직전까지 갔었고, 남중국해에서 인공섬 조성과 매립 및 군사시설 건설을 강행하면서 베트남·필리핀 등 주변국들과 첨예한 갈등을 벌이고 있다. 중국이 스카보러/황옌다오 점거 이후 2014년부터 주변 7개 암초를 매립해 인공섬을 만들기 시작하자, 필리핀이 상설중재재판소(PCA)에 남중국해 영유권 문제 등 15개 사항에 대해 제소하면서 국제법적으로 대응했지만,[1] 중국은 2016년 7월 중재판정 패소 이후에도 그 결과를 부정하면서 남중국해에 대한 영유권 주장을 굽히지 않고 있다.[2]

동아시아 해양인 동중국해와 남중국해 해양분쟁의 핵심 이해관계자는 중국이다. 2000년대 말부터 중국은 해양 군사력 증강과 함께 그 어느 때보다 해양영토 주권을 강화·확대하기 위한 노력을 강화하고 있다. 최근에도 중국은 자국의 핵심 이익과 결부된 동중국해와 남중국해에서 군사훈련과 해·공군 활동을 전개하면서 주변국들을 압박하고 있다.[3] 이러한 중국의 해양력 증강과 해양영토분쟁에 대응하는 태도는 미·중 및 중·일관계 뿐만 아니라 동아시아 국가들을 긴장하게 하고 있다.

---

1 PCA는 2016년 7월 12일 중국의 남중국해 영유권 주장에 대해 법적 근거가 없고 또 암초를 매립해 만든 인공섬에 대해서도 배타적 경제수역(Exclusive Economic Zone: EEZ)을 확보할 수 있는 유엔해양법협약(United Nations Convention on the Law of the Sea: UNCLOS) 상의 '섬'으로 인정되지 않는다고 판결했다.

2 김주형, "중국의 남중국해 해양관할권 강화정책과 실행에 관한 연구," 『해양정책연구』 제33권 제1호(한국해양수산개발원, 2018), pp. 304-305.

3 예를 들면, 2017년 베트남 석유채굴에 대한 압력 행사와 중국·인도·부탄 국경지역에서의 군사적 대치, 대만해협 및 남중국해에서의 고강도 군사훈련, 그리고 중국 군용기의 한국방공식별구역(KADIZ) 침범 및 한반도 주변 비행 등이 주변국을 군사적으로 위협한 사례들이다. 박창희, "중국의 국방과 군사: 대주변국 강압을 위한 군사활동," 국립외교원 연구용역보고서(2018).

1950년대 초부터 시작된 동아시아 해양분쟁은 1990년대 후반부터 격화되기 시작했고, 2010년대부터는 매년 20건 이상이 발생하고 있다.[4] 반세기 이상 지속되어 온 동아시아 해양분쟁은 완전히 해결되지도 않고, 그렇다고 전면전으로 치닫지도 않으면서 주기적으로 반복되는 양상을 보이고 있다.[5] 이러한 특징은 최근 부상하고 있는 중국의 회색지대 전략과 관련하여 주목해야 할 필요가 있다. 특히 한·중 간 해양경계획정 협상이 난항을 거듭하는 상황에서 이어도 관할권을 놓고 중국이 노골적으로 분쟁화를 시도하여 중국의 이어도 해역 통제나 무력 위협 등 물리적 대응 가능성도 배제할 수 없기 때문이다. 따라서 중국이 회색지대 전략에 기초해 이어도 이슈에 접근할 경우를 상정한 대응 방안을 강구해야 할 것이다.

사실, 일반적인 관할권 문제, 즉 EEZ나 대륙붕 경계를 획정하는 문제는 섬이라는 물리적 실체가 있는 영유권 이슈와는 다르다. 그렇지만 이어도 문제는 이어도 해양과학기지라는 실체가 있기 때문에 영유권 분쟁과 같은 문제 상황을 가정하여 대응전략을 마련해야 한다. 예컨대, 이어도 해양과학기지를 둘러싸고 해상시위, 해상대치 및 충돌 가능성뿐만 아니라 무단으로 기지에 상륙하여 점거하거나 기지의 각종 시설물들을 훼손하는 등 다양한 가능성을 놓고 대응전략을 준비해야 할 필요가 있다. 따라서 이 글은 이어도 관할권을 둘러싸고 발생할 수 있는 중국과의 충돌 가능성들을 회색지대 전략에 기초하여 몇 가지로 유형화하고 그에 따른 대응 방안들을 모색할 것이다.

---

4 이서항, "동아시아 해양분쟁과 지역안보," JPI정책포럼, 2017-15(제주평화연구원, 2017).

5 구민교, "미·중간 신(新)해양 경쟁과 우리나라의 해양안보정책," 『주요국제문제분석』 (2013. 10. 23), pp. 3-4.

Ⅱ. 이론적 검토와 분석틀

1. 회색지대 전략의 개념

회색지대라는 용어는 2010년 미국의 국방검토보고서에서 "완전한 전쟁도 아니고 완전한 평화도 아닌" "모호한 회색 지역"(ambiguous gray area)의 존재가 지적되면서 회자되기 시작했다.[6]

회색지대 갈등은 상대국의 무력 대응을 이끌어 내거나 전면전의 임계점을 넘지 않는 수준에서 이루어지는 도발로 인해 발생하는 저강도 수준의 갈등을 의미한다.[7] 회색지대 전략은 "실제 전쟁에는 못 미치지만 분명히 평화로 인정되지 않는 군대를 이용"[8]하며, "전통적인 전쟁과 평화 사이에 위치"[9]한다.

최근 회색지대론이 관심과 주목을 받게 된 데는 미국의 주요 싱크탱크

---

6 U.S. Department of Defense, *Quadrennial Defense Review Report*(Arlington, VA: DOD, 2010), p. 73.

7 Frank G. Hoffman, The Contemporary Spectrum of Conflict: Protracted, Gray Zone, Ambiguous and Hybrid Modes of War(Washington D.C.: The Heritage Foundation, 2015); Brad Roberts, *The Case for US Nuclear Weapons in the 21st century*(Stanford: Stanford University Press, 2016); Michael Green, Kathleen Hicks, Zack Cooper, John Schaus, and Jake Douglas, *Countering Coercion in Maritime Asia: The Theory and Practice of Gray Zone Deterrence*(Washington, DC: CSIS, 2017), pp. 22-23.

8 Antulio J. Echevarria Ⅱ, "How Should We Think about 'Gray-Zone' Wars?" *Infinity Journal*, Vol. 5, No. 1(2015), pp. 16-20.

9 Nathan P. Freier, et al., *Outplayed: Regaining Strategic Initiative in the Gray Zone*(Carlisle, PA: U.S. Army War College Press, 2016), p. xiii.

들의 연구보고서가 공개되면서이다.[10] 이들은 동·남중국해에 대한 지배력 강화를 위한 중국의 회색지대 전략을 주목했다. 즉 중국이 남중국해에서 인공섬을 건설하면서 해안경비대, 어업 관리선, 석유 탐사선, 석유 시추선 그리고 상업 선박 및 어선 등 비군사적 또는 준군사적 수단들을 사용하여 영유권을 행사하고 있다는 지적이다. 따라서 미국은 이러한 중국의 회색지대 전략에 적극적으로 대응해야 한다는 것이 이 보고서들의 공통된 주장이다.

국가간 협약을 위반하는 군사적 수단을 사용하기보다는 특수부대, 정보작전, 대리 군대와 범죄 활동 등을 활용한다. 이러한 전략은 투입된 각종 수단들이 국가 명령이나 지휘를 받고 있는지의 여부를 모호하게 만들 수 있다.[11] 중국은 회색지대 전략을 통해 갈수록 치열해지는 미·중 경쟁에서 세력균형을 변화시키려고 한다. 회색지대 전략은 현상유지를 선호하는 미국에게 무력 대응의 필요성을 제기하거나 확전의 부담을 주지 않는 수준에서 현상을 변경하기 위해 시도하는 고도의 전략으로서, 미국 주도의 국제질서와 세력균형을 점진적으로 잠식하고 있다.[12]

---

10 Michael J. Mazarr, *Mastering the Gray Zone: Understanding a Changing Era of Conflict*(Carlisle Barracks, Pa.: U.S. Army War College, 2015); Nathan P. Freier, et al., *op. cit.*; Michael Green et al., *op. cit.*; Scott W. Harold, et al., *The US-Japan Alliance and Deterring Gray Zone Coercion in the Maritime, Cyber and Space Domain*(Santa Monica, Calif.: RAND Corporation, 2017).; Lyle J. Morris, et al., *Gaining Competitive Advantage in the Gray Zone: Response Options for Coercive Aggression Below the Threshold of Major War*(Santa Monica, Calif.: RAND Corporation, 2019).

11 Michael J. Mazarr, *Mastering the Gray Zone: Understanding a Changing Era of Conflict*(Carlisle Barracks, Pa.: U.S. Army War College, 2015).

12 Scott W. Harold, *op. cit.*; 정구연, "미중 세력전이와 미국 해양전략의 변화: 회색지대갈등을 중심으로," 『국가전략』 제24권 3호(2018), pp. 91-93.

2. 중국 회색지대 전략의 특징

회색지대 갈등은 단기적 승리에 초점을 맞추기보다는 장기적 작전 수행을 통한 승리에 초점을 맞추며, 이런 측면에서 전략적 점진주의(strategic gradualism)를 특징으로 한다. 정구연은 기존 연구들에 대한 분석을 통해 살라미 전술(salami-slicing), 기정사실화 전술(fait accompli), 대리전(proxy warfare) 등을 회색지대 전략의 핵심적 요소라고 지적한다.[13]

첫째, 살라미 전술은 공격의 의도성을 은폐하면서 그에 대한 상대국의 인식과 대응을 시험한다. 만약 상대국이 그 공격을 심각하게 인식하고 즉각적인 대응을 하지 않을 경우 이는 성공 사례가 되며, 그에 따라 다음 단계의 전술로 전환될 수 있다. 이런 사례는 비정규군이나 민병대 등을 이용하여 공격의 의도성을 은폐하면서 점차 공격의 수위를 높여가는 방식이다.

둘째, 기정사실화 전술은 어떤 도발에 대해 상대국이 묵인할 것인지 또는 위기를 고조시킬 것인지 사이에서 딜레마에 빠지도록 하는 것이다. 이런 전술은 상대국이 대응할 여유와 기회가 없도록 갑작스럽게 도발하는 방식이다.

셋째, 대리전은 정규군보다 민간단체를 이용하여 공격하는 방식이다. 민간단체에 의한 공격에 대해 상대국은 정규군으로 대응할 수 없다. 민간단체의 도발이 어떤 의도인지를 정확히 파악하기 어려울 뿐만 아니라 민간인의 공격에 군사적으로 억지 조치를 취하는 것도 어렵다.

이러한 특징의 회색지대 전략은 상대국의 대응을 혼란스럽게 한다. 즉 그러한 공격이 국가 주도인지 민간 주도인지를 공격 직후 신속하게 식별하

13 정구연, 앞의 글, pp. 93-95.

기 어렵다. 또 그로 인해 그러한 공격에 대응한 법적·정책적 대처 방안도 모호해지며, 처벌도 쉽지 않고 공격에 대한 억지력을 갖추는 것도 어렵다. 더욱이 회색지대 전략 공격으로 인한 인적·물적 피해에 적극적으로 대응하기 위해 무력을 사용하는 것도 쉽지 않다.[14]

중국은 2012년 남중국해의 스카버러 점거 당시, 양배추 전략(cabbage strategy)을 통해 정치적 목표를 달성한 경험이 있다.[15] 즉 분쟁 수역 내 특정 목표물의 최일선에 다수의 어선, 즉 해상민병을 배치하여 접근한다. 그 다음으로 해경순시선과 어정선, 마지막으로 해군함정이 겹겹이 에워싸서 상대를 압박한다. 이처럼 중국의 양배추 전략은 비군사 역량과 군사역량을 분리하지 않고 결합하여 운용한다. 따라서 이러한 회색지대 전략은 영유권이나 관할권 분쟁에서 직접적인 군사역량을 사용하지 않고서도 도서 합병이나 관할권 확장이 가능할 수도 있다는 점을 시사하고 있다.[16]

3. 회색지대 갈등의 분석 틀

역사적으로 중국은 적어도 영토 문제와 관련해서는 군사력 사용을 주저하지 않는 국가로 알려져 있다. 중국은 억제나 방어를 목적으로, 또는 강압을 통해 양보를 얻어낼 목적으로 무력 과시, 무력 시위, 분쟁 및 전쟁을

---

14 위의 글, p. 92.

15 Harry Kazianis, "China's Expanding Cabbage Strategy," *The Diplomat*, October 29 2013; 유동원, "중국의 남중국해 전략 변화: 새로운 확대전략의 실천과 특징," 『중소연구』 제39권 제3호(한양대 아태지역연구센터), p. 205.

16 예컨대, 러시아가 군사력을 사용하지 않고 '정보전쟁(information war)'을 수행함으로써 크림반도를 합병하고 우크라이나 사태에 개입한 것이 대표적인 사례이다. Stefan Halper, *China: The Three Warfare*, Office of Net Assessment(May 2013), p. 13.

수행해왔다. 중국은 상대국을 협박하거나 의도를 탐색하는 데 그치기도 했지만, 경우에 따라서는 협상을 강요하거나 적의 능력과 의지를 소진시키는 등 공세적으로 이루어지기도 했다.[17]

이처럼 중국이 군사력을 통해 단호한 정치적 메시지를 전달하고 행동의 변화를 요구해온 역사적 경험을 가지고 있고, 최근 회색지대 전략을 통해 점진적으로 정치적 목적을 달성해 간다는 점을 고려할 때, 그에 대한 대응도 전략적 점진주의에 기초하여 신중하게 접근할 필요가 있다.

하이델베르크 국제분쟁연구소(HIIK)는 〈그림 9-1〉과 같이 갈등 강도에 따라 분쟁, 비폭력적 위기, 폭력적 위기, 제한적 전쟁, 전쟁 등 5단계로 분류할 수 있다. 여기서 분쟁과 비폭력적 위기는 저강도, 폭력적 위기는 중강도, 그리고 제한적 전쟁과 전쟁은 고강도로 분류한다.[18]

국가 간 분쟁의 규모나 강도는 어떤 정치적 목적 때문에 분쟁에 개입 또는 참여하는가, 어떤 무기를 사용하여 그 분쟁을 승리로 이끌고자 하는가 등에 따라 달라질 수 있다.[19] 어떤 국가가 생존을 걸고 가용할 수 있는 모든 군사적 수단을 사용하여 정치적 목표를 달성하고자 할 경우, 그 분쟁은 고강도(high-intensity) 분쟁으로 간주된다. 그러나 제한적인 군사적 수단을 사용하여 제한된 정치적 목표를 달성하고 할 경우, 그 분쟁은 저강도 또는 중강도(low or mid-intensity) 분쟁으로 볼 수 있다. 따라서 분쟁은 당사국들이 어떤 정치적 목표를 가지고 그 분쟁에 임하는가에 따라 분쟁의 규모와 강도가 달라질 수 있다. 덧붙여, 분쟁에 투입되는 폭력과 전력의 수준에

---

17 박창희, 앞의 보고서.

18 HIIK, *Conflict Barometer 2015*(Heidelberg, Germany: HIIK, 2016), p. 6.

19 고경민, "한·중 간 이어도 분쟁과 유형별 대응방안," 『국가안보와 전략』 제16권 3호(2016).

따라서도 분쟁의 강도를 파악할 수 있다.[20]

〈그림 9-1〉 갈등 강도에 따른 분쟁 유형

<table>
<tr><th>강도수준</th><th>용어</th><th>폭력수준</th><th>강도 등급</th></tr>
<tr><td>1</td><td>분쟁</td><td rowspan="2">비폭력적 갈등</td><td rowspan="2">저강도</td></tr>
<tr><td>2</td><td>비폭력적 위기</td></tr>
<tr><td>3</td><td>폭력적 위기</td><td rowspan="3">폭력적 갈등</td><td>중강도</td></tr>
<tr><td>4</td><td>제한적 전쟁</td><td rowspan="2">고강도</td></tr>
<tr><td>5</td><td>전쟁</td></tr>
</table>

출처: HIIK, *op.cit.*, p. 6.

〈그림 9-1〉을 참고할 때, '저강도 분쟁'은 군사적 개입이 거의 또는 전혀 없는, 그리고 경제·정치와 같은 국력의 또 다른 수단들 또는 심리적 수단들이 보다 큰 역할을 하는 형태의 대립이다. 저강도 분쟁은 정부의 전략과 목표가 분쟁 회피나 봉쇄에 초점을 맞추기 때문에 군사작전은 보조적인 역할을 하게 된다.[21] 분쟁 수준이 높아짐에 따라 갈등의 규모는 '중강도 분쟁'으로 이동하는데, 이때의 분쟁 목표는 저강도 분쟁처럼 제한적이지도 않지만 고강도 분쟁처럼 극단적이지도 않다. 이 수준에서는 군과 여타 정부기관들 모두가 중요한 역할을 수행하게 된다. 이들 중 어느 누구도 여타 조직에 예속되거나 여타 조직과 비교해 우위에 있지 않다.

중강도 분쟁에서의 핵심은 협상을 통한 평화 달성에 대한 의지이다. 그

20 위의 글.

21 James R. Locher, Ⅲ, "Low-Intensity Conflict-Challenge of the 1990s," *Foundations of the Military Profession*(Dubuque, IA: Kendall/Hart Publishing Company, 1995), p. 145.

리고 '저강도 분쟁'에서 중강도 분쟁으로 이동함에 따라 군사력의 역할이 커진다. 고강도 분쟁에서는 국력의 경제·정치 및 심리적 수단의 역할이 거의 사라지게 된다. 이 단계에서 추구하는 목표는 적국의 무조건적인 항복이다. 따라서 협상은 필요 없으며 모든 노력은 군사적 역량 발휘에 모아진다.

중국과 협상을 벌이고 있는 이어도 관할권 갈등은 평시, 위기, 분쟁, 전쟁 등 다양한 상황을 가정할 수 있으며, 저강도 분쟁과 고강도 분쟁을 양극단으로 설정할 때, 이는 대체로 비군사적 위협과 군사적 위협에 따른 분쟁으로 구분될 수 있다. 그리고 분쟁의 수준은 그 원인에 따라 달라질 수 있는데, 불법 조업 단속이나 해양순시선 간의 우발적인 충돌, 해상민병의 시위나 점거 등으로 인한 충돌, 그리고 이런 문제들로 인해 분쟁이 심화될 경우 해양경찰들이 개입하는 분쟁 형태로 발전할 수 있으며, 더 나아가면 군사적인 해상 충돌의 가능성도 배제하기 어렵다.

중국의 회색지대 전략, 특히 해상민병·해경·해군이 겹겹이 에워싸는 양배추 전략에 따라 이어도 분쟁을 유형화하면, 〈그림 9-2〉와 같이 각 유형에 따라 세부적 분쟁 유형들을 도출할 수 있다.[22] 첫째, 해상민병에 의해 분쟁이 발생할 경우로는 해상에서의 집단시위, 이어도해양과학기지의 무단 점거 및 훼손 등의 사례가 있을 수 있다. 둘째, 해경 수준에서 관리 및 대처가 가능한 유형으로 해상 대치와 해상 충돌의 유형이 있을 수 있다. 셋째, 해경의 역할 범위를 넘어서는, 즉 해·공군 간 군사적 충돌 유형으로 무력시위, 무력충돌의 유형을 상정할 수 있다.

22 고경민, 앞의 글.

〈그림 9-2〉 회색지대 전략에 기반한 이어도 분쟁 유형화

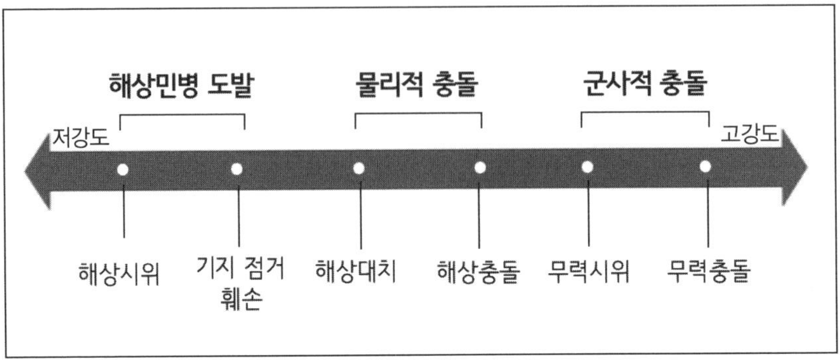

출처: 고경민(2016) 참조.

Ⅲ. 중국의 해양전략과 남중국해에서의 회색지대 전략

1. 중국의 해양전략

중국 해양전략의 기본 개념은 '반접근·지역거부(A2/AD: Anti-Access/Area Denial)'로, 이 전략에 따라 서태평양 지역에서 빠른 속도로 현대화된 해군력을 확장해 가고 있다. '반접근'이란 일반적으로 적이 작전지역에 진입하는 속도를 늦추거나 예방하기 위한 장거리 역량 혹은 행위이다. '지역거부'는 상대적으로 단거리에서 적의 활동반경을 제한하는 것을 목표로 한다.[23]

중국의 또 다른 중요한 해양전략 개념이 '도련선'(島鏈線, island chains) 전략이다. 과거의 '연안방어'(coastal defense)에서 벗어나 '근해방어'(offshore defense) 개념으로 전환하게 된 것은 도련선 계획이 채택되면서부터라고 할

23 정구연, 앞의 글, p. 88.

수 있다. 〈그림 9-3〉과 같이, 중국의 도련선 전략에서 제1도련선은 쿠릴열도를 시작으로 일본에서 대만, 필리핀, 말라카 해협에 이르며, 제2도련선은 오가사와라, 괌, 사이판, 파푸아뉴기니로 연결되는 해양방어선이다.

〈그림 9-3〉 중국의 제1, 2 도련선

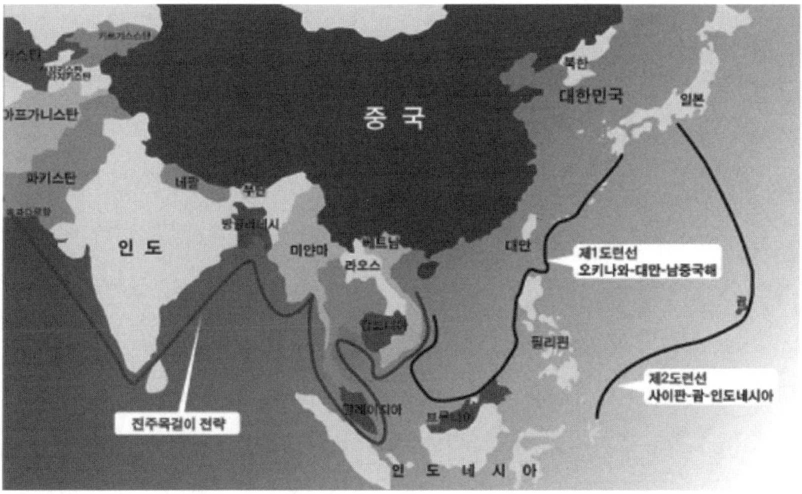

제1, 2도련선에 따라 중국의 해양전략은 3단계로 구분할 수 있다.[24] 제1단계는 적극적 방어에 기초하여 중국 본토로부터 제1도련선 안쪽 해역에 대한 해양 통제를 강화하는 전략이다. 1980년대 중반부터 시작되어 2000년까지 추진된 제1단계는 근해 함대능력을 바탕으로 제1도련선 내의 해역에 대한 적극적인 근해방어가 주목적이다. 제2단계 해양전략 개념은 중거리

24 박영준, "미-중 간 해양경쟁과 아태지역 안보질서 전망." EAI 국가안보패널 연구보고서(2016. 12).

전진방어에 기초하고 있는데, 보닌제도, 마리아나제도, 팔라우제도 등 제2도련선까지 해양통제권을 확보하는 것이다. 그리고 제3단계는 신형 함정을 바탕으로 제2도련선 밖 해역에 대한 장거리 전진방어를 전략 개념으로 채택하고 있다. 제1도련선 전략은 2000년까지 완성되었고, 제2도련선 전략도 2020년을 목표로 추진하고 있다.[25]

3단계 해양전략론은 중국 해군의 현대화와 발전의 지침을 제공하고 있다. 비록 2000년까지 목표로 하고 있는 제1도련 내에서의 해양통제권은 확보하지 못하고 있지만, 해적 퇴치를 위해 아덴만(Gulf of Aden)까지 구축함을 파견한 바 있다. 뿐만 아니라 중국은 중동에서 중국 연안을 잇는 해상교통로 주변에 위치한 중요한 연안국가들과 외교적 유대 강화를 통해 이들 국가 내에 중국의 해군기지 혹은 항만시설을 건설하여 중국의 상선과 에너지 수송선 등을 보호하기 위한 진주목걸이전략(string of pearls)을 추진하고 있다.[26] 이처럼 중국은 3단계 해양전략을 지속적으로 추진하고 있다.

2000년대 중반 이후부터 중국 내에서는 근해방어전략을 넘어서는 원해방어(Far Sea Defense) 전략론이 서서히 대두되기 시작했다.[27] 후진타오 국가주석은 2007년 제17차 중국공산당 전국대표대회에서의 연설을 통해 "근해(近海) 종합작전능력을 향상시킴과 동시에, 서서히 원해(遠海)방 위형으

25 U.S. Department of Defense, *op. cit.*

26 James R. Holmesand Toshi Yoshihara, *Chinese Naval Strategy in the 21st Century: The Turn to Mahan*(Oxon: Routledge, 2008), pp. 377-378; Robert D. Kaplan, "Center Stage for the Twenty-first Century: Power Plays in the Indian Ocean," *Foreign Affairs* (March/April 2009), p. 22.

27 The Secretary of Defense, *Annual Report to Congress: Military and Security Developments Involving the People's Republic of China 2011*(2011), p. 39.

로 전환하여 원해 기동작전 능력을 향상시킬 것"[28]을 지시했다.

〈표 9-1〉 중국 정부수립 이후 해양전략 개념의 변화

구분	1949~1981	1982~2000	2001~2020	2020~2050
전략 개념	연안방어 (coastal)	근해방어 (offshore)	지역전진방어 (regional)	원양전진방어 (blue sea)
방어범위	해안/연안	제1도련	제2도련	원양
작전범위	150nm	150-600nm	1,350~1,500nm	1,500nm이상
전략목표	people's war	area of sea control	area of sea denial	global defense

출처: The Secretary of Defense, *Annual Report to Congress: Military and Security Developments Involving the People's Republic of China 2012* (May 2012); Office of Naval Intelligence, *The People's Liberation Army Navy: A Modern Navy with Chinese Characteristics* (August 2009); Bernard D. Cole, *The Great Wall at Sea: China's Navy in the Twenty-First Centry*, 2nd ed.(Maryland: Naval Institute Press, 2010); 부승찬, "중국의 국가성향과 이어도의 현재적 함의: 방공식별구역(ADIZ) 선포와 남중국해 분쟁 사례를 중심으로," 『이어도저널』, 제6호 (2015) 참조.

2015년 『중국의 군사전략』(中国的军事战略)이라는 제목으로 발간된 중국 국방백서는 적극방어 개념을 능동적이고 공세적 개념으로, 그리고 해양방어 개념을 연해방어에서 공해보호로까지 확대했다.[29] 또 미국을 겨냥해 반접근·지역거부 능력을 확실시하겠다는 점도 두드러진다. 중국은 군사방어 개념에서 더 이상 대륙과 연안방어에 머무르지 않고, 동중국해와 남중국해를 포함해 해양과 외해에서 자국의 이익을 스스로 보호할 수 있는

28 防衛省 防衛研究所 編, 『中國安全保障レポ.ト2011』(防衛省防衛研究所, 2012), p. 11.

29 박창희, 앞의 보고서.

능력을 확고히 하겠다는 의지를 분명히 했다.

이상에서처럼 중국의 해양전략은, 단기적으로는 제1도련내의 해역에서 해양통제권을 확립하고, 중기적으로는 제2도련내의 해역에서 해양거부권을 행사하며, 장기적으로 전 세계 해양으로 작전범위를 확대할 수 있는 대양해군의 건설을 목표로 하고 있다. 이런 맥락에서 중국의 도련선 전략은 의미심장하다. 중국은 미·일의 반발 및 대응과는 별도로 스스로 설정하고 있는 해양강국화로 나아가는 전략을 꾸준히 추진할 것이다. 그리고 그에 필적하는 해군력도 지속적으로 증강할 것으로 전망할 수 있다. 따라서 미·일과 중국의 갈등은 따라서 불가피할 것이고, 향후 동아시아 해양안보의 불안정성도 지속될 가능성이 높다.

중국의 해양전략은 반접근·지역거부 역량제고를 통해 점진적으로 도련선을 확장해 나갈 것이며, 이 과정에서 살라미 전술, 기정사실화 전술, 대리전 전술 등으로 특징지어지는 회색지대 전략을 결합하면서 동아시아 해양에서의 통제력을 확대해 나갈 것으로 전망된다.

2. 남중국해에서 중국의 회색지대 전략

최근 중국의 군사활동은 가급적 군사적 충돌 및 분쟁을 회피하면서 주로 과시 및 무력시위에 주안을 두는 경향을 보이고 있다. 21세기 정보화시대에 걸맞게 평화도 아니고 전쟁도 아닌 새로운 분쟁 양상에 주목하여 '회색지대 분쟁'을 추구하고 있는 것이다. 이러한 분쟁은 적의 군대를 상대로 한 무력충돌보다는 자국 국민이나 상대국의 지도자와 국민, 그리고 국제사회를 대상으로 정보전이나 심리전 등 비군사적 수단을 통해 자국의 의지를 관철하는 양상을 보이고 있다.

중국은 2003년 12월 중앙군사위원회에서 '중국인민해방군정치공작조례(中國人民解放軍政治工作條例)'를 개정하여 심리전·여론전·법률전을 의미하는 '3전(三戰)' 개념을 제시하고 주요 실행과제로 채택했다.[30] 심리전(心理戰)은 특정의 정보와 매개체를 운용하여 이성(理性) 선전, 의지 위협, 감정 유도 등으로 목표 대상의 심리와 행동에 영향을 미침으로써 정치·군사 투쟁 목표를 실현하기 위한 작전 행동을 뜻한다. 여론전(輿論戰)은 각종 매체와 정보 자원을 종합적으로 운용하여 유리한 여론 환경을 조성하는 작전 행동을 의미한다. 법률전(法律戰)은 법률 위협, 법률 타격, 법률 구속, 법률 제재, 법률 보호 등의 수단을 통해 법리적 우세를 차지함으로써 승리를 이끌어내는 작전 행동을 의미한다.[31]

중국은 '3전' 개념에 기초하여 유리한 전략적 여건을 조성하면서 상대국의 의중을 떠보거나 정치적 양보를 강요하며, 경우에 따라서는 군사적 압력을 이용하기도 한다. 이와 같이 중국은 평화상태로부터 전쟁이 발발하기 직전의 상황에 이르기까지 존재하는 광범위한 '회색지대'를 이용하여 '모호한 전쟁'을 추구하는 '회색지대 전략'을 통해 정치적 목적을 달성하려 하고 있다.[32]

미국의 대표적인 국제전략 싱크탱크인 전략국제연구센터(CSIS, 2017)가 수행한 회색지대 연구보고서에 따르면, 〈표 9-2〉와 같이 중국은 동중국해와 남중국해에서 다양한 사건들을 통해 회색지대 전략으로 대응해 왔음을 알 수 있다.

---

30 Stefan Halper, *op. cit.*, 27; 이상국·서주석·이명철, 『미중 '소프트 패권경쟁'시대 한국의 전략적 선택』(한국국방연구원, 2013); 박철희, 앞의 보고서.

31 王幸生主 編, 『軍隊政治工作學』(北京: 軍事科學出版社, 2010); 이상국 외, 앞의 보고서, p. 52 재인용.

32 박철희, 앞의 보고서.

〈표 9-2〉 중국의 회색지대 분쟁 사례 현황

사례	어선	비무장순시선	해군함정	항공모함
美 군함 임페커블호 운항방해(2009)	○	○	○	○
센카쿠 열도 어선 충돌(2010)	○			
스카보로섬 대치(2012)	○		○	
센카쿠열도 국유화 위기(2012)		○	○	○
동중국해 방공식별구역 침범(2013)				○
세컨드 토머스 사주 사건(2014)	○	○	○	
중국-베트남 석유굴착 장치 대치(2014)		○	○	
탑건 사건 (2014)				○

출처: Michael Green et al., *op.cit.*; 정구연, 앞의 글, p. 96 참조.

중국의 회색지대 전략은 남중국해에서 인공섬 조성 과정을 통해 드러나기 시작했다. 중국은 2013년 이래로 남중국해에서 인공섬 조성과 매립 및 군사시설 건설을 강행했다. 중국은 지난 2013년부터 최근까지 중국 해양국이 조성한 인공섬은 서사군도(Paracel Islands)의 트리톤(Triton) 산호초, 남사군도(Spratly Islands)의 수비(Subi), 가번(Gaven), 피어리 크로스(Fiery Cross), 커어터온(Cuarteon), 존슨(Johnson), 미스칩(Mischief) 산호초, 스카버러(Scarborough) 신호초 등 8개이다.

중국은 남중국해 산호초를 매립하고 인공섬을 조성하여 비행장을 건설하고 대공미사일을 포함한 각종 군사시설 등을 배치·운용하고 있다. 이는 중국에게 이 인공섬들이 남중국해의 풍부한 해양자원과 해저자원을 독점하는 전초기지일 뿐만 아니라 미·중간 동아시아 해양패권 경쟁에서 우위를 점하는 데 필요한 가라앉지 않는 항공모함 역할을 할 수 있다고 보았기 때문이다.

중국은 인공섬 건설 과정에서 필리핀 베트남 등 주변국들과 여러 차례의 크고 작은 충돌이 있었다. 특히 이 과정에서 중국은 정규군을 이용하기보다는 상업 및 비군사 선박을 동원하여 충돌이나 통행 방해 등을 자행했다. 이런 사례는 인공섬 건설 과정에서만 나타났던 현상은 아니다. 예컨대, 2009년 3월 미국의 임페커블호와 중국어선의 대치, 2012년 스카버러 암초에서 필리핀과 중국어선의 대치, 2015년 10월 미국 라센호와 중국 상선의 대치, 그리고 센카쿠열도/댜오위다오 부근에서의 중국어선 충돌 사건 등 그동안 여러 차례 지속되어 왔다.

이러한 양상은 2016년 7월 PCA 중재판정 후에도 지속되고 있다. 2016년 11월 1일 파라셀 군도 영흥도(Woody Island) 인근에서 베트남 어선들이 중국선박들의 공격으로 선원들이 폭행당하고 어구를 탈취 당했으며 충돌 공격으로 선체까지 파손되었다.[33] 또 2017년 6월 파라셀 군도 근해에서 중국선박들의 베트남 어선 조업방해가 있었으며, 같은 해 8월에는 중국 해경선이 베트남 어선을 충돌하여 침몰시키는 사건까지 발생했다.[34] 또 2020년 3월 대만의 최전방 섬인 진먼(金門)에서 소규모의 국지적인 선박 충돌사건이 발생했는데, 당시 대만 국방안전연구원은 이 사건에 대해 정규 전쟁이 아닌 비전통적 무력도전으로 국가 안전에 대한 새로운 도전이라고 밝혔다. 덧붙여, 중국이 해경과 해상 민병대를 이용해 회색지대의 충돌에서 우위를 점하고 있기 때문에 향후 대만 외곽 도서 지역이 중국의 침략적 행동에 직면할 가능성이 있다고 우려를 표했다.[35]

이러한 중국의 전략에서 주목할 부분은 해경이나 군대를 앞세우기보다

33 《연합뉴스》 2016년 11월 4일자.

34 《연합뉴스》 2017년 8월 17일자.

35 《연합뉴스》 2020년 4월 5일자.

는 해상민병을 앞세운다는 점이다. 중국의 해상민병은 인민해방군과 국가 통제를 받는 중국 민병대 조직의 하위 단체로 알려져 있다. 이러한 전략의 의도는 민간인을 상대로 군사행동을 하지 않을 것이라는 점을 계산하고 서방 군대의 의사결정을 교란, 지연하면서 분쟁 없이 군사 목표를 달성하는 데 있다.[36]

이처럼, 중국은 수많은 어선으로 분쟁지역을 둘러싸 명시적으로 군사력을 사용하지 않고 상대국의 해안경비대나 해군의 접근을 차단했다. 그럼으로써 중국은 남중국해에서 다양한 비군사 및 준군사 작전을 통해 군사적 이슈로 부각되지 않게 하면서 자신들의 목표를 달성해 가고 있다. 이런 현상에 대해 머지않아 전시도 아닌 평시인데도 불구하고 남중국해 전체에 대한 해상통제권을 장악하게 될 수도 있다는 우려가 제기되고 있다.[37]

요컨대, 중국은 해양분쟁 이슈가 발생하면, 민병대나 어부들을 앞세우고, 그다음으로 해상경비대, 뒤이어 해군을 투입하는 식으로 공세 수위를 높여가는 '회색지대 전략'으로 대응하고 있다. 중국이 남중국해뿐만 아니라 동중국해에서도 해상민병을 앞세운 회색지대 전략을 구사할 것으로 전망되고 있다.

Ⅳ. 중국의 회색지대 전략에 따른 이어도 분쟁 대응방안

남중국해에서 나타나는 중국의 회색지대 전략 사례를 통해서 볼 때,

---

36 아서 N. 툴락, "하이브리드 전쟁," Indo-Defense Forum, (2016. 8. 16.).

37 박윤일·정삼만, "미·중 해양패권 경쟁과 '회색지대 전략'," 『KIMS PERISCOPE』, 142호(한국해양전략연구소, 2018. 12. 1).

중국의 회색지대 전략은 앞의 〈그림 9-2〉와 같이 세 가지로 유형화할 수 있다. 여기서는 앞서의 유형화를 토대로 이어도 주변수역, 특히 이어도 해양과학기지를 둘러싸고 중국이 회색지대 전략으로 공격할 경우에 대비하여 어떻게 대응할 것인지를 살펴본다.

1. 해상민병의 도발에 대한 대응

해상민병은 생업에 종사하면서 군사훈련, 물자운반 지원, 해상시위 참여 등의 군사활동을 병행하거나 해군·해경을 지원하고 그들로부터 군사적인 지휘통제를 받는 반민반군(半民半軍)의 역할을 하는 조직이다.[38] 해상민병 세력은 대략 14만 척 어선에 75만 명 정도로 추산되고 있으며, 2010년 국방백서에 의하면 약 8백만 명의 해상민병을 보유한 것으로 알려지고 있다).[39] 해상민병 선박들은 위성항법 시스템, 레이더, 무전기 등을 장착하여 인근의 중국 해경이나 해군 함정들과 정보를 주고받는 것으로 알려졌다.[40]

해상민병은 남중국해와 동중국해를 접하고 있는 제장, 푸저우, 광동, 하이난 지역 어민들로 주로 구성되며, 이 중에서도 하이난 성 동부의 '탄먼(潭門)'이 민병대 기지로 주목받고 있다. 시진핑 주석은 2013년 4월 하이난성 치옹하이(琼海)시 탄먼(潭門)해상민병대를 시찰하면서 해상민병이 중국해 등 분쟁수역에서 중국의 해양권익 수호에 앞장서야 한다고 격려한 바 있

---

38 최현호, "중국 해상무력의 새로운 축: 중국 해경과 해상민병대," 『국방과 기술』, 제465호(한국방위산업진흥회, 2017); 김주형, 앞의 글, p. 320.

39 Andrew S. Erickson and Conor M. Kennedy, "China's Maritime Militia"(2016), p. 2. https://www.cna.org/cna_files/pdf/Chinas-Maritime-Militia.pdf(검색일: 2020.06.13.).

40 최현호, 앞의 글.

다.[41]

중국 해상민병의 임무는 ① 해양관할권 강화를 위한 정책지원과 정찰, ② 군 작전 및 해경 임무 지원, ③ 주요시설 보호, 기만(deception), 전자재밍(jamming), 수송, 수리지원, 의료지원, ④ 분쟁 해역에 대한 해군력 현시(naval presence) 지원 또는 분쟁 중인 도서 상륙 등을 다양하게 수행하는 것으로 알려져 있다.[42]

이러한 임무를 수행한 구체적 사례로는 1950년대 인민해방군의 도서점령작전 이후 1974년 서사군도 점령, 1995년 미스치프초(Mischief Reef) 사건, 2009년 미해군 과학조사선 임페커블호(Impeccable) 항로방해, 2011년 베트남 해양조사선(Viking II and Binh Minh) 방해, 2012년 스카버러 숄 해상대치, 2014년 해양석유(海洋石油)–981 대치사건 등이 있다고 알려져 있다.[43]

중국의 해상민병은 남중국해에서만 출몰하는 것은 아니다. 일본과의 분쟁지역인 센카쿠열도/댜오위다오 주변 해역과 한국 서해상에도 이들은 위협적인 존재이다. 2016년에는 서해에서 불법조업 중인 중국어선을 단속하던 한국 해경정이 중국어선들의 고의 충돌로 침몰하는 사건이 발생하기도 했다. 일부 중국어선들 중에는 상대 선박에 대한 충돌 공격이 가능한 강력한 선체를 갖추고 있거나 물대포를 장착하는 경우도 있고 불법조업 어선에 한국 해경의 승선을 막기 위해 백병전 무기를 갖추고 있는 어선도 있다.[44]

---

41 Erickson and Kennedy, *op.cit.*, p. 26.

42 김덕기, "중국의 해양관할권 강화를 위한 해양민병대(Maritime Militia) 현시(Presence)와 미국의 딜레마," E-저널(한국해양안보포럼, 2017).

43 Erickson and Kennedy, *op.cit.*, p. 3.

44 "불법조업 중국어선, 해경 고속단정 침몰시키고 도주," 《연합뉴스》, 2016년 10월 8일자; 김주형, 앞의 글, p. 320.

중국의 해상민병대는 타국 해경·해군이 민간 어선에 대해 군사적·물리적 개입을 쉽게 할 수 없다는 점을 악용해 선박 충돌, 해상시위 등 간접적 무력행사를 일삼는다. 그렇지만 상대국에서는 적극적 대응이 어려운데, 이는 그로 인해 민간 선박에 대한 과잉대응 논란을 야기할 수 있기 때문에 적극적인 저지를 주저할 수밖에 없게 된다. 중국은 이런 점을 악용해 해상민병을 분쟁수역의 민감한 곳에 투입하여 정보수집과 감시·관측활동을 수행하며, 유사시에는 시위나 충돌과 같은 적극적인 방식으로 대응한다.

이어도 문제가 분쟁화할 경우 해상민병의 준동을 경계해야 한다. 이들의 도발 행위로 가장 먼저 상정해 볼 수 있는 상황이 이어도의 중국 관할권을 주장하며 이어도해양과학기지 주변에서 벌이는 '해상시위'가 될 것이다. 해상민병의 도발은 여기서 그치지 않고 과학기지에 상륙하여 점거하거나 훼손하는 행위로도 이어질 수도 있을 것이다. 이처럼, 중국 해상민병의 예기치 않은 도발이 발생할 경우 다각도의 대응이 필요하다.

우선, 이어도해양과학기지는 국제법인 UNCOS에 근거하여 건설되었고, 또 국내법인 「선박 및 해상구조물에 대한 위해행위의 처벌 등에 관한 법률」에 근거하여 관리되고 있다. 이어도해양과학기지는 국제법과 국내법에 근거한 합법적인 인공구조물이기 때문에 그 주변에서 이루어지는 해상시위나 과학기지 점거 및 훼손에 적극적으로 대응할 수 있는 법적 근거이다. 특히 「선박 및 해상구조물에 대한 위해행위의 처벌등에 관한 법률」은 과학기지의 안전을 위해 해상민병 세력의 무단 점거와 훼손에 대해 처벌할 수 있는 구체적 규정들을 담고 있다. 즉 과학기지의 관리나 연구 수행을 위해 기지 내에 체류하는 사람에 위해를 가하거나 무단으로 점거 또는 훼손한 경우에 대해서는 외국인도 처벌할 수 있도록 동법 제3, 5, 6, 7, 9조 등에서 분명하게 규정하고 있다.

다른 한편, 평시에 이와 같은 문제적 상황이 발생하지 못하도록 선제적으로 대응할 필요성도 제기된다. UNCLOS은 제60조 5항은 이어도해양과학기지와 같은 인공구조물에 대해 반경 최대 500미터를 안전수역으로 선포하여 관리할 수 있도록 규정하고 있다. 또 국내법인 『해사안전법』 제8조에서도 해양 시설물을 보호하기 위한 '보호수역'의 설정을 규정하고 있다.

이어도해양과학기지 주변에서의 해상시위나 과학기지의 무단 점거, 불법적 훼손에 대해서는 국제법으로나 국내법으로 시설물의 보호를 위한 '안전수역' 또는 '보호수역'을 선포하여 적극적으로 관리할 필요가 있다. 이러한 조치는 중국 해상민병 세력의 예기치 않은 도발로부터 이어도해양과학기지를 보호하는 것은 물론이고, 이어도 관할권을 강화하는 적극적 조치의 일환이라고 할 수 있다.

2. 해상대치 및 충돌에 대한 대응

이어도 문제가 해양경계 미획정에서 비롯된 문제이기 때문에 도서 영유권 분쟁에 비해 한·중 양국 해경 간의 해상 대치나 충돌 가능성은 비교적 높지 않다. 이어도 주변 수역에서 양국 어선들의 조업은 이미 한·중어업협정을 통해 모두 가능하도록 되어 있다. 또한 UNCLOS에 따라 이어도해양과학기지로부터 500m 이내는 안전수역이기 때문이다.

그런데 중국은 2011년부터 이어도 주변수역에 대한 감시체계를 강화하고 있는 것으로 보인다. 중국의 항공기와 관공선 등 국가세력이 이어도 주변수역에 출현한 횟수는 해를 거듭할수록 증가하고 있다. 또 중국은 2010년 7월 이어도 북서쪽 580m 지점에서 좌초된 어선(오리엔탈 호프호)의 인양작업을 하던 우리 선박에 관공선 3척을 보내 이어도 해역이 중국의 관할수역이라며 인양작업 중단을 요구한 적이 있다. 같은 해 12월에는 대형 해양감시선 하이젠(海監) 50호를 이어도 주변수역 순찰에 투입한다고 발표했다.

그리고 최근 중국 정부는 일본과의 센카쿠열도/댜오위다오 분쟁, 베트남 등 여러 국가와의 남중국해 분쟁 등에서 일방적인 해양 관할권을 주장하면서 정치적으로 덜 민감한 중국 해경을 전면에 내세우고 있다.[45] 이를 위해 중국 정부는 최근 해경을 무장경찰 부대로 편입시켜 지휘권을 기존 공안부에서 군으로 넘기는 편제로 개편했다. 해경의 소속편제 개편은 해상민병과 해경, 인민해방군의 지휘체계를 중앙군사위원회 산하로 일원화해 해상작전에서 초래된 혼선을 없애고 효율성을 배가하기 위함이다.[46]

2011년부터 이어도에 대한 중국의 감시체계 강화로 중국 관용선과 관용기의 이어도 출현이 잦아질 경우 한·중 간 해상대치 및 충돌의 가능성도 점점 더 높아지고 있다고 봐야 할 것이다. 특히 중국 해상민병 세력들이 이어도해양과학기지의 불법성을 주장하며 점거나 훼손 등을 위해 기지에 접근하려 할 경우 문제는 달라질 수 있다. 이어도해양과학기지 등 해양시설에 대한 안전수역을 불인정하면서 이어도 문제를 본격적인 분쟁 이슈로 몰고 가려 할 수 있다.

사실, 중국과는 도서 영유권 분쟁이 존재하지 않기 때문에 최근까지도 이어도 주변수역에서 양국 간 해상대치나 충돌 사례는 없었다. 그러나 예기치 않은 사태로 한·중 양국 관공선이 해상에서 대치할 경우를 가정할 필요가 있다. 분쟁이 고조될수록 해상대치는 그 자체로 끝나지 않는다. 대치 상황이 장기간에 걸쳐 지속될수록 충돌 위험이 고조될 뿐만 아니라 해상대치 중인 인근 해상에 군함이 출현하거나 상공에 항공기가 나타나 무력시위로 확대되는 경우도 있다.

45 최현호, 앞의 글.

46 김주형, 앞의 글, p. 319.

해상대치나 충돌 상황은 중국의 어선과 관공선 등이 이어도해양과학기지 500m 이내로 접근하지 못하도록 하는 과정에서 발생할 수 있다. 따라서 중국의 어선과 관공선 등이 이어도해양과학기지에 접근할 경우에 대비한 실무 매뉴얼을 구축할 필요가 있다. 현재 해양경찰청은 '독도 우발사태 위기대응 매뉴얼'을 통해 외국 선박의 영해 침범시 대응절차를 마련해 놓고 있다. 그에 따르면, 접근을 저지하기 위해 경고선, 차단선, 최후저지선 등 3단계로 구분하여 대응하고, 경고, 차단, 밀어내기, 나포 등 4단계에 걸친 대응절차에 따라 대응하도록 되어 있다.[47]

이어도와 관련해서도 '이어도 우발사태 위기대응 실무 매뉴얼'에 따라 4단계(관심, 주의, 경계, 심각)의 절차에 따라 신속하게 대응하고, 특히 해양과학기지 500m 안을 침범할 경우에는 독도를 지키는 것과 같은 대응을 하는 것으로 되어 있다. 또 이어도해양과학기지가 무인기지이기 때문에 매일 대형함정의 순찰, 항공 초계활동을 실시하고 해양과학기지에 설치된 실시간 영상 전송장비를 이용해 우발사태에 대비하고 있다.[48]

이와 같이 우리 해경의 철저한 대비태세에도 불구하고, 중국어선과 관공선의 접근 가능성에 대비한 구체적인 방안을 마련할 필요가 있다. 이를 위해서는 독도 및 이어도 우발사태 위기대응 실무 매뉴얼에 따라 중국선박의 과학기지 접근 저지를 위해 경고선, 차단선, 최후저지선 등을 설정하여 각 단계별 조치들을 취할 필요가 있다.

최후 저지선은 과학기지로부터 250미터로 하고, 경고선은 1,000미터, 차단선은 500미터로 하여 각 단계별로 경고, 차단, 밀어내기, 나포 등의 대응절차에 따를 필요가 있다. 즉 '경고선'으로 진입할 경우 접근 선박에 대한

47 "모강인 해양경찰청장 인터뷰," 《뉴데일리》 2011년 9월 15일자.

48 위의 글.

경고 방송과 함께 자진 퇴거를 유도한다. '차단선'으로 진입할 경우 정선하도록 하여 회항을 요구하고, 이에 불응 시 'ㄷ' 자형 포위 등을 통해 진로를 방해하고 진입을 저지한다. 그리고 차단선까지도 넘어서 '최후 저지선'으로 진입할 경우에는 힘에 의한 밀어내기와 이에 불응할 경우에는 나포를 실행한다.

3. 무력시위 및 충돌에 대한 대응

한·중 간 분쟁이 해경의 관할을 넘어 군대로 넘어갈 경우, 훨씬 심각한 문제로 비화될 수 있다. 해경 간 해상대치와 충돌 상황이 긴박하게 돌아갈 경우 불가피하게 군대에 의존하지 않을 수 없다. 실제로 센카쿠열도/댜오위다오 분쟁에서 상황이 긴박해지자 일본은 해상보안청 외에 오키나와의 경찰력을 동원하고 여의치 않을 경우 자위대 군함까지 센카쿠 해역에 출동시킬 계획을 갖고 있었다. 심지어 중국에서는 공격형 핵잠수함을 자국 어선단 후위에 배치했다는 소문이 돌기도 했다(《MK 뉴스》, 2012년 9월 20일자). 양국의 군대가 분쟁의 전면에 나서면서 해·공군에 의한 무력시위로 확산될 경우, 양국 군대가 자제하지 않으면 규모는 작아도 군사적인 충돌로 이어질 가능성도 충분하다.

2012년 이후 지속되고 있는 중·일 양국 간 센카쿠/댜오위다오를 둘러싼 영유권 분쟁의 수위는 2013년까지도 계속 상승해 왔다. 그리고 분쟁의 수위가 높아질수록 군대에 의한 무력시위가 자주 나타났고, 심지어는 일촉즉발의 군사적 충돌 직전까지 가지도 했다. 센카쿠/댜오위다오 분쟁이 직접적인 군사적 충돌로 귀결되지는 않았지만, 향후 우리가 중국과 해상에서 대치하는 가운데 중국의 무력시위와 충돌 위협을 겪어야 할 상황을 예시해준다고 하겠다. 이를 정리해 보면 다음과 같다.[49]

2012년 9월 19일 중국은 자국 선박 보호와 일본측의 저지를 무력화하기 위해 해양감시선 9척과 어정선(어업관리선) 5척 등 14척을 배치했다. 일본도 이에 대응해 중국선박의 센카쿠 해역 진입을 저지하기 위해 전체 보유 순시선 121척 가운데 절반인 50여 척을 투입했다. 다음날인 9월 20일 중국은 해군 호위함 2척을 센카쿠 해역에 파견했다. 그에 따라 센카쿠/댜오위다오 접속수역 안팎에는 중국 감시선 16척과 일본 순시선 50척이 대치했고, 그 바깥쪽으로 센카쿠 서북쪽 80㎞ 해상에는 일본 군함과 100㎞ 안팎의 거리에서는 중국 인민해방군 해군 호위함 2척이 원거리에서 감시하고 있었다.

이러한 갈등과 대치 상황이 지속되었고, 12월 13일이 되자 중국은 공선과 관용 항공기를 센카쿠 일본 측 영해와 영공으로 동시에 진입시켰고, 일본도 이에 대응해 곧바로 항공자위대의 F15 전투기를 긴급 발진시켰다. 다음 해인 2013년 1월 10일에는 중국의 주력 전투기인 젠(殲)–10과 일본 F–15가 동중국해 상공에서 대치했다.

그리고 1월 19일에는 중국 젠–10 전투기 2대가 동중국해에 투입된 미국의 공중조기경보통제기(AWACS)에 접근, 끈질기게 쫓아 따라붙었고, 그러자 일본 항공자위대 나하(那覇)기지(오키나와현)에서 전투기가 긴급 발진했다. 중국도 맞대응에 나서 상하이와 푸젠성에 전진 배치되어 있던 여러 대의 젠–10 전투기들을 긴급 발진시켰다. 이날 오후 5시경에는 중국 해군의 호위함 '장카이 1급'이 일본 해상자위대 제6호위대 호위함 '오나미'에서 발진한 초계용 헬기 'SH 60'에 사격관제용 레이더(Fire–control radar)를 조준하여 겨냥하기도 했다. 1월 30일 오전 10시에는 중국 해군의 '장웨이 2급'이 3㎞ 떨어진 일본 해상자위대 제7호위대의 호위함 '유우다치'에 또다시

49 국내 일간지를 참조하여 필자 작성.

사격관제용 레이더를 조준하는 사태가 벌어졌다. 이처럼 중·일 양국 간 무력 시위와 대치 및 무력충돌 위협 상황은 이어도 분쟁에서도 재연될 수 있다.

이어도 해역은 중국, 일본, 미국 등 강대국이 상호 각축을 벌이는 바다로, 경제적·지리적으로 뿐만 아니라 군사전략적으로도 중요한 해역으로 평가되고 있다.[50] 이를 방증하는 사례가 〈그림 9–4〉와 같이 이어도 상공이 한·중·일 3국의 방공식별구역(Air Defense Identification Zone: ADIZ) 중첩으로 인한 무단 진입 사례라고 할 수 있다.[51]

2018년 1월부터 8월까지 9개월 동안 주변국 군용기의 한국 방공식별구역(KADIZ) 진입 건수는 총 400여 회에 이르는 것으로 나타났다. 일본 290여 회, 중국 100여 회, 러시아 10여 회로 올해 들어 급격하게 증가했다.[52] 일본의 KADIZ 진입 횟수가 가장 많지만 일본 군용기는 사전통보 이후 진입하는 데 반해, 중국과 러시아는 사전 통보 없이 진입하고 있다. 또 2019년 7월 23일에는 중국과 러시아 군용기가 KADIZ에 무단 진입했다.

---

50 이춘근, "해양안보 측면에서 평가한 제주 남방해역의 중요성," 한국해양전략연구소-한국국방안보포럼(KIMS-KODEF) 공동 주최 해양안보학술회의 발표문(2013. 2. 7).

51 동북아 지역에서 방공식별구역을 둘러싼 갈등은 중국이 2013년 11월 23일 동중국해에 중국방공식별구역(CADIZ)을 선포하면서 시작됐다. CADIZ는 일본 방공식별구역(JADIZ)과 상당 부분 겹치고 조정 이전의 한국방공식별구역(KADIZ)과도 일부 중첩됐다. 정부는 해양과학기지가 설치된 이어도가 CADIZ와 JADIZ에는 포함됐으나 KADIZ에는 빠져 있는 점 등을 고려해 2013년 12월 8일 KADIZ 확대를 선포했고 12월 15일부터 새로운 KADIZ를 발효했다. 결국, 이어도 상공은 한·중·일 3국이 모두 자국의 방공식별구역으로 설정하면서 중첩 공역이 되었다.

52 이는 2018년 10월 7일 합동참모본부가 국회 국방위원회 더불어민주당 김병기 의원실에 제출한 자료에 나타난 결과이다. "日·中·러 군용기, 올해 400여 회 KADIZ 진입…대응책 시급," 《연합뉴스》 2018년 10월 7일자.

〈그림 9-4〉 한·중·일 방공식별구역 현황

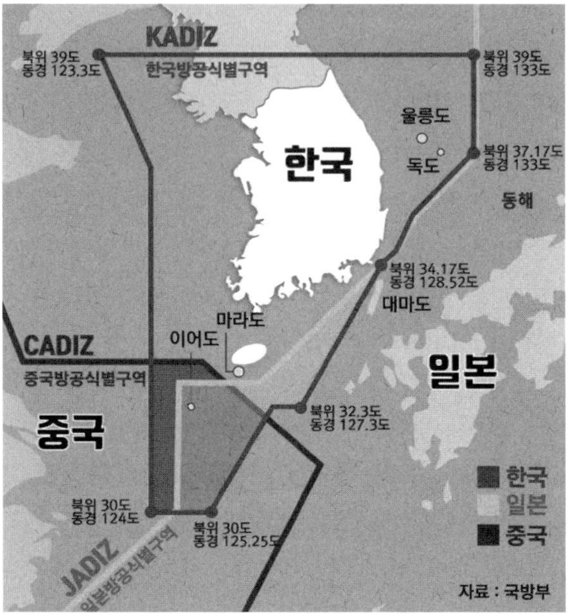

출처: 〈국방일보〉 2019/07/25

당시 우리 군은 20여 회의 무선 경고통신을 했으나 응답은 없었다. 특히 러시아 군용기 한 대는 우리 영공을 침범하기까지 했다.[53]

또 2019년 10월 29일에는 중국 군용기가 KADIZ 진입 전 우리 군 당국에 진입 목적과 경로를 미리 공유했다. 매번 무단 진입해 왔던 관행과 달리, 중국이 사전 통보 뒤 KADIZ에 진입한 것은 처음 있는 일이었다.[54] 또 11월 29일 오전에는 정찰기로 추정되는 중국 군용기 한 대가 3시간 30여

53 "중·러 침입 KADIZ, 타국 군용기 식별 위해 설정…영공은 아냐," 《연합뉴스》 2019년 7월 23일자.

54 "방공식별구역 침범? 진입? 어느 쪽이 맞나," 《연합뉴스》 2019년 10월 31일자.

분 동안 한국과 중국, 일본의 방공식별구역을 넘나들며 비행했다. 10월 29일 KADIZ 진입 전 한국 군 당국에 진입 목적과 경로를 미리 공유했던 것과 달리 이번에는 사전 통보를 하지 않았다.[55]

한국 외교부는 2019년 7월 23일 중국과 러시아의 KADIZ 무단진입 및 영공 침범에 대해 주한 중국대사를 초치해 중국 군용기의 KADIZ 침범에 대해 항의했다. 그러나 중국 외교부는 중국 군용기의 KADIZ 무단 진입에 대한 구체적 상황은 알지 못한다면서도 방공식별구역은 영공이 아니며 국제법에 따라 각국은 비행의 자유를 누린다는 기존 주장만 되풀이했다. 러시아 국방장관 역시 이날 자국 군용기가 동해를 비행했지만 타국 영공은 침범하지 않았다고 주장했다. 이어도 주변 해역은 중국과의 해양경계가 미획정된 상태인 동시에, 양국의 ADIZ가 중첩된 공역인 만큼 우발적이든 계획적이든 무력시위나 충돌의 가능성을 배제할 수 없다.

더욱이 중국 해군의 군사력은 동아시아 해양에서 일본이나 미국과 해양패권을 다툴 만큼 막강한 수준이다. 이와 같이 중국의 해경과 해군의 전력만으로도 한국에게는 무력시위 효과를 볼 수 있을 것이다. 또 중국이 보다 직접적인 무력행동을 할 수도 있을 것이다. 중국 해군이 이어도 주변 해상을 봉쇄하고 이어도해양과학기지를 강제로 점거하는 것이다. 즉 이어도 문제가 중국측의 의도대로 해결될 기미가 보이지 않을 경우, 고속정 등을 이용하여 기습적으로 점령한 후에 중국의 항공모함이나 함대 등을 이용하여 이어도 주변 해상과 해역을 봉쇄하는 것이다.

이런 돌발 상황이 발생할 경우 우리 해군과 공군도 적극적으로 대응하지 않을 수 없고, 무력시위나 위협을 넘어 무력충돌로 치달을 가능성은 더

55 "中 군용기, 1시간 넘게 KADIZ 무단진입···무선교신 응답 안해," 《연합뉴스》 2019년 11월 29일자.

욱 높아질 것이다. 뿐만 아니라 이어도 분쟁은 암초인 '이어도' 그 자체와 이어도 해양과학기지라는 '해양시설'이 갖는 상징성을 두고 벌어지고 있는 만큼, 이어도 해양과학기지의 점거나 훼손을 넘어, 폭격에 의한 공격 등과 같이 한층 더 심각한 도발 가능성도 배제할 수 없다.

2019년 7월 전후 발생하고 있는 일련의 방공식별구역 관련 사태들은 동북아 안보 현실을 있는 그대로 보여주고 있는 듯하다. 이러한 사태의 위험성을 유념할 때, 중국의 무력시위와 충돌에 대한 대응은 우리 해·공군의 문제로 이에 대응한 군사적 대응전략과 역량 증진 등의 노력을 기울여야 할 것이다. 아울러 우리는 한·미 동맹과 한·미·일 안보협력을 견고하게 다져야 할 것이다.

V. 결론에 대신하여: 회색지대 전략 대응방안

중국의 회색지대 전략에 따른 이어도 분쟁의 유형화를 통해서 볼 때, 이어도 주변 해역의 관할권을 둘러싼 분쟁은 해상민병 세력의 도발로부터 촉발될 가능성이 높다. 즉 중국 해상민병 세력들이 이어도 주변 해역에 대한 자국 관할권을 주장하면서 이어도해양과학기지 주변에서 해상시위를 진행하고, 더 나아가 과학기지 시설물을 점거, 훼손하는 경우를 상정할 수 있다. 그다음으로는 해상민병 세력들의 도발에 따른 양국의 공방이 확대될 경우 해상에서의 순시선을 이용한 대치가 발생할 수 있다. 특히 해양과학기지의 안전수역(또는 보호수역)으로 중국 관공선이나 어선이 무단으로 침입할 경우에는 충돌로 발전할 수 있다. 중국 관공선이나 어선의 침입을 막기 위한 경고, 차단, 밀어내기, 나포 등의 충돌이 발생할 수 있다. 그리고 이러한 해경 수준에서의 대치와 충돌이 발생할 경우 원거리에서 중국 해·공군의 무력시위가 벌어지게 되고, 급기야 군사적 충돌의 가능성까지도 예비하지 않을 수 없게 된다.

물론 이러한 양배추 전략에 근거한 시나리오가 순서에 따라 순차적으로 진행된다고 확언할 수는 없다. 그러나 적어도 분쟁의 유형은 대체로 이러한 시나리오의 틀 속에서 진행될 것으로 예측할 수 있다. 결론적으로, 이 글은 앞에서 검토·분석한 분쟁 시나리오에 따라 세 단계의 대응방안을 제시할 수 있다.

첫째, 중국 해상민병의 도발이 양국 간 분쟁의 촉발요인으로 작용할 가능성이 크다. 이와 관련, 인도네시아 정부가 중국 해상민병에 대응하기 위해 자국 해상민병 결성을 표방했다는 점을 참고할 필요가 있다.[56] 중국의 해상민병에 대응하기 위해서는 다양한 수준의 갈등에 대비할 수 있는 유연반응 전략을 수립할 필요가 있다. 즉 갈등의 방식과 양태에 따라 비례적으로 대응할 수 있는 억지 방안을 마련해야 할 것이다. 해상민병 도발에 대한 효과적인 대응이 이어도 분쟁에 대한 예방적 대비 차원에서 중요한 문제라고 할 수 있기 때문이다.

둘째, 발생 가능성 면에서 보면 해·공군 차원의 무력 충돌의 가능성보다는 민간 차원의 소규모 충돌 가능성이 상대적으로 높다고 할 수 있다. 중국 해상민병 세력들의 과학기지 철거 주장이나 점거 및 훼손 등이 촉발요인으로 작용하고, 이를 두고 양국이 민감하게 대응할 경우 해경 간 해상대치

56 2019년 12월 30일 인도네시아 EEZ에 중국어선 63척이 진입하여 중국 해안 경비정 3척의 호위를 받으며 나투나 제도에서 불법 어업을 하자, 인도네시아는 해군 전함을 파견해 대응하고 자국 해상민병 결성을 표방했다. "인도네시아, 중국과 계속되는 중국해 분쟁 속 '리틀 블루 맨' 결성," 《에포크 미디어 코리아》 2020년 1월 11일자.

와 충돌, 나아가 군사적 무력충돌로 발전할 수 있다.

셋째, 군사적 무력충돌의 가능성은 낮지만 그 파급효과가 지대하기 때문에 상시적인 군사적 대비태세를 확고히 하는 것이 중요하다. 아울러 효과적인 군사적 대응태세 구축을 위한 해경 전력의 증강과 기동함대 건설이 시급한 전략적 과제이다. 그리고 중국의 군사적 위협에 대응하기 위해서는 미군과의 해상 안보 협조 체제를 어떻게 구축할 것인지를 미리 미국 정부 당국자와 공동으로 검토하고 행동 지침을 만들 필요가 있다. 또한 중국이 경제통상적인 위협 조치를 행할 때 그에 대한 대응 방안도 만들어야 한다. 아울러 한국과 중국 간의 해상 대치 사항 발생 시, 대치 사항의 장기화를 방지하고 조속한 해결을 중재할 제3자로 누구를 선택하여야 할 것인지에 대한 연구 등이 필요하다.

참고문헌

"모강인 해양경찰청장 인터뷰." 《뉴데일리》 2011년 9월 15일자.

"방공식별구역 침범? 진입? 어느 쪽이 맞나." 《연합뉴스》 2019년 10월 31일자.

"불법조업 중국어선, 해경 고속단정 침몰시키고 도주." 《연합뉴스》 2016년 10월 8일자.

"인도네시아, 중국과 계속되는 중국해 분쟁 속 '리틀 블루 맨' 결성." 《에포크 미디어 코리아》 2020년 1월 11일자.

"日·中·러 군용기, 올해 400여회 KADIZ 진입…대응책 시급." 《연합뉴스》 2018년 10월 7일자.

"中 군용기, 1시간 넘게 KADIZ 무단진입…무선교신 응답 안해," 《연합뉴스》 2019년 11월 29일자.

"중·러 침입 KADIZ, 타국 군용기 식별 위해 설정…영공은 아냐." 《연합뉴스》 2019년 7월 23일자.

고경민. "한·중간 이어도 분쟁과 유형별 대응방안." 『국가안보와 전략』 제16권 3호(2016).

구민교, "미·중간 신(新)해양 경쟁과 우리나라의 해양안보정책," 『주요국제문제분석』(2013.10.23).

김덕기. "중국의 해양관할권 강화를 위한 해양민병대(Maritime Militia) 현시(Presence)와 미국의 딜레마." E-저널(한국해양안보포럼, 2017).

김주형. "중국의 남중국해 해양관할권 강화정책과 실행에 관한 연구." 『해양정책연구』 제33권 제1호(한국해양수산개발원, 2018).

박영준. "미-중간 해양경쟁과 아태지역 안보질서 전망." EAI 국가안보패널 연구보고서(2016.12).

박윤일·정삼만. "미·중 해양패권 경쟁과 '회색지대 전략'." 『KIMS PERISCOPE』 142호(한국해양전략연구소, 2018.12.1).

박창희. “중국의 국방과 군사: 대주변국 강압을 위한 군사활동.” 국립외교원 연구용역보고서(2018).

부승찬. “중국의 국가성향과 이어도의 현재적 함의: 방공식별구역(ADIZ) 선포와 남중국해 분쟁 사례를 중심으로.” 『이어도저널』 제6호(2015).

아서 N. 툴락. “하이브리드 전쟁.” *Indo-Defense Forum*(2016.8.16).

유동원. “중국의 남중국해 전략 변화: 새로운 확대전략의 실천과 특징.” 『중소연구』 제39권 제3호(한양대 아태지역연구센터).

이상국·서주석·이명철. 『미중 ‘소프트 패권경쟁’시대 한국의 전략적 선택』(한국국방연구원, 2013).

이서항. “동아시아 해양분쟁과 지역안보.” JPI정책포럼 2017–15(제주평화연구원, 2017).

이춘근. “해양안보 측면에서 평가한 제주 남방해역의 중요성.” 한국해양전략연구소–한국국방안보포럼(KIMS–KODEF) 공동 주최 해양안보학술회의 발표문(2013.2.7).

정구연. “미중 세력전이와 미국 해양전략의 변화: 회색지대갈등을 중심으로.” 『국가전략』 제24권 3호(2018).

최현호. “중국 해상무력의 새로운 축: 중국 해경과 해상민병대.” 『국방과 기술』. 제465호(한국방위산업진흥회, 2017).

防衛省 防衛研究所 編. 『中國安全保障レポ.ト2011』. 防衛省防衛研究所, 2012.

王幸生主 編. 『軍隊政治工作學』. 北京: 軍事科學出版社, 2010.

Cole, Bernard D.. *The Great Wall at Sea: China's Navy in the Twenty-First Centry*, 2nd ed.. Maryland: Naval Institute Press, 2010.

Echevarria, Ⅱ. Antulio J.. “How Should We Think about ‘Gray–Zone’ Wars?” *Infinity Journal* Vol. 5, No. 1(2015).

Erickson, Andrew S. and Conor M. Kennedy. "China's Maritime Militia"(2016). https://www.cna.org/cna_files/pdf/Chinas— Maritime—Militia.pdf (검색일: 2020.6.13).

Freier, Nathan P. et al.. *Outplayed: Regaining Strategic Initiative in the Gray Zone.* Carlisle, PA: U.S. Army War College Press, 2016.

Green, Michael, Kathleen Hicks, Zack Cooper, John Schaus, and Jake Douglas. *Countering Coercion in Maritime Asia: The Theory and Practice of Gray Zone Deterrence.* Washington, DC: CSIS, 2017.

Halper, Stefan. *China: The Three Warfare.* Office of Net Assessment(May 2013).

Harold, Scott W. et al.. *The US-Japan Alliance and Deterring Gray Zone Coercion in the Maritime, Cyber and Space Domain.* Santa Monica, Calif.: RAND Corporation, 2017.

HIIK. *Conflict Barometer 2015.* Heidelberg, Germany: HIIK, 2016.

Hoffman, Frank G.. *The Contemporary Spectrum of Conflict: Protracted, Gray Zone, Ambiguous and Hybrid Modes of War.* Washington D.C.: The Heritage Foundation, 2015.

Holmes, James R. and Toshi Yoshihara. *Chinese Naval Strategy in the 21st Century: The Turn to Mahan.* Oxon: Routledge, 2008.

Kaplan, Robert D.. "Center Stage for the Twenty—first Century: Power Plays in the Indian Ocean." *Foreign Affairs* (March/April 2009).

Kazianis, Harry. "China's Expanding Cabbage Strategy." *The Diplomat* October 29 2013.

Locher, Ⅲ. James R.. "Low—Intensity Conflict—Challenge of the 1990s." Foundations of the Military Profession. Dubuque, IA: Kendall/Hart Publishing Company, 1995.

Mazarr, Michael J.. *Mastering the Gray Zone: Understanding a Changing Era of Conflict, Carlisle Barracks.* Pa.: U.S. Army War College, 2015.

Morris, Lyle J. et al.. *Gaining Competitive Advantage in the Gray Zone: Response Options for Coercive Aggression Below the Threshold of Major War.* Santa Monica, Calif.: RAND Corporation, 2019.

Office of Naval Intelligence. *The People's Liberation Army Navy: A Modern Navy with Chinese Characteristics* (August 2009).

Roberts, Brad. *The Case for US Nuclear Weapons in the 21st Century.* Stanford: Stanford University Press, 2016.

The Secretary of Defense. *Annual Report to Congress: Military and Security Developments Involving the People's Republic of China 2011* (2011).

The Secretary of Defense. *Annual Report to Congress: Military and Security Developments Involving the People's Republic of China 2012* (2012).

U.S. Department of Defense. *Quadrennial Defense Review Report.* Arlington, VA: DOD, 2010.

고충석

사단법인 이어도연구회 이사장. 연세대학교 행정학과를 졸업하고 동대학원 행정학과에서 행정이론과 조직론을 전공으로 행정학 석사와 박사학위를 받았다. 1979년 11월부터 제주대학교 행정학과 교수로 2013년 8월까지 재직했고, 제주대학교 총장, 제주국제대학교 총장, 국제평화재단 이사장 등을 역임했다. 이 외에도 1992년 3월부터 2001년 9월까지 제주 경제정의실천시민연합(제주 경실련) 공동대표로 NGO활동을 했고, 2001년 9월부터 2004년 4월까지 제주발전연구원(현 제주연구원) 원장을 역임했다.

이서항

한국외교협회 부회장. 서울대학교 정치학과를 졸업하고 'South Korean Marine Policy and the Law of the Sea'를 주제로 1984년 12월 미국 Kent 주립대학교에서 정치학박사를 취득했다. 또한 캐나다 Dalhousie 법대에서 박사 후 과정을 수료했다. 주요 논문으로, "동아시아 해양분쟁과 미중관계 전망"(『전략연구』, 2016), "중국의 새 어민세력 '해상민병'을 경계하자"(『Kims Periscope』, 2017) 등이 있다. 저서(편저)로는 『북극의 도전과 한국의 대응』(연세대 동서문제연구원, 2010), 『*Conflict and Order at Sea*』(Institute of East & West Studies, Yonsei University, 2000) 등이 있다.

이지용(李志鎔)

건국대학교 정치외교학과를 졸업하고, 미국 State University of New York, Albany (The Nelson A. Rockefeller College of Public Affairs & Policy) 대학교에서 정치학 박사학위(논문: Varieties of Marketization in China: The Impact of Private Entrepreneurs, Local Governments, and State-Owned Enterprises, 2009)를 취득한 후, 외교부 국립외교원 교수를 거쳐, 현재 계명대학교 중국학전공 교수로 재직 중이다. 주요

연구관심 분야는 중국정치경제, 중국대외관계, 동아시아 국제정치경제 등이며, 주요 최근 논문으로는 "The Indo-Pacific and US Alliance Network Expandability"(*Journal of Contemporary China, 2020*), "시진핑의 반부패 운동과 중국의 정치권력 엘리트 권력지형도 변화: 평가와 함의"(한국동북아논총, 2019) 등이 있다.

주민욱

제주국제평화센터 근무. (사)이어도연구회 연구실장 역임. 학술활동으로는 한국평화연구학회, 한국동북아학회 이사로 활동한 바 있다. 제주대학교를 졸업한 후 2012년 중국 우한대학교(武汉大学) 언론커뮤니케이션 학과에서 "인터넷 상호교류 환경에서의 개인태도와 의견표명-'침묵의 나선이론'에 대한 재검증(网络交往环境下的个人态度与意见表达-'沉默的螺旋理论'之检视与修正)을 주제로 언론학 박사학위를 취득했다. 현재 (사)이어도연구회에서 연구위원으로 활동하며, "한중 해양갈등과 중국의 언론보도 분석"을 주제로 한중비교, 대중국 교류협력 등에 관한 다양한 연구를 수행하고 있다.

정대진

아주대학교 통일연구소 교수. 한국외대 법학과 및 동 대학원에서 국제법을 전공했고, 2002년에는 당시 외교통상부 주최 전국 대학(원)생 국제법 논문 경연대회에서 최우수상을 수상했다. 헤이그 국제법아카데미를 수료했고, 연세대 일반대학원에서 통일학 박사학위를 받았다. 주요 논문으로는 "한반도 유사시 자결권 행사와 통일국가 건설"(외법논집, 2015), "남북한 통합의 법적 쟁점"(통일과법률, 2018), "정상외교 시대의 한반도 정세"(수은북한경제, 2019) 등이 있으며, 공저로는 『국제법의 이해』(책마루, 2013), 『북한의 변화와 한반도의 미래』(2017, 한반도데스크) 등이 있다.

김진호(金珍鎬)

단국대학교 중어중문학과를 졸업하고, 홍콩 주해(珠海)대학 문사연구소에서 중국 근현대사(홍콩사)로 석사학위를 받고, 마카오 동아대학(현 마카오대학)에서 MMS

(Marketing) 과정을 수료했고, 1998년 북경대학교 국제관계학원에서 국제관계(동북아국제관계) 전공으로 박사학위를 받았다. 대만 정치대학 국제관계연구중심의 방문학자, 홍콩 주해대학 방문교수, 중국 심천(선전)대학 방문학자를 거쳤고, 현재 단국대학교 정치외교학과 교수로 있다. 직장은 범양사 수출부와 타이완 사무소, LG건설(현 GS건설) 타이완 지사장(법인장)을 역임했고, 현재 홍콩 아주주간의 특약기자 등 언론인으로도 활동하고 있다. 주요 논문으로, "중국 해양 회색지대 전략과 한국의 대응방안"(『한국동북아논총』, 2020), "중국의 일국양제와 홍콩의 민주화: 중화 애국심과 홍콩 본토화"(『현대중국연구』, 2020), "'코로나19' 발병과 방역을 통해 본 중국 국내외정치: 언론 내용을 중심으로"(『평화학연구』, 2020), "시진핑 성장 배경과 정치 리더십: 개인적 성향과 시진핑시대를 중심으로"(『한중사회과학연구』, 2020) 등이 있다.

이상현

제주평화연구원 위촉연구위원. 한양대학교 정치외교학과를 졸업하고 일본 문부성 연구장학생으로 쓰쿠바대학에서 수학했으며, '아시아태평양이사회(ASPAC)를 둘러싼 국제관계1964~1973'을 주제로 2010년 국제정치경제학 박사학위를 취득했다. 주요 논문으로 "사이버위협에 대한 일본의 대응: 사이버 외교와 사이버 방위"(『국가전략』, 2019), "일본의 사이버안보 수행체계와 전략"(『국가안보와 전략』, 2019),"냉전지역주의와 일본의 아시아외교"(『국제정치논총』, 2018), "일본 민주당 정권하에서의 영주외국인 지방참정권2009~2012"(『문화와 정치』, 2017) 등이 있다. 저서로는 『주변국의 사이버환경과 한반도 평화체제 구축』(통일연구원 연구총서, 2019 공저) 등이 있다.

이정우

사단법인 21세기안보전략연구원의 안보연구실장. 경남대학교 극동문제연구소 연구교수와 국제통상전략연구원 부원장 등을 역임했다. 성균관대학교 정치외교학과와 미국 클레어몬트대학원 정치경제학부에서 공부했다. 박사학위 논문으로 "북한의 군사위협과 한미동맹의 효용 변화에 관한 연구"(성균관대, 2009)이 있다. 주요 논문으로는 "다자간 안보협력과 군비통제의 모색: 이론과 유럽의 경험을 중심으로"(세계지역

연구논총, 2018), "평화를 향한 국제정치학 패러다임의 일고찰: 한반도 평화체제의 미래상에 대한 함의"(평화학연구, 2018), "남·동 중국해와 한반도에서의 동맹의 기능과 전망"(이어도연구, 2018), "주한미군 감축과 한미동맹의 방향성에 대한 분석"(국제문제연구, 2015) 등이 있다.

고경민

사단법인 이어도연구회 연구위원. 건국대학교 정치외교학과를 졸업하고 '한국 정보통신산업 자유화의 정치과정'을 주제로 2001년 동대학원에서 정치학 박사학위를 취득했다. 주요 논문으로, "이어도와 해양주권에 대한 국민인식과 정책적 함의"(『평화학연구』, 2017), "한·중 간 이어도 분쟁과 유형별 대응방안"(『국가안보와 전략』, 2016), "이어도 분쟁의 가능성과 대응방안: 중국의 민족주의적 접근을 중심으로"(『국제문제연구』, 2014) 등이 있다. 저서로는 『인터넷과 민주화』(커뮤니케이션북스, 2016), 『현대 정치과정의 동학』(인간사랑, 2005), 『북한의 IT 전략: IT산업, 인터넷, 전자정부』(커뮤니케이션북스, 2004) 등이 있다.

동아시아 해양분쟁과 중국의 회색지대 전략

발행일 1쇄 2020년 11월 30일
지은이 고충석 · 이서항 · 이지용 · 주민욱 · 정대진
김진호 · 이상현 · 이정우 · 고경민 지음
펴낸이 여국동

펴낸곳 도서출판 인간사랑
출판등록 1983. 1. 26. 제일-3호
주소 경기도 고양시 일산동구 백석로 108번길 60-5 2층
물류센타 경기도 고양시 일산동구 문원길 13-34(문봉동)
전화 031)901-8144(대표) | 031)907-2003(영업부)
팩스 031)905-5815
전자우편 igsr@naver.com
페이스북 http://www.facebook.com/igsrpub
블로그 http://blog.naver.com/igsr
인쇄 인성인쇄 **출력** 현대미디어 **종이** 세원지업사

ISBN 978-89-7418-414-8 93300

이 도서의 국립중앙도서관 출판시도서목록(CIP)은 서지정보유통지원시스템 홈페이지(http://seoji.nl.go.kr)와 국가자료공동목록시스템(http://www.nl.go.kr/kolisnet)에서 이용하실 수 있습니다.(CIP제어번호: CIP2020048117)